성서를 통해 본 기독교의 이치

이 저서는 2018년 대한민국 교육부와 한국연구재단의 지원을 받아 수행된 연구임
(NRF-2018S1A5A7037919)

This work was supported by the Ministry of Education of the Republic of Korea
and the National Research Foundation of Korea(NRF-2018S1A5A7037919)

 한국연구재단총서
Academic Library of NRF 학술명저번역 628

성서를 통해 본 기독교의 이치

The Reasonableness of Christianity, as delivered in the Scriptures

존 로크 지음 | 이태하 옮김

 아카넷

The Reasonableness of Christianity,
as delivered in the Scriptures
by John Locke

Published by Acanet, Korea, 2020

차례

일러두기

1. 이 책은 *The Reasonableness of Christianity, as delivered in the Scriptures*. Second edition, London: Printed for Awnsham and John Churchil, at the Black Swan in Pater-Noster-Row. 1696을 완역한 것이다.

2. 책 제목인 "The Reasonableness of Christianity"를 국내 학계에서는 "기독교의 합리성"으로 번역해왔다. 그러나 책을 번역하면서 이 번역이 책의 내용을 제대로 전달하지 못하고 있음을 알았다. 이 책에서 로크는 예수와 그의 제자들이 직접 전한 말씀이 담겨 있는 네 개의 복음서와 사도행전에 대한 면밀한 독서와 검토를 통해 기독교가 전하는 구원의 복음이 예수를 메시아라고 믿는 데 있음을 밝히고 있다. 로크에 따르면, 이것이 기독교의 핵심 교리인 것이다. 그러므로 책 제목을 이성신학(자연신학)을 떠올리게 하는 "기독교의 합리성" 대신에 "기독교의 이치"로 번역하였다.

3. 이 책에서 사용된 성서에 나오는 명칭과 지명은 1986년 구교와 신교가 공동으로 번역한 대한성서공회의 『공동번역 성서』를 따랐다.

4. 원문에는 각주가 없으며, 번역문에 나오는 모든 각주는 역주이다.

서문

내가 접한 대부분의 신학은 내게 어떤 궁금증도 해결해주지 않았고 이론적으로 일관성도 없었습니다. 따라서 기독교를 이해하기 위해 내가 할 수 있는 일은 (모든 신학의 근거인) 성서를 읽는 것이었습니다.

그래서 주의를 기울여 객관적인 시선으로 성서를 자세히 읽었으며, 그로 인해 내가 알게 된 것을 이 책을 통해 독자들에게 전하고자 합니다.

나의 수고로 인해 여러분이 어떤 깨달음이나 진리에 대한 확신을 얻게 되었다면 저와 더불어 우리를 이해시켜주시기 위해 스스로 자신을 낮추어 빛이 되어주신 하느님께 감사하시기 바랍니다.

편견 없이 공정하게 읽어보시고, 제가 혹여 복음의 의미나 취지를 잘못 이해하고 있다고 생각하신다면 진실한 기독교인인 여러분께서 복음의 정신(자비의 정신)으로 저에게 바른 가르침을 주셔서 구원의 교리로 인도해주시기를 간곡히 부탁 드립니다.

제1장
원죄와 기독교

신약성서를 읽어본 사람이라면 누구나 구원의 교리인 복음이 아담의 타락에서 출발하고 있음을 알 수 있다. 그러므로 우리가 예수 그리스도를 통해 무엇을 회복하게 되는지(즉 어떻게 구원받는지)를 알기 위해서는 우리가 아담으로 인해 무엇을 상실했는지를 성서를 통해 살펴보아야만 한다. 나는 이 과제야말로 우리가 편견을 버리고 진지하게 탐구해보아야 할 문제라고 생각한다. 왜냐하면 이 문제와 관련해 두 가지 극단적 입장이 있기 때문이다. 하나는 모든 종교의 근간을 흔드는 것이고, 다른 하나는 기독교를 무의미하게 만드는 것이다. 어떤 사람은 우리 모두가 아담의 후손들이기에 그의 범죄로 인해 영원한 형벌을 받아야 할 운명을 타고났다고 믿는다. 그러나 이보다 훨씬 많은 사람은 이런 이야기를 들은 적도 없으며, 어느 누구도 자신을 대변하거나 대리할 권한이 없다고 생각한다. 이들은 기독교에서 말하는 구원은 위대하고 무한하신 하느님의 정의나 선하심에 부합하지 않을 뿐 아니라 하느님의 명예와 권능을 손상케 하는 것이기에 그런 구원은 없다고 주장한다. 한편 예수 그리스도를 순수한 자연종교(natural religion)를 복원하고 이를 전파하고자 했던 자연종교의 전도자로 보는 견해[1]가 있는데 이는 신약성서의 전체적인 취지를 훼손하는 주장이다. 구원을 불필요한 것으로 보든, 예수가 그리스도임을 부인하든, 양자 모두 성서를 하느님께서 인류의 구원을 위해 무지한 대중을 교화할 목적으로 주신 말씀이라고 믿는 사람들의 입장에서 볼 때는 하느님의 말씀과는 거리가 먼 주장들이다. 성서의 용어들은 당시의 문자적 의미대로 이해되어야 하는데 그도 그럴 것이 이 용어가 전달자의 입으로 전해졌다면 전달자들이 살았던 당시의 언어로 사용되었을 것이기 때문이다. 그들은 신학에서 일반적으로 사용되는 현학적이고, 기교적이며, 특정한 의미를 지닌 용어를 몰랐을 것이기에 자신들이 자라며 들었던 당시의 용어를 그대로 사용했을 것이다.

편견을 갖지 않고 성경을 읽어본 사람이라면 아담이 지은 죄란 완벽하게 순종하지 않은 것임을 알 수 있다. 완벽한 순종을 신약성서에서는 '의(justice)'라고 말하고 있고 또 원전에도 그렇게 쓰고 있지만, 이것은 '의로움(righteousness)'이라고 번역해야 한다. 죄를 지음으로 인해 아담은 평온함과 생명의 나무가 있는 낙원에서 쫓겨났다. 다시 말해 그는 지복(bliss)[2]과 불멸성을 상실한 것이다. 이것은 율법의 파기에 따른 징계, 다시 말해 하느님이 내리신 처벌이다. 이 징계에 관해 창세기 2장 17절은 다음과 같이 말하고 있다. "그 열매를 먹는 날, 너는 반드시 죽을 것이다." 그렇다면 이

..
1) 이는 예수를 메시아, 즉 그리스도라고 보지 않는 견해이다.
2) 더없는 행복.

말씀대로 되었을까? 그(아담)는 열매를 먹었다. 그러나 열매를 먹은 날 그는 실제로 죽지 않았고 생명의 나무가 있는 낙원에서 추방되었다. 생명나무의 열매를 먹자 영원히 살 수 없도록 그는 낙원에서 영원히 쫓겨난 것이다. 이 같은 사실은 낙원이 불멸, 즉 영생을 의미하는 것임을 알려준다. 열매를 따 먹었던 그날, 아담은 영생을 상실했다. 그의 생명은 그때부터 단축되기 시작했으며, 늙기 시작했고, 죽을 수밖에 없는 가사적인(mortal) 존재가 되었다. 그리고 그때부터 그는 사형선고를 받고 죽는 날까지 눈앞에 닥친 처형을 기다리는 죄수처럼 살았다. 그의 삶에 죽음이 침투한 것이다. 이전에는 가리어져 있어 알 수 없던 죽음이 그 모습을 드러낸 것이다. 따라서 바울로는 로마서 5장 12절에서 "한 사람에 의해 죄가 이 세상에 들어왔고, 죄는 죽음을 불러들였습니다."라고 말한다. 다시 말해 모두가 죽을 수밖에 없는 가사적인 존재가 되었다는 것이다. 그래서 고린토전서 15장 22절에서 바울로는 "아담으로 말미암아 모든 이가 죽었습니다."라고 말한다. 그의 범죄로 인해 모든 사람이 가사적인 존재가 되어 죽게 되었다는 것이다.

이들 인용문과 신약성서의 문맥을 통해 볼 때, 그 누구도 부인할 수 없는 분명한 사실은 아담의 죄로 인해 모든 사람에게 죽음이 침투했다는 것이 복음의 교리라는 점이다. 여기서 죽음의 의미가 무언지에 대해서는 이견이 있을 수 있다. 사람이 죄를 지으면 죄를 지은 당사자뿐만 아니라 그의 후손까지도 지옥 불에서 영원히 고통을 받게 될 것이라고 말하고 있기 때문이다. 그러나 하느님의 공의와 선하심을 생각할 때 이런 이야기가 사람들에게 얼마나 이치에 맞지 않는 말로 들릴지 충분히 짐작이 간다. 게다가 가장 분명하고 정확한 용어를 사용해야 하는 율법(Law)을 해석하면서 죽음이란 단어를 이처럼 '영원히 비참하게 사는 삶'으로 이해하는 것은 매우 이상한 일이다. 율법에 기록된 "죄를 범함으로 인하여 죽게 될 것이다."
라는 말을 놓고 어느 누가 이 말을 죄를 범한 사람은 생명을 잃는 것이 아
니라 '영원히 격심한 고통 속에서 살게 될 것'이라는 의미로 이해할 수 있
겠는가? 그리고 이것이 사실이라면 어느 누가 그런 처벌을 공정하다고 생
각하겠는가?

　게다가 모든 사람은 하느님께 죄를 짓고, 하느님을 분노케 하는 행동을
일삼고 있기에 이런 죽음의 의미는 다른 어떤 의미보다 가혹하다. 하느님
께서는 "금단의 열매를 따 먹는 날에 너희는 죽게 될 것이다."라고 말씀하
신다. 이 말은 너희가 죄를 지은 후에 너희 후손은 나에게 죄를 짓고 나의
화를 돋우는 짓만 할 것이고, 그로 인해 나의 진노와 분을 사게 될 것이라
는 말씀이다. 그런데 훌륭한 주인이라면 과연 그의 종들을 복종시키기 위
해 이런 식으로 하겠는가? 하물며 의로운 하느님께서 자신의 심기를 건드
린 한 사람을 징계하기 위해 모든 사람이 계속해서 죄를 짓게 하고 그로
인해 자신의 분노를 키우고 있다고 생각할 수 있을까? 이런 기이한 해석을
하게 되는 까닭은 신약성서의 몇몇 구절이 잘못되어 있기 때문이다.[3] 나는
죽음의 의미를 생명과 감각의 모든 활동이 정지하거나 상실된 것으로 이
해한다. 그런 죽음이 아담의 불순종으로 인해 그와 그의 후손들에게 찾아
왔으며, 만약 예수 그리스도의 구원이 없었다면 그들은 영원히 죽음에서
벗어나지 못했을 것이다. 아담에게 닥친 죽음으로 인해 그의 후손들에게

••

3) 앞서 든 바울로의 로마서 5장 12절의 말씀, 즉 "한 사람에 의해 죄가 이 세상에 들어왔고, 죄
　는 죽음을 불러들였습니다."에서 '한 사람에 의해 죄가 이 세상에 들어왔다.'라는 말은 아담
　의 원죄를 의미하며, '죄가 죽음을 불렀다.'는 말은 인간은 원래 불사적인 존재였는데 아담으
　로 인해 가사적인 존재가 되었다는 말처럼 들린다. 그러나 로크는 인간은 아담의 죄로 인해
　죽는 것이 아니라 처음부터 가사적인 존재였다고 말한다.

인간 본성의 타락이 나타났다면 신약성서가 그것에 대해 아무런 언급도 하지 않은 채, 아담이 죄를 범함으로 인해 우리 모두가 죽게 되었다고 말하진 않았을 것이다. 내가 기억하는 한, 사람들에게 죄를 묻는 경우는 그 죄가 자신의 탓인 경우뿐이다.

형벌에 관해 이야기한 또 다른 곳을 보자. 창세기 3장 17~19절을 보면 다음과 같이 쓰여 있다. "너로 인하여 땅이 저주를 받았으니 종신토록 수고해야 그 소산을 먹으리라. 네가 얼굴에 땀이 흘러야 빵을 먹을 것이며, 너는 흙으로부터 지음을 받았으니 마침내 흙으로 돌아갈 것이다. 너는 흙이니 흙으로 돌아갈 것이다." 이 구절은 낙원이 고된 노동과 슬픔이 없는 불멸의 장소이자 축복의 장소임을 알려준다. 그러나 흙으로 지음을 받은 인간은 낙원에서 추방되면서 결국 흙으로 돌아가야 하는 가사적인 생명이 되었고 그로 인해 수고와 고뇌와 노쇠함을 겪게 되었다. 그리고 마침내 그가 흙으로 돌아갔을 때 흙이 그렇듯 그에게서 생명과 모든 감각이 사라졌다.

아담이 낙원에서 추방된 까닭에 그의 모든 후손 또한 생명나무가 없는 낙원 밖에서 태어났다. 그로 인해 그들은 낙원에서 누리던 평온함과 지복을 상실했던 그들의 선조 아담처럼 가사적인 존재로 태어났다. 로마서 5장 12절은 "한 사람으로 인해 죄가 세상에 들어왔고 그 죄로 말미암아 죽음이 생겨났다."고 말한다. 그런데 여기서 많은 사람이 한 가지 반론을 제기한다. 아담의 후손들이 그들 조상의 죄로 말미암아 고통을 받는다는 것, 즉 무고한 자가 범죄자로 간주되어 처벌받는 것이 어떻게 하느님의 공의나 선하심과 부합하느냐는 것이다. 아무것도 하지 않았다면 처벌받을 이유가 없기 때문이다. 그런데 어떤 피조물도 낙원의 불멸을 누릴 자격이 없듯 아담의 후손들 역시 낙원의 불멸을 누릴 자격은 없다. 한 걸음 더 나아가 그들의 일시적이며 가사적인 생명도 하느님의 선물이자, 하느님의 은혜이다.

그들이 받을 만하여 그것을 받은 것이 아니기에 하느님께서 그것을 거두어 가신다고 해도 그들에게 해를 입혔다고 말할 수는 없다. 하느님께서 인류가 갖고 있던 어떤 것을 그들의 잘못이나 허물이 아닌 다른 이유로 빼앗거나 그들을 과거보다 훨씬 비참한 상태로 만들었다면 이는 분명 우리가 가진 하느님의 공의라는 개념에 부합하지 않는 것이다. 이는 하느님께서 스스로 말씀하신 자신의 선하심이나 다른 속성에 비추어 볼 때도 그렇다. 우리가 선과 악, 하느님과 사탄을 혼동하지 않으려면 그것이 하느님의 계시(뜻)임은 물론이고 그렇게 하신 하느님 편에서 나름의 이유가 있어야 한다. 내 잘못이 아닌 다른 이유로 극도의 고통을 겪게 된다면 차라리 죽는 것이 나을 것이다. 만약 사람들이 말하는 헛된 철학이나 어리석은 형이상학에 귀 기울여 자신도 그런 상황에 있는 것이 아닌지 의심이 든다면 마태오복음 26장 24절에서 우리 주님께서 단호하게 말씀하신 것처럼 태어나지 않는 것이 더 나았을 것이다. 그러나 우리가 지금 누리고 있는 이 일시적인 삶은 비록 허약하고 비참하지만 그래도 죽음보다는 낫다. 이는 우리가 자신에게 높은 가치를 부여한다는 사실만 보아도 알 수 있다. 우리는 모두 아담의 후손이기에 죽는다. 그러나 이 죽음이 자신의 행위로 인해 받은 벌은 아니다. 로마서 2장 6절은 "하느님께서는 각 사람에게 그 행실대로 갚아주실 것입니다."라고 말한다. 그렇다면 어떻게 갚아주신다는 것일까? 이에 대해 로마서 2장 9절은 "그의 행실에 따라 불의에 복종하는 사람에게는 진노와 벌을 내리시고, 악을 행하는 사람에게는 환난과 고초를 당하게 하실 것입니다."라고 말한다. 그리고 고린토후서 5장 10절은 "우리가 다 그리스도의 십자가 앞에 나가는 날에는 우리가 육체에 머물러 있는 동안에 한 일들이 숨김없이 드러나 잘했건 못했건 그 행실에 따라 응보를 받을 것입니다."라고 말한다. 또한 마지막 날에 사람들을 심판해야 함을 알고 있었던 그리스도께서도 최후의 심판 날 그가 어떤 식으로 심판을 할지 두 곳에서 이야기하고 있는데, 하나는 마태오복음 7장 23절[4]과 루가복음 13장 27절[5]이고, 다른 하나는 마태오복음 25장 42절[6]이다. 여기서 그는 자선을 명한 율법을 따르지 않은 사람들에게만 유죄 선고가 내려질 것이라고 말하고 있다.[7] 그러나 여기서 사람들이 단죄를 받는 것은 그들의 선조인 아담 때문이 아니다. 만약 그들이 단죄를 받는 원인이 그것 때문이라면 사람들이 왜 악마나 그들의 수호천사와 함께 지옥 불에 들어가는 형벌을 받게 되는지 설명이 있었을 것이다. 그런데 마태오복음 16장 27절에서 그리스도께서는 그의 제자들에게 인자가 아버지의 영광에 싸여 그의 천사들을 거느리고 올 때 각자 그의 행실에 따라 심판하실 것이라고 말씀하신다.

아담이 낙원에서 쫓겨났고, 그로 인해 그의 후손들이 모두 낙원 밖에서 태어났기에 모든 사람은 죽어야 하며, 영원히 죽음에 머물러 있어야 하기에 사람들에게는 희망이 없었다.

이런 죽음의 상태에서 예수 그리스도께서 모든 인류를 살린 것이다. 고린토전서 15장 22절은 "아담으로 말미암아 모든 이가 죽었듯이 그리스도

⁴⁾ "그러나 그때 나는 분명히 그들에게 '악한 일을 일삼는 자들아, 나에게서 물러가라. 나는 너희를 도무지 알지 못한다.'고 말할 것이다."
⁵⁾ "주인은 '너희가 어디서 온 사람들인지 나는 모른다. 악을 일삼는 자들아, 모두 물러가라.' 하고 대답할 것이다."
⁶⁾ "그리고 왼편에 있는 사람들에게는 이렇게 말할 것이다. '이 저주받은 자들아, 나에게서 떠나 악마와 그의 졸도들을 가두려고 준비한 영원한 불에 들어가라. 너희는 내가 주렸을 때 먹을 것을 주지 않았고, 목말랐을 때 마실 것을 주지 않았으며 나그네 되었을 때 따뜻하게 맞이하지 않았고, 헐벗었을 때 돌보아 주지 않았다.'"
⁷⁾ 로크의 사후에 나온 판본에서는 이 구절 후에 다음과 같은 내용이 첨가되어 있다. "그리고 요한복음 5장 29절에서 우리 주님은 유대인들에게 다음과 같이 말하고 있다. '선한 일을 한 사람들은 무덤에서 살아나 생명을 얻을 것이고, 악행을 한 사람은 부활하여 단죄를 받게 될 것이다.'"

로 말미암아 모든 이가 살게 될 것입니다."라고 말한다. 이런 일이 어떻게 일어난다는 것일까? 바울로 사도는 앞선 21절에서 이렇게 말하고 있다. "죽음이 한 사람에게서 온 것처럼, 한 사람으로 말미암아 죽은 이가 부활하게 되었습니다." 이 말에 따르면, 예수 그리스도가 모든 사람에게 되찾아준 생명은 그들이 부활 때에 다시 받게 될 생명이다. 요컨대, 바울로가 부활에 관해 고린토전서에서 주장하고 있듯이 영원히 죽음 속에 있었어야 할 모든 인류가 죽음으로부터 구원을 받았다는 것이다.

따라서 인류는 두 번째 아담으로 인해 다시 생명을 얻었다. 그리고 그들 자신의 의로움으로 인해 얻게 된 그 어떤 것도 아담의 죄로 인해 잃지 않았다. 성서에 의로우면, 즉 율법을 준수하면 영생을 얻게 될 것이라고 기록되어 있기 때문이다. 로마서 4장 4절은 "공로가 있는 사람이 받는 상급은 자기가 마땅히 받을 것을 받는 것이지 결코 은혜가 아닙니다."라고 말한다. 요한묵시록 22장 14절에는 "그(그리스도)의 계명을 준행하는 자는 행복하다. 그들은 하느님의 도성에 들어가 생명나무를 얻게 될 것이다."라고 쓰여 있다. 만약 아담의 후손 중 누군가가 올바르게 살았다면 비록 그가 가사적인 존재로 태어났더라도 의로운 행실에 대한 보상인 영생과 지복을 잃지 않을 것이다. 이를 위해 그리스도께서는 모든 사람을 부활시킬 것이다. 부활 후에 모든 사람은 각자 재판을 받을 것이고, 그의 행실에 따라 심판을 받게 될 것이다. 주님은 마태오복음 25장 46절에서 의로운 사람은 영생을 얻을 것이라고 말씀하신다. 루가복음 10장 25절을 보면 "영생을 얻으려면 무엇을 해야 합니까?"라고 어떤 율법학자가 묻자, 주님은 율법이 명하는 것을 "그대로 실천하여라. 그러면 살 것이다."라고 말씀하신다.[8] 우리 주님께서 그 율법학자에게 말씀하신 것처럼 율법을 실천하는 사람이라면 그는 영생을 놓치지 않을 것이다.

반면에 의롭지 않은 사람, 즉 율법을 범하는 죄를 지은 사람은 절대 낙원에 들이지 않는 것이 하느님의 공의가 보여주는 불변의 원리이다. 그런데 아담의 죄로 인해 모든 사람에게 죄의 삯으로 불멸이 사라지고 사망이 들어왔다. 그리고 이 같은 사실은 영원 전부터 정해진 공의에 부합하는 것이기에 당연히 그래야 하는 것처럼 이야기되고 있다. 야고보는 야고보서 1장 15절에서 "욕심이 잉태하면 죄를 낳고, 죄가 자라면 죽음을 가져옵니다." 라고 말하고 있는데 이 말은 죄가 자연적이며 필연적인 현상이라고 말하는 것처럼 들린다. 바울로 역시 로마서 5장 12절에서 "이 세상에 죄가 들어왔고, 죄는 죽음을 불러들였습니다."라고 말하고 있으며, 6장 23절에서도 "죄의 삯은 사망입니다."라고 말한다. 죽음은 결국 모든 죄에 대한 대가인 것이다. 갈라디아서 3장 10절은 "율법서에 기록된 것을 꾸준히 지키지 않는 사람은 저주를 받을 것입니다."라고 말한다. 야고보는 자신이 이렇게 말하는 이유를 야고보서 2장 10~11절에서 다음과 같이 말하고 있다. "누구든지 계명을 다 지키더라도 한 조목이라도 어기면 계명 전체를 범하는 것이 됩니다. '간음하지 말라.'고 하신 분이 '살인하지 말라.'고도 말씀하셨습니다." 다시 말해 어떤 한 조항이라도 어긴 사람은 그 율법을 제정한 권위에 맞서는 죄를 짓는다는 것이다.

여기서 우리는 삶과 죽음을 나누는 영속적이며 확고한 기준을 갖게 된다. 불멸과 지복은 의로움에 속한 것으로서 하느님의 율법을 준행하며 산 사

8) "어떤 율법학자가 일어서서 예수의 속을 떠보려고 '선생님, 제가 무슨 일을 해야 영원한 생명을 얻을 수 있겠습니까?' 하고 물었다. 예수께서는 '율법서에 무엇이라고 적혀 있으며, 너는 그것을 어떻게 읽었느냐?'고 반문하셨다. '네 마음을 다하고 네 목숨을 다하고 네 힘을 다하고 네 생각을 다하여 주님이신 네 하느님을 사랑하라. 그리고 네 이웃을 네 몸같이 사랑하라.' 라고 하였습니다. 이 대답에 예수께서는 '옳은 대답이다. 그대로 실천하여라. 그러면 살 수 있다.'라고 말씀하셨다."(루가복음 10: 25~28)

람에게는 죽음이 이르지 않으며, 어떤 식으로든 율법을 어기고, 한 번이라도 어겨 율법에 대한 완벽한 순종을 보여주지 못한 죄인은 낙원에서 쫓겨나 불멸성을 상실한다는 것이다. 따라서 인간은 그들이 의로운지 아닌지, 그가 옳은지 아닌지, 즉 율법을 완벽하게 따르는 자인지 아닌지에 따라 삶과 죽음이 갈린다.

그런데도 로마서 3장 23절에서는 "모든 사람은 죄를 지었기에 하느님의 영광, 즉 하늘에 있는 하느님 나라(이것은 흔히 하느님의 영광이라고 불린다.)를 잃어버렸습니다."라고 말하고 있다. "유대인이든 이방인이든"(22절) "율법을 지키는 것으로는 누구도 의롭다 할 수 없으니"(20절) 아무도 율법을 지키는 것으로는 영생과 지복을 얻을 수 없다는 것이다.

로마서 3장과 갈라디아서 3장 21~22절에서 볼 수 있는 것처럼 왜 하느님은 사도들이 활동했던 시대에 아담의 자손 중 누구도 지키지 못했던 그런 엄격한 율법을 주셨던 것일까? 이 점이 몹시 궁금할 것이다.

이 궁금함에 대한 답은 바로 하느님의 순수성이 그런 율법을 요구하기 때문이라는 것이다. 그러기에 인간은 그 율법을 지켜야만 했다. 만약 하느님께서 인간을 이성적인 존재로 만들지 않으셨고, 또한 그들이 이성에 따라 살도록 요구하지도 않으셨다면 인간들이 하느님께서 보여주시는 빛을 따르지 않고 불순종하며 사는 것을 용인하셨을 것이다. 그렇게 하는 것이 인간의 본성을 고려할 때 적합한 처사이며, 또한 인간이 보여주는 방종, 혼란, 사악함은 하느님께서 재가한 것이기도 하기 때문이다. 그런데 우리는 시간이 지나면서 이 율법이 바로 이성의 법칙 또는 자연법임을 알게 된다. 그러므로 이성을 지닌 피조물이 이성의 규범을 따르지 않는 경우 하느님께서 어찌 그들을 용서하시겠는가? 한번 이성에 어긋난 행동을 한 사람이 어찌 그런 행동을 다시 하지 않겠는가? 그가 어떻게 그런 행동을 멈출 수 있겠는가? 그래서 하느님의 명령(이성의 명령은 곧 하느님의 명령이다.) 중어느 하나라도 따르지 않으면 그것은 불순종으로 이어지게 되는 것이다. 만약 율법이 없다면 정부와 사회는 유지되지 않을 것이다. 아무런 제약이 없는 인간이 보여주는 무법적 행위는 그 끝을 알 수 없기 때문이다. 그러므로 로마서 7장 12절에서 바울로는 율법은 "거룩하고, 올바르고, 좋은 것입니다."라고 말하고 있다. 당연히 율법은 그래야 하며 그러지 않을 수 없는 것이다.

그렇다면 죄를 지은 사람은 누구든 반드시 죽어야 한다. 만약 하느님께서 또 다른 율법, 즉 "행위의 율법(the law of works)"과 상반된 것인, 신약성서 로마서 3장 27절에서 말하는, 이른바 "믿음의 율법(the law of faith)"[9]으로 사람들을 의롭게 만드는 방법을 찾지 못했다면 그리스도로 인해 얻은 생명은 큰 유익이 되지 못했을 것이다.(왜냐하면 모든 사람은 죄를 지었으며, 부활 이전이 되었든 이후가 되었든 죄의 삯은 사망인지라 모든 사람은 죽을 수밖에 없기 때문이다.)[10] 그리고 그를 따르지 않는 사람에게 내려지는 징계는 그들의 영혼, 즉 생명을 잃는 것인데, 이는 마르코복음 8장 35~38절을 그 문맥을 살피며 읽을 때 명백하게 드러나는 사실이다.[11]

믿음의 율법을 더욱 잘 이해할수록 행위의 율법이 지닌 깊은 뜻을 이해

••

9) "우리가 어떻게 해서 하느님과 올바른 관계를 되찾게 되었습니까? 율법을 잘 지켜서 그렇게 된 것입니까? 아닙니다. 그것은 믿음을 통해서 이루어진 것입니다."(로마서 3: 27)

10) 그리스도로 인해 부활한다고 해도 그의 죄로 인해 또 죽게 될 것이기 때문이다.

11) "제 목숨을 지키려는 자는 죽을 것이며, 나로 인해 또는 복음 때문에 제 목숨을 잃는 자는 살 것이다. 사람이 온 세상을 얻는다 해도 제 목숨을 잃는다면 무슨 유익이 있겠는가? 사람이 목숨을 무엇과 바꿀 수 있겠는가? 절개가 없고 죄 많은 이 세대에 누구든지 나와 내 말을 부끄럽게 여기는 사람이 있다면 인자도 아버지의 영광에 싸여 거룩한 천사들을 거느리고 올 때 그를 부끄럽게 여길 것이다."(마르코복음 8: 35~38)

하기가 쉽다. 행위의 율법은 한마디로 완벽한 복종을 요구하며 어떠한 예외나 감형도 용인하지 않는다. 따라서 모든 항목을 정확하게 이행하지 않는 한 누구도 율법에 따라 올바르거나 의롭다고 말할 수 없다. 신약성서에서는 완벽한 복종을 'δικαιοσύνη'라 말하며, 우리는 그것을 '의로움'이라고 번역한다.[12]

행위의 율법은 "이를 행하면 살고, 어기면 죽으리라."라는 것이다. 레위기 18장 5절에서는 "너희는 내가 정해준 규례와 율법을 지켜야 한다. 누구든 이를 지키면 살리라."라고 말한다. 에제키엘서 20장 11절은 "내가 그들에게 규례를 정해주었고, 누구든 이것을 행하면 살게 됨을 알려주었다."라고 말한다. 바울로는 로마서 10장 5절에서 "모세는 율법으로 인한 의로움에 대해 말하면서 '율법을 지키는 사람은 생명을 얻는다.'"라고 말하고 있다. 또한 갈라디아서 3장 12절에서는 "율법은 믿음과 무관한 것이며, 율법은 단지 그것을 지키는 자는 그로 인해 산다고 말할 뿐입니다."라고 말한다. 그리고 10절에서는 "율법에 기록된 모든 것을 꾸준히 지키지 않는 사람은 저주를 받을 것이다."라는 성서의 말씀을 상기시키고 있다.

이처럼 행위의 율법이 나올 때마다 신약성서는 그것이 모세가 전한 율법이라고 말한다. 요한복음 1장 17절은 "모세에게서는 율법을 받았으나 예수 그리스도에게서는 은총과 진리를 받았습니다."라고 말한다. 그리고 7장 19절에서 우리 주님께서는 "너희에게 율법을 제정해준 이는 모세가 아

•••
12) 'δικαιοσύνη'는 희랍어 성경에 나오는 단어이며, '디까이오쉬네'라고 발음한다. 로크 당시 영국에서 사용한 성경은 1611년 출간된 킹 제임스 번역본으로, 이 번역본은 에라스무스가 희랍어 필사본을 원본으로 삼아 만든 새로운 라틴어 성경이다. 이것은 로마 가톨릭이 사용한 라틴 벌게이트 성경과는 다른 것이었다. 킹 제임스 번역본은 에라스무스 번역본을 원전으로 번역한 것이며, 로크가 참고한 신약성서 역시 에라스무스 번역본으로 추정된다.

니냐? 그런데도 너희 가운데 그 법을 지키는 사람은 하나도 없다."라고 말씀하신다. 바로 여기서 말하는 율법은 예수 그리스도께서 루가복음 10장에서 율법학자에게 "율법서에 무엇이라고 적혀 있느냐? 너는 그것을 어떻게 읽었느냐?"(26절)고 반문하시고, "그대로 행하라. 그러면 살 수 있다."(28절)라고 말씀하실 때 언급하신 바로 그 율법이다. 바울로는 늘 이런 식으로 율법에 대해 언급하고 있다. 로마서 2장 13절에서 그는 "율법을 듣기만 하는 자는 하느님 보시기에 올바른 사람이 아니며 율법을 행하는 사람이라야 의롭다 인정을 받게 될 것입니다."라고 말한다. 더는 인용이 불필요할 정도로 그의 서간에서는 율법에 대한 이런 식의 기술이 가득 차 있는데, 특히 로마서가 그렇다.

그러나 모세가 전한 율법은 모든 인류에게 전해진 것이 아니었다. 그렇다면 어떻게 모든 사람이 죄인이란 말인가? 율법이 없다면 죄를 범함도 없기 때문이다. 이에 대해 바울로 사도는 로마서 2장 14절에서 다음과 같이 답한다. "율법을 갖고 있지 않은 이방인들이 본성에 의해 율법이 명하는 것을 행한다면 자기가 자신의 율법이 되는 것입니다. 이것은 그들의 가슴에 율법이 각인되어 그것이 작동되고 있음을 보여주는 것입니다. 그들의 양심이 증인이 되고, 그들끼리 서로를 고발도 하고 변호도 할 것입니다." 다음 장을 보면 모세가 전한 율법은 물론이고 이성을 통해 알 수 있는 자연법(the law of nature)도 행위의 율법으로 이해되고 있음을 알 수 있다. 바울로는 로마서 3장 9절과 23절에서 "내가 지적했듯이 유대인이나 이방인이나 모두 죄인입니다. 모든 이가 죄를 지었기에 하느님께서 본래 주셨던 영광스러운 모습을 잃었습니다."라고 말하고 있기 때문이다. 율법이 없었다면 죄인도 없었을 것이다.

사실, 하느님께서 믿음을 고려하시지 않고 어디서나 요구하시는 것은 그것이 무엇이 되었든 행위의 율법이다. 따라서 아담에게 선악과를 먹지 말라고 금하신 것 또한 행위의 율법이었다. 단, 우리는 여기서 특정한 목적이 있고, 특정한 시간과 장소 그리고 특정한 사람을 향해 하느님께서 행하라고 하시는 명령 중에 일부는 제한된 사람에게만 부여된 일시적인 의무라는 사실에 주목해야 한다. 예를 들어 모세의 율법 중에서 외형적인 예배의 형식이나 유대인의 정치 제도를 규정한 의례법과 사법 제도가 그런 경우이다. 그런데 이것들과는 다른 도덕적인 명령이 있다. 이것은 (도덕적인) '의(義)의 영원법(the eternal law of right)'과 일치하는 것이기에 우리에게 영원한 의무이다. 또한 이것은 복음 안에서도 유효하기에 믿음의 율법에 의해 폐기되지 않는다. 바울로는 로마서 3장 31절에서 "우리가 믿음을 내세운다고 해서 율법을 폐기하려 드는 줄 압니까? 하느님은 이것을 금하고 계십니다. 오히려 우리는 율법을 존중해야 합니다."라고 말하고 있다.

그러지 않을 수 없는 것이 만약 행위의 율법이 없다면, 믿음의 율법 또한 있을 수 없기 때문이다. 다시 말해 비록 지키기 힘든 것이지만 의로움에 관한 규정이나 기준이 되는 율법이 없다면 사람들을 의인으로 여김을 받게 해줄 믿음의 율법도 불필요하기 때문이다. 율법이 없는 곳에는 죄도 없으며, 믿음이 있건 없건 모든 이가 똑같이 의롭다 할 수 있는 것이다.

따라서 의에 관한 규정은 어느 때나 같으며, 그것을 준수해야 하는 의무 역시 마찬가지이다. 행위의 율법과 믿음의 율법이 다른 점은 행위의 율법은 믿음의 율법과 달리 어떤 경우에도 잘못을 용납하지 않는다는 점이다. 의무를 준수하는 사람은 의로운 사람이며, 조금이라도 의무를 준수하지 않는 사람은 의로운 사람이 아니므로 의로움의 보상인 생명을 얻을 수 없다. 한편 믿음의 율법에 따르면, 믿음이란 완벽하게 의무를 다하지 못하는 문제를 해결하는 데 필요한 것으로서, 믿음이 있는 사람은 그 믿음으로 인해 마치 그들이 의로운 사람인 양 생명과 불멸을 얻을 수 있다. 단, 여기서 우리가 주목해야 할 것이 있다. 바울로가 복음은 율법을 세운다고 말했을 때 그가 염두에 둔 것은 모세의 율법에서 도덕적인 내용에 관한 것이었다는 점이다. 그가 의례법이나 사법 제도에 관련된 것을 염두에 두지 않았음이 명백한데 이는 앞서 내가 인용했던 바울로의 말을 통해서 알 수 있다. 거기서[13] 그는 이방인은 본능적으로 율법이 명한 것을 행하는데 그들의 양심이 율법을 증거하고 있기 때문이라고 말한다. 이방인은 모세가 말한 의례법이나 사법 제도를 준수하지 않았으며 또한 그것에 대해 전혀 알지도 못했다. 그들의 양심이 관심을 가졌던 것은 단지 모세의 율법 중에서 도덕에 관련된 것이었다. 그래서 바울로는 갈라디아서 4장에서 이방인들에 대해 그들은 율법의 지배 아래에 있지 않으며, 세속의 원리(elements of the world)[14]와 약하고 천한 원리(weak and beggarly elements)[15]의 지배 아래에 있다고 말한다. 또한 우리 주님께서는 마태오복음 5장 17절의 산상수훈에서 그를 따르는 무리를 향해 그들이 무슨 생각을 하든, 그는 율법을 폐기하러 온 것이 아니라 오히려 그것을 완성하러 왔다고 말씀하신다. "$\pi\lambda\eta\rho\tilde{\omega}\sigma\alpha\iota$(완성하다)"[16]의 의미는 다음 절에서 더욱 분명하게 드러난다. 다음 절에서 예수께서는 그들에게 전에 받았던 것보다 더 엄격한 계율(precept)을 준다고 말씀하고 있다. 그러나 그가 강조한 것은 모두 도덕적 율법에 해당하는 계율들이었다. 요한복음 4장 21절과 23절을 보면 예수께

• •

13) 로마서 2: 14.
14) 갈라디아서 4: 3.
15) 갈라디아서 4: 9.
16) Μὴ νομίσητε ὅτι ἦλθον καταλῦσαι τὸν νόμον ἢ τοὺς προφήτας· οὐκ ἦλθον καταλῦσαι ἀλλὰ πληρῶσαι. 희랍어 성경, 마태오복음 17절에 나오는 '완성하다(to fulfill)'라는 의미의 희랍어이다.

서는 사마리아 여인에게 제사법에 대해 다음과 같이 말씀하고 있다. "사람들이 아버지께 예배를 드릴 때 '산에서'나 또는 '예루살렘에서' 드리지 않아도 될 때가 올 것이다. 그러나 진실하게 예배하는 사람들은 영적으로 참되게 아버지께 예배 드릴 것이며 아버지는 그렇게 예배 드리는 사람을 찾고 계신다."

그러므로 모세가 전한 율법 중에서 사회적이며 의례적 부분은 기독교인이 아니라 유대인에게 요구되는 것으로, 그것은 행위의 율법에 속한 것이다. 그리고 인간은 하느님께서 원하시어 정하신 모든 율법에 마땅히 순종해야 한다는 점에서 그것은 자연법이기도 하다. 그러나 모세율법의 도덕적인 부분, 즉 도덕법(모든 곳에서 동일한 義의 영원법)은 기독교인은 물론이고 모든 세상 사람이 준수해야 하는 것으로서, 모든 사람에게 적용되는 행위의 율법인 것이다. 그런데 기독교 신자들은 비록 행위로 의롭지는 않지만, 즉 행위의 율법을 완벽하게 순종하지는 못했지만 믿음으로 인해 하느님으로부터 의롭다 함을 인정받는 믿음의 율법에 속하는 특권을 갖는다. 오직 하느님만이 행실로는 의롭다 할 수 없는 이들을 의롭게 할 수 있는데 이는 그들의 믿음을 의로움으로, 즉 율법을 완벽하게 이행한 것으로 여기시기 때문이다. 로마서 4장 3절은 "아브라함이 하느님을 믿으매 그 믿음이 그에게 의로움으로 여겨졌습니다."라고 말한다. 그리고 5절에서는 "경건치 아니한 자를 의롭다 하시는 이를 믿는 자에게는 그의 믿음이 의로 여김을 받습니다."라고 말하며, 이어서 6절에서 8절까지 다음과 같이 말하고 있다. "다윗 또한 아무 행함도 없이 (즉 완벽한 순종 없이) 하느님께서 의롭다 함을 입은 사람의 행복에 대해 이렇게 노래했습니다."(6절)[17] "불법에 대해 사함

··
17) 시편 32: 1~2.

을 받고 죄를 가려주심을 받은 사람은 행복하다."(7절) "주께서 죄를 묻지 않는 사람도 행복하다."(8절)

하느님께서 아브라함을 의롭다 하신 믿음은 무엇이었을까? 그것은 하느님께서 그와 맺으신 언약에 대한 믿음이었다. 이는 창세기 15장 6절이 '그가 주님을 신뢰하였으니(he believed in the LORD)'인지 '그가 주님을 믿었으니(he believed the LORD)인지'[18]를 생각해보면 명확해진다. 바울로가 이 구절을 인용한 로마서 4장 3절을 보면 히브리어로 '신뢰하다(believing in)'를 '믿는다(believing)'와 같은 의미로 사용하고 있음을 알 수 있다. 여기서 바울로는 "아브라함은 하느님을 믿었다.(believed)"라고 쓰고 있는데, 18~22절에서 이것에 대해 다음과 같이 설명하고 있다. "아브라함은 절망 속에서도 희망을 잃지 않고 믿어서 마침내 '네 자손은 저렇게 번성하리라.'라고 하신 말씀대로 만민의 조상이 되었습니다. 그의 나이가 백 세 가까이 되어 죽은 사람이나 다름없이 되었고, 그의 아내 사라의 태 역시 그러했지만, 그는 믿음을 가지고 희망을 잃지 않았습니다. 그는 하느님의 약속을 믿고 의심하지 않았을 뿐 아니라 더욱 굳게 믿어 하느님을 찬양하였습니다. 그리고 그는 하느님께서 약속하신 것을 능히 이루어주시리라고 확신하였습니다. 하느님께서는 이런 믿음을 보시고 그(아브라함)를 의롭다 인정하셨습니다." 이로써 아브라함을 의롭다 여기신 믿음이란 다름 아닌 하느님께서 그에게 언약하신 것에 대한 확고한 믿음, 즉 약속의 실현에 대한 변함없는 신뢰였음이 분명해진다.

..

18) "He believed in the Lord, or believed the Lord." 여기서 'believe in'과 'believe'의 차이에 주목해야 하는데, 전자는 주님을 신뢰한다, 의지한다는 의미이고 후자는 주님이 존재한다는 것을 믿는 것이다.

바울로는 23~24절에서 "이는 아브라함만을 두고 하신 말씀이 아니라 우리를 두고 하신 말씀이기도 합니다."라고 말하고 있는데, 이 말은 아브라함이 그의 믿음으로 의롭다 여김을 받은 것처럼 우리 역시 아브라함처럼 하느님을 믿으면 의롭다 여김을 받음을 우리에게 가르쳐주기 위한 것이었다. 이로 인해 분명히 알 수 있는 점은 의로 여김을 받는 것은 믿음의 확고함 때문이지 아브라함이 믿었던 그 믿음의 내용 때문이 아니라는 사실이다. 아브라함과 사라가 이미 늙었고, 세월이 흘러 자녀를 볼 가망이 없었지만, 그가 사라를 통해 아들을 얻고 그로 인해 가나안 땅을 차지할 위대한 민족의 조상이 되리란 것이 바로 아브라함이 믿었던 언약의 내용이며 그로 인해 그는 의롭다 여김을 받았다. 그러나 지금 어떤 사람이 그 같은 언약의 내용을 믿는다고 하자. 그렇다고 해서 그가 그 믿음으로 의롭다 여김을 받을 것이라고 생각하는 사람은 아무도 없을 것이다. 그러기에 믿음의 율법이란 하느님께서 믿으라고 하시는 것, 즉 그가 언약하신 것을 믿는 것으로서, 한마디로 말해 그의 약속이 실현될 것임을 아무 의심 없이 믿는 것이다. 바울로는 바로 이 점을 24절에서 암시하고 있다. "우리 주 예수를 죽은 자들 가운데서 다시 살리신 분을 믿는 우리까지도 의롭다 여기신다는 것입니다." 따라서 우리는 지금 하느님께서 우리에게 무엇을 믿으라 요구하시는지 계시인 복음을 통해 알아보아야 한다. 하늘과 땅의 창조주인 보이지 않는 영원하며 전능한 하느님에 대한 믿음은 이전이나 지금이나 우리에게 요구되는 믿음이다.

제2장
영생을 위한 믿음: 예수는 메시아이다

　　우리가 영생을 얻기 위해 지금 무엇을 믿어야 하는지는 복음서에 명확히 쓰여 있다. 요한복음 3장 36절에서 요한은 우리에게 다음과 같이 말하고 있다. "아들(the Son)을 믿는 자는 영생을 얻을 것이고, 그를 믿지 않는 자는 영생을 보지 못할 것입니다." 또한, 다음 장을 보면 아들을 믿는다는 것이 무엇인지 알게 된다. "그 여자가 '저는 메시아 곧 그리스도가 오실 것을 알고 있습니다. 그분이 오시면 저희에게 모든 것을 알려주실 겁니다.'라고 말하자 예수께서는 그녀에게 '너와 말하고 있는 내가 바로 그 사람이다.' 하고 말씀하셨다."(5: 25~26) "여자가 동네로 들어가 사람들에게 말하였다. '내가 행한 모든 것을 알고 있는 사람이 있습니다. 같이 가서 보세요. 그분이 메시아인지 모르겠습니다.'"(28~29절) "자신이 행한 것을 모두 알고 있다고 증언한 그 여인의 말을 믿고 그 마을에 사는 많은 사마리아인이 예수를 믿었다. 그리고 사마리아인들이 예수께 와서, 그의 말씀을 듣자 그로 인해 더 많은 사람이 그를 믿게 되었다. 그들이 여인에게 와서 '우리가 처음 그를 믿은 것은 당신의 말 때문이었지만 그의 말을 직접 듣고 보니 바로 이 사람이 세상을 구원할 참된 주님이자 메시아임을 알게 되었소.'라고 말하였다."(39~42절)

이런 말씀들을 통해 볼 때 분명한 사실은 하느님의 아들을 믿는다는 것은 예수께서 메시아이심을 믿는 것이며, 이는 예수께서 행한 기적과 그의 말씀을 믿는 것이다. 39절을 보면 여인의 말로 인해 그를 믿는다고 말한 사람들이 이제는 그녀의 말 때문에 믿는 것이 아니라 그들이 직접 들었기에 아무 의심 없이 예수께서 메시아이심을 믿었던 것이다.

이것은 나사렛 예수에 관해 제기된 "그가 메시아인가?" 하는 의문에 종지부를 찍는 중요한 진술이었다. 그리고 그가 메시아라는 사실에 동의하는지는 신자와 비신자를 구분하는 근거였다. 자신이 하늘에서 내려온 생명의 떡이라고 하는 말에 많은 제자가 그의 곁을 떠나자 "그는 열두 제자에게 물으셨다. 너희도 떠나려느냐? 그러자 시몬 베드로가 대답하였다. 영생의 말씀이 주께 있사온데 우리가 어디로 가겠습니까? 우리는 주께서 메시아이며 살아 있는 하느님의 아들임을 믿고 확신합니다."(요한복음 6: 67~69) 이 고백으로 인하여 제자들은 배교와 불신의 길이 아닌 사도의 반열에 들어선 것이다. 바로 이 고백은 주께서 그 위에 그의 교회를 세울 것이라 말씀하신 믿음, 즉 "주께서는 메시아이시며, 살아 있는 하느님의 아들이십니다."라는 베드로의 고백과 그 내용이 같다.(마태오복음 16: 16~18) 예수께서는 사람들을 설득하려고 기적을 행하셨다. 그것을 보고 예수께서 메시아이심을 받아들이는 사람도 있었고 그렇지 않은 사람도 있었다. 또한 믿는 자가 되어 그의 교회에 들어온 사람도 있었고, 그렇지 않은 사람도 있었다. "유대인들이 에워싸고 말하길 '당신은 얼마나 더 우리를 애태우게 할 겁니까? 당신이 메시아라면 그렇다고 분명하게 말해주시오.' 그러자 예수께서 그들에게 대답하셨다. '내가 이미 말했는데도 너희들은 내 말을 믿지 않았다. 내가 내 아버지의 이름으로 행하는 일들이 바로 나를 증명해 준다. 그러나 너희는 내 양이 아니기에 나를 믿지 않는 것이다.'"(요한복음 10: 24~26) 사도 요한은 우리에게 다음과 같이 말했다. "미혹하는 자들이 세상에 많이 나왔는데, 그들은 예수께서 육신을 입고 오셨음을 믿지 않습니다. 이들은 속이는 자요, 그리스도의 적입니다; 메시아의 교훈(doctrine)을 따르지 않는 자는 누구든지 하느님을 모시지 않는 사람입니다. 메시아의 교훈을 지키는 자는 하느님 아버지와 그의 아들을 함께 모시는 사람입니다."(요한2서 1: 7, 9) 이 말은 사도 요한이 앞선 서신에서 이야기한 "예수께서 메시아임을 믿는 사람은 누구나 하느님의 자녀입니다."(요한1서 5: 1)라는 말로 요약된다. 따라서 요한은 그의 복음서 끝부분에서 자신이 이 복음서를 쓴 목적을 이렇게 이야기하고 있다. "예수께서는 이 책에 기록되지 아니한 다른 표적도 제자들 앞에서 많이 행하셨습니다. 이것을 기록하는 것은 여러분이 예수께서 하느님의 아들, 메시아임을 믿게 하고, 또한 여러분이 믿어 그의 이름으로 인해 생명을 얻게 하려는 것입니다."(요한복음 20: 30~31) 이로 인해 복음서는 "나사렛 예수가 메시아이며" 그를 믿음으로 인해 생명을 얻게 된다는 사실을 사람들이 믿게 하려고 쓰였음이 분명하다.

유대인들이 가졌던 가장 큰 의문은 그가 메시아인지 여부였으며 복음서에서 강조되어 선포된 핵심 내용은 바로 그가 메시아라는 사실이었다. 그의 탄생에 대한 기쁜 소식은 천사가 양을 치는 목자들에게 다음과 같이 말함으로써 알려졌다. "무서워 말라. 보라, 내가 온 백성에게 미칠 큰 기쁨의 좋은 소식을 너희에게 전하노라. 오늘 다윗의 동네에 너희를 위하여 주님이 나셨으니 곧 메시아 주이시니라."(루가복음 2: 10~11) 주님께서는 영생을 얻는 방법에 대해 마르타에게 설명하시면서 그녀에게 "나를 믿는 자는 누구든 결코 죽지 아니하리니 이것을 네가 믿느냐?" 하고 묻자 그녀는 "주여, 그러합니다. 주는 메시아이시며, 세상에 오시는 하느님의 아들이심을 내가 믿습니다."(요한복음 11: 27)라고 대답하였다. 그녀의 답변은 영생을 얻기 위해 예수 그리스도를 믿는다는 것이 무엇인지를 알려준다. 그것은 바로 예수가 선지자들이 장차 오신다고 예언한 메시아, 즉 하느님의 아들임을 믿는다는 것이다. 따라서 안드레아와 필립보는 이를 다음과 같이 말하고 있다. "안드레아가 그의 형제 시몬에게 '우리가 메시아(번역하면 그리스도)를 만났어요.'라고 말했다. 필립보는 나타나엘에게 '율법에 기록하였고, 선지자가 기록한 그 사람을 우리가 만났는데 요셉의 아들 나사렛 예수였네.'"(요한복음 1: 41, 45) 성서에 대한 보다 명확한 이해를 위해서 복음서의 저자처럼 나도 '그리스도'라는 말 대신 '메시아'라는 말을 사용했는데 '그리스도'란 말은 그리스어로서 히브리어로는 '메시아'이며, '기름 부음 받은 자'란 의미이다.

'그(나사렛 예수)가 메시아였다.'라는 말은 예수께서 부활하신 후 제자들과 사도들에게 나타나 그들에게 깨우쳐주고자 했던 가장 중요한 진리였다. 루가복음 24장을 보면, 이 부분은 나중에 다른 곳에서 좀 더 구체적으로 다루겠지만, 우리 주님께서 죽음에서 부활하신 후 제자들과 사도들에게 두 번이나 나타나셔서 어떤 복음을 전해주셨는지 알려준다.

제자들과 사도들이 주님께 받은 가르침을 통해 모든 민족이 믿어야 할 것이 무엇인지 알 수 있는데 사도들은 가는 곳마다 한결같이 예수께서 메시아임을 증언하였다. 예수께서 돌아가신 후 그의 부활에 대한 믿음은 구원을 위한 필수 요건이 되었으며 때론 유일한 요건으로 강조되었다. 부활은 예수께서 메시아임을 보여주는 징표이자 확실한 증거였기 때문이다. 그러므로 예수를 메시아로 믿는다면 부활은 반드시 믿어야 하는 것이었다. 메시아란 주님이자 왕이기에 그를 믿는 사람들에게 생명을 주고 하느님 나라로 들어가게 해줄 수 있어야 한다. 만약 예수를 죽음의 권세하에 있어 무덤 속에서 흙으로 사라질 존재라 생각했다면 짐짓 거짓으로 그가 메시아이니 그를 믿으라고 전도하며 다닐 까닭이 없었다. 예수를 메시아라고 믿는 사람들은 그가 죽음에서 부활했다고 믿었으며, 그런 믿음을 가진 사람들은 그가 메시아임을 의심하지 않았다. 그런데 성경의 다른 곳을 보면 단순히 의심하지 않는 정도가 아니었다.

그러면 사도들이 그리스도에 대해 대체 무엇을 가르쳤고 사람들에게 무엇을 믿으라고 이야기했는지를 살펴보도록 하자. 사도행전 2장은 예루살렘에서 행한 첫 번째 설교를 통해 베드로가 3,000명의 영혼을 개종시켰다고 증언한다. "그들이 기꺼이 베드로의 말을 믿고 세례를 받았다."라고 증언한 41절에서 그들이 믿었다는 베드로의 말은 무엇이었을까? 그 내용이 22절에서 36절에 걸쳐 나온다. 그것은 그가 지금껏 해온 이야기의 결론에 해당하는 것이자 사람들이 믿어야 한다고 강조해온 것으로서 다음과 같은 내용이었다. "그러므로 이스라엘의 온 백성은 확실히 아시기 바랍니다. 여러분이 십자가에 못 박아 죽인 예수를 하느님께서는 우리의 주님이 되게 하셨고 그리스도가 되게 하셨습니다."(36절) 사도행전 3장을 보면 성전에서 유대인들에게 행한 베드로의 설교가 나오는데, 여기서 하느님의 계획을 말하는 18절 역시 같은 맥락의 이야기이다. "하느님께서는 모든 선지자의 입을 빌려 메시아가 고난을 받게 될 일을 미리 알려주셨는데 예수께서 그 일을 이루셨습니다."(18절) 다음에 나오는 사도행전 4장에서 베드로와 요한은 유대인들로부터 심문을 받으면서 그들이 앉은뱅이를 고쳐준 기적은 나사렛 예수의 이름으로 행해진 것이기에 그를 구원한 이는 메시아였다고 고백하고 있다.(10~12절) 사도행전 5장 29~32절에서도 그들은 같은 내용의 이야기를 하고 있다. "그들은 날마다 성전에 있든지 집에 있든지 예수는 메시아라고 가르치며 전도하기를 그치지 아니하였다."(42절)

사도행전 7장에서 볼 수 있는, 공회에서 행한 스데파노의 연설에는 유대인들이 의인을 잡아들인 자요 살인한 자가 아니냐는 질책이 담겨 있는데, 여기서 의인이란 선지자들이 오리라 예언한 메시아를 말한다.(51~52절) 또한 메시아는 죄 없는 자라야 한다는 것(이것이 義(Just)의 숨은 의미이다.)은 유대인들의 생각이었는데 이는 요한복음 9장 22절을 24절과 대조해보면 알 수 있다.[1]

사도행전 8장을 보면, "필립보는 사마리아로 내려가 그들에게 전도하였다."(8: 5) 그가 전한 복음의 내용은 무엇이었을까? 그것은 하나의 단어로 설명된다. 바로 "메시아"란 단어이다. 그가 사마리아인들에게 요구한 것은 예수가 메시아임을 믿으라는 것뿐이었다. 그리고 이것을 믿게 되자 그들은 세례를 받았다. "그들은 하느님 나라의 복음에 대한 필립보의 설교를 듣고 그것을 믿게 되자 남녀가 모두 예수 그리스도의 이름으로 세례를 받았다."(8: 12)

특별히 성령의 부름을 받아 지위가 높은 사람[2]을 개종시키기 위해 길을 떠났던 필립보는 이사야서의 말씀을 갖고 그에게 예수에 관한 복음을 전했다. 그가 예수에 관해 무엇을 전했는지는 그가 세례를 행할 때 내시가

──

1) "그 부모가 이렇게 말한 것은 이미 유대인들이 예수를 그리스도로 시인하는 자는 누구든 출교하기로 결의하였으므로 그들을 무서워하였기 때문이다."(22절) "이에 그들이 소경이었던 사람을 두 번째로 불러서 말하기를 '너는 하느님께 영광을 돌려라. 우리는 이 사람(즉 예수)이 죄인임을 안다.'"(24절)
2) 그는 에티오피아의 여왕 간다게의 내시로 궁중의 재정을 관리하는 고위관리였다.(사도행전 8: 27)

한 신앙고백을 통해 알 수 있다. "나는 예수 그리스도가 하느님의 아들임을 믿습니다."(37절) 이는 "당신이 예수 그리스도라고 부르는 이가 약속된 진정한 메시아임을 믿습니다."라고 말하는 것이다. 왜냐하면 예수를 하느님의 아들이라고 믿는 것과 그를 메시아라고 믿는 것은 같은 것이기 때문이다. 요한복음 1장 45절[3]을 49절과 비교해보면 하느님의 아들과 메시아가 같은 말임을 알 수 있다. 49절에서 나타나엘은 "당신은 하느님의 아들이요 이스라엘의 왕입니다."라는 말로 예수가 메시아임을 고백하고 있다. 따라서 루가복음 22장 70절에서 유대인들이 그리스도에게 그가 하느님의 아들인지를 물은 것은 그가 메시아인지 여부를 밝히라는 요구였던 것이다. 이는 앞의 3개의 구절을 비교해보면 분명해진다. 67절에서 그들은 예수께 "당신이 그리스도인가?"라고 묻자, 예수께서는 "내가 너희에게 말해도 너희가 믿지 않을 것이다."라고 답하시고 있다. 그러나 이어서 그들에게 이제부터는 그가 메시아의 나라에서 주인이 되리라는 취지로 "이제부터는 인자가 하느님의 권좌 우편에 앉을 것이다."(69절)라고 말하고 있다. 그러자 유대인들은 소리쳤다. "네가 하느님의 아들이라고?" 다시 말해 네가 자신을 메시아라고 칭하는 거냐? 하고 외쳤다. 이에 예수께서는 "그렇다. 내가 그이다."라고 대답하셨다. 하느님의 아들이 당시 유대인들에게는 메시아의 다른 이름이었음을 요한복음 19장 7절에서 유대인들이 빌라도 총독에게 한 말을 통해서도 알 수 있다. "우리에게는 율법이 있습니다. 그자는 자기가 하느님의 아들이라 했으니 죽어 마땅합니다." 이 말은 그가 자신을 장차 올 선지자이자 메시아라 말하였으나, 이는 거짓이기에 그는 마

3) "그(필립보)가 나타나엘을 찾아가서 '우리는 모세의 율법서와 예언자들의 글에 기록된 분을 만났네. 그분은 요셉의 아들 예수인데 나사렛 사람이네.'라고 말하였다."(요한복음 2: 45)

땅히 율법, 즉 신명기 18장 20절[4]에 따라 죽어야 한다는 것이다. 이것이 바로 하느님의 아들이란 말의 일반적 의미임은 예수께서 십자가에 달리셨을 때 대제사장들이 그를 조롱하며 한 말을 통해서 더욱 분명하게 알 수 있다. "그가 남은 살리면서 자신을 살리지는 못하는구나. 이스라엘의 왕이라면 지금 십자가에서 내려와 보아라. 그러면 우리가 믿겠다. 네가 하느님을 믿고 자신을 하느님의 아들이라 칭했으니 하느님이 원하시면 이제 너를 구원하실 것이다."(마태오복음 27: 42) 다시 말해 그가 자신을 메시아라고 말했으나 그 말이 명백히 거짓이라는 것이다. 그가 정말 메시아라면 하느님이 그를 구원하셨을 것이기 때문이다. 그런데 메시아는 이스라엘의 왕이자 사람들을 구원하는 주님이지만 정작 자신은 구원할 수 없었다. 대제사장들은 여기서 두 개의 호칭을 언급하고 있는데, 유대인들이 사용한 메시아란 단어에는 "하느님의 아들"과 "이스라엘의 왕"이란 두 가지 의미가 있었다. 하느님의 아들이란 말은 유대인들이 그토록 고대하며 이야기했던 메시아를 의미하는 너무나 친숙한 호칭이었기에 그들 사이에서 살았던 로마인들조차 그 말을 알고 있었다. "백부장과 더불어 그와 함께 예수를 지키던 자들이 지진과 그로 인해 일어난 일들을 보고 심히 두려워하며 '참으로 그는 하느님의 아들이었다.'고 말하였다."(54절) 다시 말해 그가 유대인들이 고대하던 바로 그 사람이었다는 것이다.

사도행전 9장을 보면 기적과 같은 사건을 통해 복음을 받아들인 바울로는 "예수가 그리스도임을, 즉 하느님의 아들, 또는 메시아였음을 여러 회당에서 힘차게 선포하였다."(20절) 이곳에서는 예수를 그리스도라 부르는 것

∴

4) "만일 어떤 선지자가 내가 전하라고 명령하지 아니한 말을 제 마음대로 내 이름으로 전하든지 다른 신들의 이름으로 말하면 그 선지자는 죽음을 당하리라 하셨느니라."(신명기 18: 20)

이 적합했기 때문이다.[5] 바울로가 전한 것이 바로 이것이었음을 22절에서 확인할 수 있다. "사울은 더욱 힘차게 예수가 그리스도(즉 메시아)라는 것을 증언하므로 다마스커스에 사는 유대인들을 혼란에 빠뜨렸다."(22절)

가이사리아(Caesarea)[6]에 있는 고르넬리오는 환상 가운데 베드로를 부르라는 명을 받았고, 베드로 역시 환상 가운데서 그에게 가라는 명을 받았다. 그렇다면 베드로는 고르넬리오에게로 가서 무엇을 가르쳤을까? 사도행전 10장을 보면 하느님께서 사도들에게 무엇을 선포하고 증언하라 명하셨는지 알 수 있다. "하느님께서는 그(예수)를 산 자와 죽은 자의 심판자로 정하셨으며, 또한 모든 선지자로 하여금 그를 믿는 사람은 누구든지 그의 이름으로 인하여 죄 사함을 받을 수 있다고 증언하게 하셨습니다."(42~43절) "이는 하느님께서 이스라엘 자손에게 하신 말씀으로서 요한이 세례를 선포한 이래 갈릴리에서 시작하여 온 유다 지방에 전해졌다."(36~37절) 그리고 또한 이것은 고르넬리오에게 약속하신 말씀이기도 하다. "그 말씀으로 인하여 그와 그의 모든 집이 구원을 받을 것이다."(사도행전 11: 14) 여기서 그 말씀은 다름 아닌 "예수가 메시아, 즉 약속된 주님이다."라는 것이다. 이 말씀을 듣고(이것이 그들이 들은 전부였다.) 성령이 임재하자, 그들은 세례를 받았다. 여기서 주목할 점은 그들이 세례를 받기 전에 성령이 그들에게 임재했다는 점이다. 다른 곳에서는 세례를 받기 전까지 개종자들에게

* *

5) 바울로가 복음을 전한 다마스커스 지역의 회당에 모이는 유대인 대부분은 히브리 말을 몰랐다. 따라서 그들처럼 이방인 다소에서 출생한 바울로는 그들을 위해 그리스 말을 썼을 것이다.
6) 가이사리아는 3곳이 있다. 하나는 지중해변의 가이사리아로서 팔레스티나의 가이사리아라고도 한다. 다른 하나는 갈릴리호에서 북쪽으로 25km 떨어진 수원지에 있는 필립보의 가이사리아이다. 그리고 마지막으로 터키 중부 카파도키아에 있는 카파도키아의 가이사리아이다. 여기서 말하는 가이사리아는 로마 총독이 거주하던 팔레스티나의 가이사리아이다.

성령이 임재하지 않았다. 이런 차이가 있는 것은 하느님께서 성령을 내려주시어 예수를 메시아라고 믿게 된 이방인에게는 유대인에게 하듯 세례를 주어 교회의 일원으로 받아들이라고 말씀하셨기 때문이다. 사도행전 11장을 보면 베드로가 할례를 받은 사람들로부터 그가 할례를 받지 않은 사람들과 거리를 두어야 함에도 그렇게 하지 않았다는 이유로 탄핵을 받게 되자 자신의 입장을 변론하게 되는데 이 변론을 들은 사람들은 모두 그의 말에 수긍하였다. 15~17절로 이어지는 그의 변론의 요지는 믿음을 가진 이방인을 유대인처럼 성찬에 참여시킨 이례적인 처사는 주님께 속한 권한이기에 누구도 막을 수 없다는 것이다. 따라서 베드로는 앞선 사도행전 10장에서 그들에게 세례를 주기 전에 이 일로 인해 놀라서 그를 찾아온 할례받은 이들에게 다음과 같이 반문했다. "이방인도 또한 성령의 은사를 받았으니 우리처럼 성령을 받은 이들에게 물로 세례를 주는 것을 어찌 막을 수 있겠습니까?"(47절) 사도행전 15장을 보면, 바리사이인에 속했다가 신도가 된 몇 사람이 이방인에게도 할례를 시키고 모세의 율법을 지키도록 해야 한다고 하자, "베드로는 일어나 그들에게 다음과 같이 말했다. 형제 여러분, 여러분이 아시는 바와 같이 하느님께서는 내 입을 빌려 이방인(즉 고르넬리우스와 그와 더불어 개종한 사람들)도 복음을 듣고 믿게 하시려고 일찍이 여러분 가운데서 나를 뽑아주셨습니다. 그리고 사람의 마음을 아시는 하느님께서는 우리에게 하신 것처럼 성령을 주시어 그들을 인정해주셨습니다. 그리고 우리와 그들 사이에 아무 차별도 두지 않으시고, 그들의 믿음을 보시고 그들의 마음을 깨끗하게 해주셨습니다."(7~9절) 이로써 예수를 메시아라고 믿는 유대인과 이방인은 그 믿음으로 인해 세례의 봉인을 받았고, 믿지 않는 자들과 구별되어, 그에게 속한 사람이 되었다. 이상으로 우리는 예수를 메시아라고 가르치는 설교가 바로 말씀(the Word), 즉 하느님의 말씀(the Word of God)이며, 그 말씀을 믿는 것이 곧 하느님의 말씀을 받아들이는 것(사도행전 10: 6~37; 11: 1, 19~20)이자 복음의 말씀(the Word of the Gospel)을 받아들이는 것(사도행전 15: 7)임을 알 수 있다. 이 같은 사실은 복음서에서도 확인할 수 있는데 마르코복음 4장 14~15절에서 단순히 말씀이라 부른 것을, 루가는 루가복음 8장 11절에서 '하느님의 말씀'이라고 부르고 있다. 그리고 마태오는 마태오복음 13장 19절에서 '하늘나라에 관한 말씀(the Word of the Kingdom)'이라고 말하고 있는데, 이들 용어가 모두 복음서 기자들의 관점에서는 같은 말이었던 것으로 보인다.[7] 따라서 우리도 그렇게 이해해야 한다.

하지만 사도행전 13장을 보면, 바울로는 그가 유대인의 전도를 시작했던 안티오키아의 회당에서 "하느님께서는 언약하신 대로 다윗의 후손 중에서 이스라엘을 구원할 주 예수를 보내주셨습니다."라고 말하였다. 예수가 바로 선지자(세례 요한)가 말한 그 메시아였으며(25~29절), 하느님께서는 그가 메시아임을 증명하기 위해 그를 죽은 자 가운데서 살리셨다(30절)는 것이다. 이어서 바울로는 "너는 내 아들, 내가 오늘 너를 낳았다."라는 시편 2장(7절)의 말씀을 들어 복음, 즉 하느님께서 우리 조상들에게 약속하신 그 언약을 자녀 된 우리에게 성취해주시기 위해 예수를 다시 살리셨다고 말한다.(32~33절) 이어서 그는 부활을 예수가 메시아임을 입증하는 증거라 생각하고 "그러니 형제 여러분, 여러분은 바로 이분으로 말미암아 죄를 용서받을 수 있다는 복음이 여러분에게 선포되었음을 알아야 합니다. 모세의 율법으로는 여러분은 의로워질 수 없지만 그를 믿는 사람은 누구

7) 4복음서 중에 마르코복음이 가장 먼저 기록되었으며 다른 복음서들은 마르코복음을 참고한 것으로 보인다.

나 모든 죄에서 벗어날 수 있습니다."라고 말하고 있다.(38~39절) 13장에서 그는 이것이 바로 하느님의 말씀이라고 거듭해서 말하고 있는데 42절을 44, 46, 48~49절 그리고 12장 24절과 비교해보면 이를 알 수 있다.[8]

사도행전 17장 2~4절을 보면 데살로니카에서 "바울로는 늘 하던 대로 회당에 가서 유대인들과 3주간에 걸쳐 안식일마다 성경에 관해 토론하였다. 바울로는 성서를 풀이하면서 메시아는 반드시 고난을 받고 죽었다가 다시 살아나야 한다는 것을 보여주면서 내가 전하고 있는 예수가 바로 그 메시아라고 말하였다. 그들 가운데 여러 사람이 이 말에 감화를 받고 바울로와 실라(Silas)를 따르게 되었다. 그러나 그의 말을 믿지 않은 유대인들은 도시를 혼란에 빠뜨렸다." 신자임을 밝히는 데 있어 예수가 메시아라는 주장에 동의하는 것보다 더 명확한 방법이 있을까? 성서가 증언하고 있듯이 바울로는 3주간에 걸쳐 안식일마다 예수가 메시아임을 그들에게 이해시키려고 하였다.

그 뒤에 그는 베레아(Berea)로 가서 같은 말을 전하였다. 베레아 사람들은 그에게 호감을 느끼고(11절) 바울로가 말한 것(2~3절), 즉 예수가 메시아라는 말이 사실인지 알아보려고 성서를 연구하였다.

사도행전 18장 4~6절을 보면 바울로는 고린토에서도 똑같은 말을 전하고 있다. "바울로는 안식일마다 회당에서 유대인과 그리스인들과 함께 토론하면서 그들을 설복하려고 애썼다. 실라와 디모테오(Timotheus)가 마케

••
8) "바울로와 바르나바가 회당에서 나올 때 사람들은 다음 안식일에도 그 말씀을 더 들려달라고 간청하였다."(42) "그다음 안식일에는 온 동네 사람들이 거의 다 하느님의 말씀을 듣기 위해 모였다."(44) "우리는 하느님의 말씀을 먼저 당신들에게 전달하지 않을 수가 없습니다."(46) "바울로의 말을 듣고 이방인들은 기뻐하며 하느님의 말씀을 찬양하였으며."(48) "이리하여 하느님의 말씀이 그 지방에 두루 퍼져 나갔다."(49) "하느님의 말씀은 더욱 줄기차게 널리 퍼져 나갔다."(12: 24)

도니아에서 왔을 때 바울로는 성령에 붙잡혀 유대인들에게 예수가 메시아라고 증언하였다. 그러자 그들이 대적하며 욕설을 퍼붓자 그는 옷을 털며 그들에게 이렇게 말했다. '당신들의 피가 당신들 머리로 돌아갈 것이니 나는 아무런 잘못이 없소. 이제 나는 그리스인(이방인)들에게로 갈 것이오.'"

사도행전 13장 46절을 보면 바울로는 안티오키아에서도 유대인들에게 똑같이 말했다. "우리는 하느님의 말씀을 당신들에게 먼저 전하지 않을 수 없었습니다. 그런데 당신들이 이 말씀을 거부하니 우리는 이방인에게로 갈 것입니다." 바울로가 그들의 피가 그들의 머리로 돌아갈 것이라고 저주한 것은 그 믿음 여부에 따라 구원을 받을지 아니면 영벌을 받게 될지가 달린 "예수가 메시아이다."라는 진리의 말씀을 그들이 부인했기 때문임이 분명하다. 구원을 받기 위해서는 예수가 메시아임을 믿는 것 외에도 하느님을 믿는 것이 필요했는데 유대인들은 하늘과 땅을 만드신 오직 한 분뿐이신 영원하고 보이지 않는 하느님을 인정하는 사람들이었기에 이 믿음이 구원을 위해 필요한 전부였다. 따라서 사도들은 유대인과 독실한 신자들(할례를 할 의무가 없는 개종자로서 한 분뿐이신 영원하고 보이지 않는 신을 공경하는 자를 가리키는 단어인 σεβόμενοι을 번역한 말)에게 말씀을 전할 때는 하늘과 땅을 지으신 한 분뿐이신 참 하느님을 믿는 것에 대해서는 아무런 언급도 하지 않았다. 이미 하느님에 대한 믿음을 고백한 사람들에게 이를 강조하는 것이 불필요하다고 생각했던 것이다. 그러나 그들이 오직 한 분뿐이신 참된 하느님을 미처 알지 못한 채 우상을 숭배하고 있는 이교도들을 대할 때는 한 분뿐이신 참되신 하느님에 대한 믿음이 다른 모든 믿음의 토대이기에 이 믿음이 없다면 모든 것이 소용없다고 말하면서 전도를 하였다.

따라서 바울로는 그와 바르나바(Barnabas)에게 희생제를 드리며 우상숭배를 한 리스트라인(Lystrians)에게 이렇게 말하고 있다. "우리는 여러분이 이런 헛된 우상을 버리고 하늘과 땅과 바다와 그 안에 있는 모든 것을 만드신 살아 계신 하느님께 돌아오게 하려고 복음을 전하고 있습니다. 지난 날에는 하느님께서 모든 백성이 제멋대로 살게 내버려 두셨습니다. 그러면서도 주님께서는 은혜를 베푸시어 하늘에서 비를 내려주시고, 철을 따라 열매를 맺게 하시고 먹을 것을 주셔서 여러분의 마음을 흡족하게 해주셨습니다."(사도행전 14: 15~17)

사도행전 17장을 보면 바울로는 알지 못하는 신을 모시는 제단을 본 후 우상을 숭배하는 아테네인들에게 말하기를 "여러분이 미처 알지 못한 채 예배해온 그분을 이제 여러분에게 알려드리겠습니다. 그분은 이 세상과 그 안에 있는 모든 것을 지으신 하느님이십니다. 그분은 하늘과 땅의 주인이시므로 사람이 만든 신전에서는 살지 않으십니다."(사도행전 17: 23~24) "하느님의 자녀인 우리는 하느님을, 사람의 기술이나 고안으로 금이나 은이나 돌로 만들어낸 우상처럼 여겨서는 안 됩니다. 하느님께서는 사람들이 무지했던 때에는 눈을 감아주셨지만, 이제는 어디에 있는 사람에게나 다 회개할 것을 명령하십니다. 하느님께서는 당신이 택하신 분을 시켜 온 세상을 올바르게 심판하실 날을 정하셨고 또 그분을 죽은 자들 가운데서 다시 살리심으로써 모든 사람에게 그 증거를 보이셨습니다."(사도행전 17: 29~31) 이 말씀을 통해 우리는 사도들이 이교도 우상숭배자들에게 무슨 말을 해야 그들이 믿음을 가질지 세심한 주의를 기울였음을 알 수 있다.

"고린토에서 바울로는 안식일마다 회당에서 토론했으며 유대인들에게 예수가 메시아임을 증언하였다."(사도행전 18: 4) "그리고 그는 1년 6개월 동안 거기에 머물면서 사람들에게 하느님의 말씀을 가르쳤다."(사도행전 18: 11) 여기서 "하느님의 말씀"이란 우리가 이미 살펴본 바와 같이 예수가 메시아라는 복음을 말하는 것이었다.

또 다른 복음 전도자인 아폴로(Apollos)도 보다 자세하게 하느님의 가르침을 들은 후에는[9] 같은 교리만을 전했는데, 그에 관해 기술하고 있는 사도행전 18장 27절을 통해 이를 알 수 있다. "그는 아카이아(Achaia)로 건너가 이미 하느님의 은총으로 신도가 된 사람들에게 큰 도움을 주었다. 그는 성서를 근거로 하여 열정적으로 예수가 메시아임을 유대인들에게 이해시켰다."

바울로는 페스도[10]와 아그리빠[11] 앞에서 자신에 관해 이야기하면서 그가 개종 후에 전한 것이 이것(예수가 메시아임)뿐이었음을 고백하고 있다. 사도행전 26장 22절을 보면 바울로는 자신이 "하느님의 도우심을 받아 낮은 사람에게나 높은 사람에게나 오직 예언자와 모세가 예언한 것만을, 즉 메시아께서 고난을 겪으시고 죽은 자들 가운데서 제일 먼저 부활하시어 이스라엘 백성과 이방인들에게 빛이 되실 것임을 증언하며 오늘에 이르렀습니다."라고 말하고 있다. 이것은 다름 아닌 예수가 메시아임을 증언하는 것이었다. 그리고 이는 앞서 살펴보았듯이 하느님의 말씀이라 불렸는데 사도행전 11장 1절을 앞 장의 34절에서 끝 절까지, 13장 42절을 같은 장 44, 46, 48~49절, 그리고 17장 13절을 5장 11, 13절과 비교해보면 알 수 있다. 또한 이것은 사도행전 15장 7절을 보면 '복음의 말씀(the Word of Gospel)'이라고도 불린다. 따라서 '복음의 말씀'이란 하느님의 말씀인 것

··

9) 알렉산드리아 출신으로 에페소에 살고 있던 유대인 아폴로는 구변이 좋고 성서에 정통한 사람이었다. 그는 요한의 세례밖에는 몰랐기에 바울로의 동역자인 브리스킬라와 아퀼라가 그에게 하느님의 말씀, 즉 예수가 메시아임을 가르쳐주었다.(사도행전 18: 24~26)
10) 보르기오 페스도(Porcius Festus)는 기원후 58년에서 62년까지 유다의 로마 행정관(총독)이었다.
11) 헤롯 아그리빠(Herod Agrippa II, A.D. 27~93)는 A.D. 50년에 유다의 왕이 되었으며 75년 로마를 방문해 로마의 집정관직을 얻었고 죽을 때까지 유다의 왕으로 남아 있었다.

이다. 그리고 사도들이 복음을 전할 때마다 논쟁이 벌어졌는데, 그 복음의 내용이 유대인이든 이방인이든 누구든지 예수를 그리스도라 믿으면 그리스도 교회의 일원이 되고 그로 인해 하느님께서 그들의 마음을 깨끗게 해주시고(사도행전 15: 9) 그들의 죄를 용서하신다(사도행전 10: 43)는 것이었기 때문이다. 다시 말해 "나사렛 예수가 그리스도, 즉 메시아"라고 믿는 것만으로 의롭다 여김(Justification)을 받을 수 있다는 것이다. 예수가 그리스도라는 사실이 그들이 의롭다 여김을 받기 위해 믿어야 할 전부라는 것이다. 그러나 그것이 의롭다 여김을 받는 데 필요한 모든 것은 아니다. 이 점에 대해서는 뒤에서 다시 살펴볼 것이다.

앞서 살펴보았지만, 요한복음 3장 36절에서 주님께서는 자신에 대해 이르기를 "아들을 믿는 사람은 영원한 생명을 얻을 것이며, 아들을 믿지 않는 사람은 생명을 얻기보다는 오히려 하느님의 영원한 진노를 살 것이다."라고 말씀하고 있다. 요한복음 4장 39절을 42절과 비교해보면 그를 믿는 것은 그가 메시아, 즉 세상을 구할 주님임을 믿는 것임을 알 수 있다. 마태오복음 16장 16절에 나오는 "메시아, 즉 살아 있는 하느님의 아들"이라는 베드로의 고백은 우리 주님께서 그의 교회를 세우는 반석이 되었다. 사도들의 설교를 통해 알게 된 것을 더는 이야기하지 않아도 이것과 우리가 이미 알고 있는 그 밖의 것들만으로도 복음이 영생을 믿기 위해 우리에게 무엇을 요구하는지 충분히 알 수 있다. 그러나 이 문제를 좀 더 명확히 하기 위해 지금까지는 이런 목적으로 살펴본 적은 없지만 복음 전도자들이 같은 것을 어떻게 다른 식으로 이야기했는지 알아보는 것도 나쁘지 않을 것이다.

제3장
예수가 메시아라는 복음서의 증언

우리는 안드레아와 필립보의 말을 통해 메시아가 "모세의 율법서와 예언서에 기록되어 있는 그분"임을 확인할 수 있다. 요한복음 1장 41절에서 안드레아는 시몬에게 "우리가 찾던 메시아를 만났어요."라고 말했고, 45절에서는 필립보가 나타나엘에게 "우리는 모세의 율법서와 예언자들의 글에 기록된 그분을 만났네. 그분은 나사렛에 사는 예수로 요셉의 아들이네."라고 말했다. 이 말을 믿지 않았던 나타나엘은 그리스도가 그에게 하시는 말씀을 듣고 확신이 서자 "선생님, 선생님은 하느님의 아들이시며 이스라엘의 왕이십니다."라고 그의 믿음을 토로하였다. 여기서 알 수 있는 사실은 그를 "모세의 율법서와 예언서에 기록된 그분"으로 믿거나 또는 "하느님의 아들" 또는 "이스라엘의 왕"으로 믿는 것은 곧 그를 메시아로 믿는 것이라는 점이다. 그리고 이는 주님께서 우리에게 요구한 믿음이었다. 나타나엘이 "당신은 하느님의 아들이시며 이스라엘의 왕이십니다."라고 고백하자,

"예수께서는 '네가 무화과나무 아래 있는 것을 보았다고 해서 나를 믿느냐? 앞으로는 그보다 더 큰일을 보게 될 것이다.'라고 말씀하신"(51절)[1] 것을 보면 이를 알 수 있다. 나는 사람들에게 요한복음 1장을 24절부터 끝까지 주의 깊게 읽어보고 '하느님의 아들'이란 말이 메시아에게 사용되는 표현인지 아닌지를 말해보라고 하고 싶다. 그리고 요한복음 11장 27절, "나는 당신께서 세상에 오시기로 약속된 메시아이시며 하느님의 아들이심을 믿나이다."라고 말한 마르타의 신앙고백과 요한복음 20장 31절, "다만 사람들이 예수는 그리스도이시며 하느님의 아들이심을 믿고, 또 그렇게 믿어서 주님의 이름으로 생명을 얻게 하려는 것입니다."라는 요한의 말을 읽어보게 한 후 메시아와 하느님의 아들이 당시의 유대인들에게 같은 말이었음을 의심할 수 있는지 묻고 싶다.

"메시아 왕"이 언급된 다니엘서 9장의 예언과 메시아의 통치와 그의 나라 그리고 그에 의한 구원이 언급된 이사야서, 다니엘서, 그 밖의 다른 예언서들은 유대인들에게 매우 잘 알려져 있었다. 이런 예언서들로 인해 당시에는 이스라엘 왕국을 재건하기 위해 메시아가 올 것이라는 희망이 고조되어 있었다. 그래서 헤롯왕은 동방박사들이 "유대인의 왕으로 태어난 분"을 찾는다는 소식을 듣자(마태오복음 2장) 대사제들과 율법학자들을 불러 모아 메시아가 어디서 태어날 것인지를 물었던 것이다.(마태오복음 2: 4) 만약 유대인에게서 왕이 태어났다면 그가 메시아임이 분명했기 때문이다. "사람들은 메시아를 기다리고 있던 터라 (세례) 요한을 보고 모두 마음속으로 그가 혹시 메시아가 아닐까 생각하였다."라는 루가복음 3장 15절의 증언처럼, 사람들은 메시아가 오시기를 기다리고 있었다. 따라서 사제들과

∴

1) 본문에서는 51절로 되어 있으나 착오가 있었던 것 같다. 이 구절은 50절이다.

레위 사람들이 사람을 보내어 그(세례 요한)가 누구인지를 알아보게 했을 때 그는 그들의 질문을 이해하고 있었기에 요한복음 1장 20절에서 "나는 메시아가 아니오."라고 대답하고, 34절에서는 예수가 "하느님의 아들", 즉 메시아라고 증언하고 있다.

같은 시기, 이스라엘의 구원을 기다리고 있던 시므온(Simeon) 역시 메시아를 찾고 있었다.(루가복음 2: 21)[2] 그는 아기 예수를 두 팔에 안고 "주님의 구원을 제 눈으로 보았습니다."(루가복음 2: 30)라고 말하였다. 또한 "같은 시간에 성전에 온 안나(Anna)는 하느님께 감사를 드리고 이스라엘이 구원될 날을 기다리던 모든 사람에게 이 아기에 대해 이야기하였다."(38절) 마르코복음 15장 43절에는 아리마태아 사람 요셉에 대한 이야기가 나오는데 그가 하느님의 나라가 오기를 대망하였다는 말이 나온다. 이 말은 그가 메시아가 오심을 기다렸다는 것이다. 루가복음 19장 11절은 (예수가 예루살렘에 가까이 오는 것을 보고) "사람들은 하느님의 나라가 당장 나타날 줄 알고 있었다."라고 말하고 있다.

그러면 세례자 요한이 처음 사역을 시작했을 때 그가 무엇을 선포했는지 살펴보자. 마태오가 전하는 바에 따르면 "그 무렵에 세례 요한이 나타나 유대 광야에서 '회개하여라. 하늘나라가 가까이 왔다.'라고 선포하였다."(마태오복음 3: 1~2) 그는 메시아가 오심을 선포한 것이다. 그리고 하늘나라(the Kingdom of Heaven)와 하느님의 나라(the Kingdom of God)는 복음 전도자들의 여러 말씀을 통해 알 수 있듯이 같은 의미로서 메시아의 나라(the Kingdom of Messiah)를 가리킨다. 유대인들이 세례자 요한에게 사람을 보내어 묻자 그는 "나는 메시아가 아니며"(요한복음 1: 19)[3] 예수가 메시아라

••

2) 사실은 루가복음 2장 21절이 아니라 2장 25절이다.

고 고백하였다. 이는 요한복음 1장 26~34절과 3장 27~30절을 비교해보면 알 수 있다. 유대인들은 요한이 메시아인지를 알고 싶어 했다. 그러나 그는 자신이 메시아임을 강하게 부인하였고 그는 단지 그의 선구자일 뿐이며 그를 따르는 사람 중에 하나로서 그의 신발 끈을 풀어드릴 만한 자격조차 없다고 말하였다. 다음날, 예수를 본 그는 이렇게 말했다. 저 사람이 바로 그이다. 내가 물로 세례를 베푼 것은 그를 세상에 알리기 위함이었다. 성령이 그에게 내려와 머무는 것을 볼 때까지는 나는 그가 누구인지 몰랐다. 물로 세례를 베풀라고 나를 보내신 분이 성령이 내려와 머무는 사람을 보거든 그가 바로 성령으로 세례를 베푸실 분인 줄 알라고 말씀해주셨다. 그래서 세례 요한은 "그가 하느님의 아들이시다."(요한복음 1: 34)라고, 즉 메시아라고 증언하였다. 요한복음 3장 26절을 보면 요한의 제자들이 요한을 찾아가 예수가 세례를 베풀고 있으며 모든 사람이 그에게 간다고 말하자 요한은 이렇게 대답했다. 그는 하늘이 주신 권한을 받았다. 내가 나를 메시아라고 말한 적이 없음을 너희는 알고 있다. 나는 그의 앞에 사명을 띠고 온 사람이다. 그는 흥하여야 하겠고 나는 쇠하여야 한다. 하느님께서는 그를 보내셨고 그에게 하느님의 말씀을 전하게 하셨기 때문이다. 하느님은 그의 아들의 손에 모든 것을 주셨다. "따라서 아들을 믿는 자는 영원한 생명을 얻을 것이다." 후일 사도들은 세례 요한의 이 말을 전했다. 사도행전을 통해 알 수 있듯이 그들은 예수가 메시아임을 전했다. 예수께서도 말씀하셨듯이(요한복음 5: 33), 요한은 이처럼 우리 주님에 대해 증언을 하였다.

예수에 대한 또 다른 증언은 예수께서 세례를 받을 때 하늘로부터 들린

..

3) 요한복음 1장 19절이 아니라 1장 20절이다.

소리, 즉 "이는 내 사랑하는 아들, 내 마음에 드는 아들이다."(마태오복음 3: 17)라는 선포이다. (앞서 보았듯이) 하느님의 아들이란 메시아를 의미하는 것이기에 이 말은 그가 메시아임을 선포하는 것이다. 이 밖에 또 다른 증언 은 예수가 잉태된 후 요셉에게 천사가 나타나서 "그의 이름을 예수(또는 주님)라 하여라. 그가 그의 백성을 죄에서 구원할 것이다."(마태오복음 1: 21) 라고 전한 것이다. 유대 민족에게는 메시아가 오면 그들의 모든 죄가 사함 을 받을 것이라는 전승이 있었다. 천사가 요셉에게 한 말은 예수가 메시아 라는 선언으로 볼 수 있는데 여기서 "그의 백성"이라는 천사의 말은 그에 게 백성이 있다는 것으로서 그가 왕임을 암시하는 것이다.

세례를 받은 후 예수는 그의 사역을 시작했다. 그러나 그가 무엇을 믿으 라고 말했는지 알아보기 전에 우리는 먼저 메시아의 오심에 대한 선포가 세 가지 방식으로 이루어지고 있음에 주목해야 한다.

1. 기적에 의한 선포: 오랫동안 유대인에게 예언이 없었다. 비록 그들 은 나라를 갖고 있었고 자신들의 율법에 따라 살았지만, 로마의 지배하에 있었다. 시간이 흐르면서 그들은 메시아를 언급한 고대 예언서의 기록대 로 나라를 세워 그들을 구원해줄 메시아를 고대하고 있었다. 그들은 하느 님의 사자가 나타나 기적을 행하는 비범한 신적인 능력으로 자신들을 구 원해주기를 바랐다. 그들이 기적을 행하는 하느님의 사자에게 거는 기대 는 단 하나로 그들에게 메시아가 되어주는 것이었다. 따라서 그들은 위대 한 예언을 하며 기적을 행하는 단 한 사람, 즉 메시아를 기다렸다. 그러기 에 사람들은 예수가 행한 기적을 보고 그가 메시아라는 믿음을 갖게 되었 던 것이다. "메시아가 온다고 해도 이 사람보다 더 많은 기적을 행할 수 있 겠는가? 하며 예수를 믿는 사람들이 많았다."(요한복음 7: 31) 봉헌절 축제 에서 유대인들이 예수께 다가와 말했다. "당신은 얼마나 더 우리를 애태

우게 할 겁니까? 당신이 메시아라면 그렇다고 분명하게 말해주시오.' 그러자 예수께서는 '내가 이미 말했는데 너희는 믿지 않는구나. 내가 내 아버지의 이름으로 행하는 일들이 바로 나를 증명해준다.'"(요한복음 10: 24~25) 그리고 예수는 이렇게도 말했다. "나에게는 요한의 증언보다 훨씬 나은 증언이 있다. 지금 내가 하는 일은 바로 아버지께서 나에게 맡기신 일인데 이것이 바로 아버지께서 나를 보내셨다는 증거이다."(요한복음 5: 36) 여기서 "아버지께서 나를 보내셨다."라는 말이 나오는데 이것이 메시아에 대한 또 다른 표현임을 요한복음 5장을 10장과 비교해보면 분명하게 알 수 있다. 10장에서는 예수께서 그가 하는 일이 그를 증언한다고 말한다. 그리고 그것이 증명하는 것은 바로 그가 "메시아"라는 사실이라고 말한다. 5장에서 다시 한 번 그가 하는 일이 그를 증언한다고 말한다. 그러면서 그것이 증언하는 것은 "아버지가 그를 보내셨다."라는 사실이라고 말한다. 이로 인해 '아버지가 보냈다.'라는 것과 메시아라는 것이 결국 예수께서 자신을 표현하는 같은 말이라는 것을 알 수 있다. 따라서 요한복음 4장 53절과 9장 4~5절 그리고 그 밖의 곳을 보면 예수께서 행한 일을 본 많은 사람이 그의 증언에 귀를 기울였고, 그것을 받아들여 그를 믿게 되었음을 알 수 있다.

2. 메시아의 오심을 선포하는 또 다른 방법은 그가 누구인지를 직접 언급하는 것이 아니라 구약의 말씀을 인용하거나 우회적인 표현을 통해 그의 오심을 알리거나 암시하는 것이었다. 가장 흔한 실례는 "하느님의 나라" 또는 "하늘나라"로서 이 표현은 구약성경에서 메시아를 가리키는 가장 분명한 말인데 '나라'란 유대인들이 가장 갈망하고 소망하던 것이었다. 잘 알려진 이사야서 9장에 이런 구절이 나온다. "그의 어깨에는 주권이 매어지겠고, 그는 평화의 왕이라 불릴 것이다. 다윗의 왕좌에 앉아 주권을 행사하여 그 주권을 강대하게 하고 끝없는 평화를 이루며 그 나라를 법과 정

의 위에 굳건하게 세울 것이다."(이사야 9: 6~7) 미가서 5장 2절에는 "에브라다 지방 베들레헴아, 너는 비록 유다 부족들 가운데서 보잘것없으나 나를 대신해 이스라엘을 다스릴 자는 너에게서 나올 것이다." 다니엘은 다니엘서 9장 25절에서 그를 "메시아 왕(Messiah the Prince)"이라 부르고, 7장 13절에서는 자신의 환상을 이야기하면서 그를 "인자(the Son of Man)"라고 부른다. 14절에서는 "주권과 영화와 나라가 그에게 맡겨지고, 인종과 언어가 다른 모든 사람의 섬김을 받게 될 것이다. 또한 그의 주권은 소멸치 않고 영원히 갈 것이며 그의 나라는 멸망치 않을 것이다."라고 말한다. 따라서 하느님의 나라와 하늘나라는 유대인들에게는 메시아의 시대를 가리키는 같은 말이었다. 루가복음 14장 15절에 "같이 식사자리에 앉아 있던 유대인 중 한 사람이 말하기를, 하느님 나라의 잔치에 초대받은 이는 축복을 받은 것입니다."라는 구절이 나오고, 17장 20절에서는 한 바리사이인이 "하느님 나라가 언제 옵니까?"라고 묻자 세례 요한은 "회개하여라 하느님 나라가 눈앞에 와 있다."[4]라고 말하고 있는데, 만약 그가 하느님 나라란 말의 의미를 이해하지 못하였더라면 이 말을 설교에서 사용하지 않았을 것이다.

메시아와 그의 오심을 선포하는 또 다른 방식이 있는데 이것은 쉽게 우리의 시선을 끄는 것이다.

3. 그것은 직접적이고 명확하게 메시아의 교리를 선포하고 예수가 바로 메시아라고 말하는 것인데 우리 주님께서 부활하신 후 사도들이 복음을 선포하러 다닐 때 사용했던 방식이다. 이것은 예수를 메시아로 믿음으로써 죄 사함을 받을 수 있음을 공개적으로 그리고 명확하게 알려준다는 점에서 예수께서 이 땅에 오셨을 때 마땅히 취했어야 할 방식이다. 그러

4) 마태오복음 3: 2.

나 우리 주님께서는 그렇게 하지 않으셨다. 오히려 그 반대였다. 유다 지방에서 살 때는 자신을 드러내지 않았고 사역 초기에는 자신을 메시아라고 선포하는 대신에 그의 삶과 행동이 메시아에 관한 구약의 예언과 일치함을 보여주기 위해 기적을 행했으며, 메시아의 나라가 다가옴을 "하느님의 나라와 하늘나라"를 들어 모호한 방식으로 이야기하였다. 그는 자신이 메시아임을 공개적으로 밝히지 않았으며 오히려 그것을 말하지 못하게 했다. 마르코복음 8장 27~30절을 보면 "예수께서 제자들에게 사람들이 '나를 누구라고 하더냐?' 하고 물으셨다. 그러자 제자들은 '세례자 요한이라고들 합니다. 그러나 어떤 이들은 엘리야라고도 하고, 또 어떤 이들은 예언자 중 한 사람이라고도 합니다.' 하고 대답하였다."(이처럼 예수를 비범한 사람이라 믿고 있었던 사람들조차도 그가 사역을 시작한 지 3년째가 되고 예수께서 돌아가시기까지 채 1년도 안 남은 시점까지도 그가 누구인지, 즉 그가 메시아인지 몰랐음이 분명하다.) "'그러면 너희는 나를 누구라고 생각하느냐?'라고 예수께서 다시 물으시자 베드로가 '당신은 메시아이십니다.'라고 대답하였다. 그러자 예수께서는 제자들에게 자기에 관해 아무에게도 이야기하지 말라고 당부하셨다." 루가복음 4장 41절을 보면 "악마들이 여러 사람에게서 떠나며 '당신은 하느님의 아들, 메시아이십니다.' 하고 외쳤다. 그러자 예수께서는 그들을 꾸짖으시며 아무 말도 하지 못하게 하셨다. 그들이 예수가 메시아임을 알고 있었기 때문이다."라고 쓰여 있다. 또한 마르코복음 3장 11~12절은 "더러운 악령들이 예수를 보자 그 앞에 엎드려 '당신은 하느님의 아들이십니다.' 하고 외쳤다. 그러자 그는 그들에게 자신을 알리지 말라고 엄하게 명령하셨다."라고 전하고 있다. 두 개의 문헌을 비교해보면 여기서 우리는 "당신은 하느님의 아들이십니다."와 "당신은 메시아이십니다."가 같은 의미로 사용되었음을 또다시 확인하게 된다. 다시 본론으로 돌아가자.

그런데 세상에 빛을 비추기 위해 왔으며 진리를 증거하기 위해 죽음의 고초를 겪어야 했던 사람이 자신이 누구인지를 감추었다는 것은 이상한 일이다. 그의 이러한 조심스러움은 자신이 메시아로 세상에 알려지거나 그렇게 받아들여지는 것이 싫어서 자신을 감추려 하는 것처럼 보일 수 있다. 그러나 그가 이같이 행동한 것은 오히려 하느님의 뜻을 따르기 위함이었다고 달리 생각할 수도 있다. 그가 자신의 사역과 관련해 예언된 시간을 맞추고자 했다는 사실을 고려하면 그의 행동은 그가 메시아임을 보여주는 완벽한 징표일 수 있기 때문이다. 예수께서는 기적을 행하고, 겸손과 온유와 인내로 시련을 받는 가운데서도 선한 행실을 보이며 자신에게 예언된 길을 따라갔으며 도살당하는 양처럼 비록 죄도 없고 허물도 없지만, 침묵과 순종으로 십자가에 달렸다. 만약 그가 사람들 앞에 나타나 말씀을 선포하자마자 곧 자신이 메시아임을, 즉 자신이 가까이 왔다고 선포한 하느님 나라의 왕이 될 메시아라고 선언했다면 이런 일은 일어나지 않았을 것이다. 왜냐하면 공회(Sanhedrin)[5]는 그들의 권력을 사용해 말씀을 전하지 못하도록 그를 죽였을 것이기 때문이다. 적어도 그들은 그의 사역을 방해하였을 것이고 그가 하는 일을 막았을 것이다. 이 때문에 그는 신중했으며, 가능한 한 그들을 자극해 그들의 손에 넘겨지는 일이 없도록 조심했다. 이 같은 사실은 요한복음 7장 1절을 보면 분명하게 알 수 있다. "이 일이 있은 후 예수께서는 갈릴리로 가셨다." 이는 대제사장들과 관리들을 피하려

----

5) 공회는 헬라어 수네드리온(Συνήγαγον)을 히브리어화한 표현으로 유대인의 종교적 최고 의회이자 법정이었다. 예루살렘에 있던 대공회는 대제사장 1인과 율법학자, 바리사이인, 사두가이인들로 구성된 70인의 의원으로 구성되었으며 유대의 율법에 따른 사법권을 갖고 있었다. 기원전 3세기 말에 생겨나 기원후 70년 로마에 의해 예루살렘이 멸망하기까지 존립하였다.

는 것으로 "유대인들이 그를 죽이려 하기에 유다 지방으로는 다닐 수 없었기 때문이다." 예수께서 예루살렘에서 예언하신 대로, 복음을 전하기 시작한 후 첫 번째 유월절을 맞아 베짜타 못에서 아픈 사람을 치유하자 그들이 예수를 죽이려고 하였음이 요한복음 5장 16절에 기록되어 있다. 그리고 38절에는 "더구나 아버지께서 보내신 이를 너희가 믿지 않으므로 너희 마음에 아버지의 말씀이 들어 있지 않다."라고 기록되어 있다. 이것은 예수께서 예루살렘에 있는 유대인들에게 특별히 한 말씀이었는데 그들이 예수를 죽이려고 했기 때문이다. 그들은 예수에 대한 불신과 적대감을 가지고 있었기에 그들의 마음속에는 하느님의 말씀, 즉 메시아의 나라에 대한 가르침(성경에서는 자주 이것을 "하느님의 말씀"이라 부른다.)이 없었다. 그러므로 예수께서는 그들 사이에 머물면서 메시아의 나라를 가르치고 설명할 수 없었다.

여기서 하느님의 말씀이란 그들이 알고 있는 예수를 메시아라고 알려주는 하느님의 말씀임을 전후 문맥을 통해 알 수 있다. 그리고 그 말씀의 의미는 사건을 통해 밝혀진다. 이 일이 있고 난 뒤 다음 칠칠절[6]이 올 때까지 더는 예루살렘에서 예수에 관한 이야기를 찾아볼 수 없다. 물론 예수께서는 다음 유월절까지 그 사이에 있었던 축일에 예루살렘에 머무셨다. 그러나 그것은 어디까지나 사적인 일이었다. 거의 15개월 후인 다음 칠칠절까지 예수께서는 예루살렘에서 하느님 나라에 관한 이야기는 물론이고 아

..

6) Pentecost는 유대교에서는 칠칠절로, 기독교에서는 성령강림절로 기념된다. 칠칠절이란 누룩을 넣지 않은 무교병을 먹는 무교절 다음날부터 계산해 50일째 되는 날에 행해지는 추수감사절기로서 초여름 밀의 수확을 감사하며 지키던 절기였다. 따라서 오순절 또는 맥추절이라고도 불린다. 예수께서 부활하여 제자들에게 보혜사(성령)를 보내주실 것을 말씀하셨는데 그 말씀대로 오순절에 성령이 강림하였다. 따라서 기독교에서는 오순절을 성령강림절로 기념한다.

무엇도 말하지 않았을 뿐 아니라 그 어떤 기적도 행하시지 않았다. 그리고 그로부터 1년 반이 지난 초막절에 예루살렘에 돌아오셨는데 그때도 그는 그들에게 아무것도 가르치시지 않았다.

1. 요한복음 7장 2절과 15절을 보면 예수께서는 초막절에 성전에서 가르치셨는데 "유대인들은 '저 사람은 배우지도 않았는데 어찌 저렇듯 아는 것이 많을까?' 하고 기이하게 여겼다."라고 기록되어 있다. 이는 유대인들이 그의 설교를 들어보지 못했음을 알려주는 대목이다. 만약 그들이 그의 설교를 들어본 적이 있었다면 기이하다고 말하지 않았을 것이다.

2. 19절에서 예수께서는 그들에게 말하기를 "너희에게 율법을 준 이가 모세가 아니냐? 그런데도 너희 가운데 그 법을 지키는 이가 아무도 없다. 대체 너희는 왜 나를 죽이려 하느냐?" "내가 너희들 중에 있으면서 일(즉 기적)을 하나 했다 하여 너희가 모두 놀라고 있다. 그런데 너희는 모세가 할례법을 제정하였다 하여 안식일에도 사내아이에게 할례를 행하고 있다. 이처럼 너희는 모세의 율법을 어기지 않으려고 안식일에도 사내아이에게 할례를 주면서 어찌하여 내가 안식일에 사람 하나를 온전히 고쳐주었다고 화를 내는 것이냐?"[7] 예수께서 여기서 말하고 있는 일은 1년 반 전에 예루살렘에서 행한 치유의 기적으로써 우리는 예수께서 그 일을 행한 후 이 이야기를 하는 시점까지 그들에게 어떤 말씀도 가르치시지 않았음을 알 수 있다. 우리는 그 이유를 예수께서 그들에게 "아버지께서 보내신 이를 믿지 않으므로 너희 마음에 아버지의 말씀이 들어 있지 않다."(요한복음 5: 38)고 하신 말씀을 통해 알 수 있다. 그래서 예수께서는 자주 예루살렘에 머무시며 그들에게 하느님 나라에 대한 복음을 전하지 않으셨던 것이다. 예수에

• •
7) 요한복음 7: 21~23.

대한 그들의 불신과 적대감 그리고 악한 생각이 하느님 나라의 복음이 전해지는 것을 가로막았던 것이다.

이는 분명한 사실이었다. 예수께서 예루살렘에서 행한 첫 번째 기적은 세례를 받으신 후 맞이한 두 번째 유월절 때 행하신 것인데 이 일로 인해 위험에 처하시게 되었다. 그러므로 예수께서는 마지막 유월절을 보내시기 전에 맞이한 초막절 때까지 예루살렘에서 말씀을 전하시는 것을 삼가셨다. 예수께서는 수난을 당하기 반년 전까지 단 한 번 기적을 행하셨을 뿐이며 예루살렘에서 공개적으로 말씀을 전하신 것도 단 한 번뿐이었다. 그는 그곳에서 말씀을 전하시려 했었으나 그들의 불신을 확인하셨을 뿐이었다. 만약 고지식하게 그곳에서 계속 하느님 나라의 도래를 전하며 기적을 행하셨더라면 예수께서는 요한복음 5장 36절에서 말씀하고 있는 아버지께서 그에게 성취하라고 맡기신 일을 할 시간과 자유를 얻을 수 없었을 것이다.

그들은 상상할 수 있는 모든 방법을 동원해 예수를 공격하였고 예수께서는 어느 누구와도 비교할 수 없는 지혜로움으로 빠르게 대처함으로써 그들의 공격을 피하셨다. 율법학자와 바리사이인들이 간음하다 현장에서 붙잡힌 여인을 데려와 예수께 말하였다. "선생님, 모세의 법은 이런 죄를 범한 여인을 돌로 쳐 죽이라고 하였는데 선생님 생각은 어떠십니까?" 그들은 예수를 고발하기 위해 그런 말을 한 것이었다.(요한복음 8: 3~6) 그들이 바라는 것은 분명했다. 사람들이 보는 앞에서 그의 앞에 끌려온 범죄를 저지른 여인을 예수께서 메시아, 즉 그들의 왕으로서 심판하게 하려는 것이었다. 이는 로마 관리에게 불법적인 행동을 했다는 이유로 예수를 고발하기 위함이었다. 그러나 이러한 계략은 성공하지 못했다. 그는 멋지게 그들의 계획을 수포로 만들어버렸다. 자신을 낮추지 않으시고도 그들이 부끄

러워하며 아무 말 없이 그 자리를 뜨게 만드셨다.[8]

안식일에 손이 오그라든 사람을 고쳐주었을 때 "바리사이인들은 헤롯 당원들과 예수를 없애버릴 방도를 모의하였다. 그때 예수께서는 제자들과 함께 호숫가로 물러가셨다. 그러자 갈릴리에서 많은 군중이 그를 따라왔다. 또 유다와 예루살렘과 에돔(Idumea)과 요르단 건너편에 사는 사람들과 띠로(Tyre)와 시돈(Sidon) 근방에 사는 사람들도 예수께서 행하신 일을 전해 듣고 몰려왔다. 그들은 병을 고치려고 그에게 다가왔고, 그는 그들 모두를 고쳐주셨다. 그리고 나서 그들에게 당신을 알리지 말라고 당부하셨다. 그리하여 예언자 이사야를 시켜 '보라 내가 택한 나의 종, 내 사랑하는 사람, 내 마음에 드는 사람, 그에게 내 성령을 부어주리니 그는 이방인들에게 정의를 선포하리라. 그는 다투지도 않고, 큰소리도 내지 않으리니 거리에서 그의 소리를 들을 자 없으리라.'" 하신 말씀이 이루어졌다.(마태오복음 12장, 마르코복음 3장)[9]

따라서 예수께서 라자로를 죽음에서 부활시킨 소식을 들은 "대사제들과 바리사이파 사람들은 의회를 소집하고 '이 사람이 많은 기적을 행하고 있으니 어찌하면 좋겠소.' 하고 말하였다."(요한복음 11: 47) "그날부터 그들은 예수를 죽일 음모를 꾸미기 시작했다."(53절) "그래서 예수께서는 더는 유대인들 사이에 드러나게 다니시지 않으셨다." 그가 행한 기적은 그가 메시아임을 선포하고 있기에 유대인들은 더는 그를 받아줄 수 없었으며, 그 또한 그들 사이에 있을 수 없었기에 "광야 근처에 있는 지방으로 가시어 에브

∴

8) 볼드체 부분(원전 66쪽)은 1696년 판본에만 들어 있고 다른 판본에는 들어 있지 않은 부분이다.
9) 이 인용문은 마태오복음 12장 9~21절과 3장 1~12절을 혼합하여 인용하고 있다. 그리고 여기서 인용된 이사야서의 말씀은 42장 1~4절이다.

라임(Ephraim)이라 하는 동네에 머물러 계셨다."(54절) 이 일이 일어난 것은 그가 마지막으로 맞은 유월절 전이었는데 이는 "유대인들이 유월절이 다가오자"라는 55절의 말로 미루어 알 수 있다. 따라서 기적을 행함으로 인해 유명해진 예수께서 평소 그래왔듯이 조심하며 그 일을 중단하지 않았다면 비록 얼마 남지는 않았지만, 그의 때가 이를 때까지 안전할 수 없었을 것이다. 따라서 예수께서는 그의 때(즉 유월절)가 이를 때까지 "유대인 사이에 드러나게 다니지 않으시다"가 마침내 그의 때가 이르자 다시 그들에게 나타나셨던 것이다.

예수께서 자신이 유대인들이 고대하던 왕이라고 말하고 다녔더라도 로마인들은 그를 괴롭히지 않았을 것이다. 그러나 유대인들이 예수께서 직접 그런 말을 하는 것을 들었다면 분명 그를 비난하고 고발했을 것이다. 그래서 예수께서는 자신의 제자들에게만 자신이 유대인의 왕임을 밝히셨다. 예수께서 돌아가시고 더는 이 세상에서 그의 모습을 볼 수 없게 되자 사도들은 비로소 그가 유대인의 왕임을 가르치기 시작했다. 사도행전 17장 5~9절을 보면 이 일로 인해 사도들은 고소를 당하였다. "이를 시기한 유대인들은 거리의 불량배들을 모아 폭동을 일으켜 도시를 혼란에 빠뜨렸다. 그리고 바울로 일행을 민중 앞에 끌어내려고 야손(Jason)의 집을 습격하였다. 그러나 그들이 바울로 일행[바울로와 실라]을 찾지 못하자 야손과 교우 몇 사람을 시의 치안관 앞에 끌고 와 '세상을 소란스럽게 하던 자들이 여기까지 들어왔는데 야손이 그들을 받아들였습니다. 그들은 예수라는 또 다른 왕이 있다고 말하며 카이사르의 법령을 어기고 있습니다.'라고 소리쳤다. 이 말을 듣고 사람들과 시의 치안관은 당황했다. 그러나 시의 치안관은 야손과 그 밖의 다른 사람들로부터 보석금을 받은 뒤에 그들을 풀어주었다."

이들은 이미 죽어서 볼 수 없게 된 왕에 대해서는 아무런 관심도 없었기 때문이다. 그러나 만약 우리 주님께서 생전에 자신을 그들의 왕이라 외치는 제자들과 추종자들을 이끌고 곳곳을 돌아다니며 자신이 누구인지를 공공연하게 밝혔더라면 유대 지역을 통치하는 로마 총독은 이를 좌시할 수 없었을 것이고 결국 공권력을 사용했을 것이다. 유대인들은 이 점을 놓치지 않고 그를 고발하였다. 이것은 빌라도로 하여금 그를 사형시키도록 설득하기 쉬운 구실이었는데 로마 총독의 입장에서 볼 때 그것은 모반으로서 죽음을 면키 어려운 용서받을 수 없는 범죄였기 때문이다. 그런 까닭에 유대인들은 빌라도에게 가서 예수를 고발했다. "우리는 이 사람이 카이사르에게 세금을 내지 못하게 하고, 자칭 메시아이며 왕이라고 칭하기에 붙잡아 왔습니다."(루가복음 23: 2)

우리 주님께서는 그의 때가 이르자 (그가 감금되어 세상과 차단됨으로 인해 어떤 폭동이나 소동도 일어날 수 없게 되자) 마침내 빌라도에게 자신이 왕임을 인정하셨다. 요한복음 18장 36절을 보면 예수께서 "나의 나라는 이 세상의 나라가 아니다."라고 빌라도에게 말하자 빌라도는 그 왕국이 로마 황제가 관심을 두지 않는 다른 세계에 속한 것임을 알았다. 그럼에도 불구하고 예수께서 나라를 어지럽히고, 카이사르에게 세금을 내지 못하게 하고, 백성들로 하여금 자신을 왕으로 좇게 한다고 고발한 유대인들의 주장이 조금이라도 사실이었다면 빌라도가 그렇게 쉽게 예수를 무죄라고 선고하지는 않았을 것이다. 루가복음 23장 13~14절을 보면 빌라도가 예수를 고발한 자들에게 무슨 이야기를 했는지 알 수 있다. "빌라도는 대사제들과 지도자들과 백성들을 불러 모아 이렇게 말하였다. 이 사람이 백성들을 선동한다고 너희가 끌고 왔기에 나는 너희들이 보는 앞에서 직접 심문을 했다. 그러나 너희가 고발한 그 어떤 허물도 찾지 못하였다. 헤롯이 이 사람을 너희에게 돌려보낸 것을 보면 그도 역시 아무런 죄를 찾지 못한 것 아니냐. 보다시피 그는 죽을 만한 일을 하지 않았다." 빌라도는 예수를 친구도 추종자도 없이 초라한 모습을 한 죄 없는 사람(반란의 주동자도 아니고 공공의 평화를 해치는 사람도 아닌)으로 보고 유대인들에 의해 거짓으로 그리고 악의적으로 고발된 그저 이름뿐인 왕으로 보아 그를 풀어주고자 했다.

우리 주님께서는 로마 총독을 화나게 하거나 그의 의심을 살 만한 어떤 말도, 어떤 행동도 하지 않으려 조심하셨고, 한편 유대인들은 예수를 고발하기 위해 그런 것들이 있는지 알고자 하였다. 루가복음 20장 20절을 보면 이 같은 사실을 알 수 있다. 대사제들과 율법학자들은 "그를 감시하기 위해 선량한 사람처럼 꾸민 밀정을 그에게 보냈다. 이는 예수의 말을 트집 잡아 사법권을 쥔 총독에게 그를 넘겨 처벌을 받게 하려는 것이었다." 그들이 예수를 함정에 빠뜨리기 위해 찾아낸 것은 카이사르에게 세금을 내느냐는 문제였는데 결국 이것을 구실 삼아 예수를 고발하였다. 이 일로 미루어 볼 때 예수께서 그들 앞에서 자신이 메시아이자, 그들의 왕이며, 구원자(deliverer)라고 말했더라면 그들이 무슨 짓을 했을지 짐작할 수 있다.

여기서 우리는 하느님의 놀라운 섭리를 엿볼 수 있다. 그의 아들이 세상에 왔을 때 비록 유대인들에게 세속의 정부가 있고 종교 재판관들이 있었지만 그들에게서 생살여탈권을 빼앗았기 때문이다. 그로 인해 예수께서는 "메시아의 나라", 즉 "하느님의 나라 또는 하늘나라"의 왕임을 선포할 수 있었다. 유대인들은 이것이 무엇을 의미하는지 잘 알고 있었기에 그들에게 권한이 있었다면 분명 예수를 사형에 처했을 것이다. 그러나 로마인들에게는 이것이 고발할 만한 사안이 아니었기에 "하늘나라"를 이야기하는 것을 제지하지 않았다. 따라서 예수께서는 어떤 때는 그가 세상에 오심이 선택받은 사람들로 하여금 그를 믿게 하려 함임을, 또 어떤 때는 부활할 때 그가 아버지로부터 권세를 받음을, 그리고 어떤 때는 세상 끝 날에 영광중에 오셔서 세상을 심판하고 그의 나라를 세울 것임을 선포하셨다. 이처럼 예수께서는 자신이 누구인지를 밝히셨다. 그러나 이것은 유대인으로서는 감히 입에 담을 수 없는 말이었으며 심지어 본디오 빌라도까지 위험에 빠뜨릴 수 있는 말이었기에 그를 붙잡아 사형에 처했던 것이다.

예수께서 분명하게 자신이 메시아임을 고백하지 못한 또 다른 이유가 있다. 당시 외세의 지배로 인한 굴종으로부터 그들을 구원할 메시아를 기다리던 유대인들은 분명 자신을 메시아라고 선포하는 예수를 외세에 저항하기 위해 그들의 왕으로 삼아 그들 앞에 세웠을 것이다. 게다가 그가 행한 기적으로 인해 사람들은 비록 그가 비천한 모습으로 지극히 평범하게 살고 있었음에도 그를 메시아라고 생각했다. 그러기에 예수께서 갈릴리로 내려가셨고(이때 예수께서는 자신이 베들레헴에서 출생했음은 알려주지 않으셨다.) 자신이 힘과 권한을 지닌 메시아라 말하지 않으셨다. 그런데도 군중들 사이에 소동이 일어나 그를 왕으로 삼으려고 했다. 요한복음 6장 14~15절에서 요한은 다음과 같이 전하고 있다. "예수께서 행하신 기적을 보고 사람들은 '이분이야말로 세상에 오시기로 된 예언자이시다.' 하고 저마다 말하였다. 예수께서는 그들이 몰려와 자신을 억지로 왕으로 삼으려는 것을 아시고 혼자서 다시 산으로 피해 가셨다." 이때 행한 기적이 바로 빵 다섯 덩어리와 물고기 두 마리로 5,000명을 먹이신 사건이다. 예수께서는 자신의 사명을 증거하기 위해 기적을 행하셨는데 그로 인해 엄청난 규모의 무리가 그를 따랐다.(마태오복음 4: 25) 무리는 흥분이 되어 있었고 마음이 조급했기에 소동을 일으킬 수 있었다. 소동이 벌어질 경우 예수께서는 그것에 연루되어 자신의 사역을 제대로 감당할 수 없을 뿐 아니라 사납게 날뛰는 선동가로 낙인이 찍혀 죽을 수도 있었다. 이것은 예수께서 자신을 흠 없고 죄 없는 어린 양으로 바쳐 온 세상을, 그리고 한 걸음 더 나아가 그를 십자가에 못 박은 사람까지도, 구원하려는 계획에 어긋나는 것이었다. 만약 그가 가는 곳마다 자신이 그들을 구원하러 온 메시아임을 공공연하게 밝혔더라면 이 같은 사태를 막지 못했을 것이다. 이것은 예수께서 기적을 행함을 보고 구원자는 특별한 능력을 지닌 사람일 것이라는 희망에 이끌려 그를 따라온 수많은 사람을 흥분의 도가니에 빠뜨리는 것이었다. 성경을 보면 여러 곳에서 군중들에 관해 언급하고 있는데, 특히 루가복음 12장 1절에는 수없이 많은 사람이 예수께 몰려왔다고 기록하고 있다. 흥분한 이 사람들은 자신을 메시아로 자처하는 사람으로 인해 소란을 일으켰을 것이며 그를 자신들의 왕으로 삼는 데 주저하지 않았을 것이다. 이러한 두 가지 이유로 인해 (비록 그가 복음을 전하기 위해, 즉 세상이 그를 메시아로 믿게 하기 위해 왔으며 또한 때로는 하느님 나라, 하늘나라라는 말로 그의 나라에 대해 많은 것을 이야기했지만) 자신이 메시아임을 사람들에게 설득하거나 대중 설교를 통해 그런 사실을 밝히는 것이 아직은 그의 임무가 아니었음이 분명해진다. 그는 항상 사람들에게 하느님 나라가 온다는 사실과 그 나라에 들어가기 위해서는 회개와 세례가 있어야 함을 알려주었으며, 엄격하게 덕과 도덕에 따라 사는 선한 삶이 하느님 나라의 법임을 가르쳤다. 예수께서는 그가 행한 것을 살펴보고 그로부터 제대로 무언가를 배우고자 하는 사람들에게 하느님 나라의 왕이 누구인지를 알려주기 위해 기적을 행하셨다. 또한 예수께서 부활하신 후 더는 하느님 나라에 관한 이야기가 시민사회나 정부에 위협이 되지 않자 사도들은 하느님 나라를 선포하였고, 사람들이 그들의 말을 귀 기울여 듣고 믿게 하려고 기적을 행하였다. 그러나 예수께서는 아무런 소란이나 소동이 일어날 기미가 없었음에도 자신이 메시아임을 밝히시지 않았다. 그는 많은 기적을 행했으나 자신을 드러내기 원치 않았으며 사람들이 몰려오면 사라지셨다. 마르코복음 1장을 보면 예수께서는 나병 환자를 고쳐주시고 아무에게도 말하지 말라고 엄하게 이르셨지만 "이 일이 널리 퍼짐으로 인해 모습을 드러내고 마을로 들어갈 수 없어 동네에서 떨어진 외딴곳에 머물러 계셨다." 루가복음 5장 16절을 보면 사방에서 사람들이 몰려오자 예수께서는 이들을 피해 한적한 곳에서 지내셨는데 이런 일이 한두 번이 아니었다.

이것은 계획된 것이었다. 그럼 우리 주님께서 복음 선포를 통해 세상에 무엇을 가르치셨고 사람들에게 무엇을 믿으라고 하셨는지 살펴보자.

그의 첫 번째 사역은 그가 처음 모습을 드러냈던 세례 직후로서 갈릴리의 가나에서였던 것으로 보인다. 여기서 그는 물을 술로 바꾸었는데, 요한복음 2장 11절은 "이렇게 예수께서는 첫 번째 기적을 행하시어 자신의 영광을 드러내셨고 제자들은 그를 믿게 되었다."라고 말하고 있다. 여기서 그의 제자들은 그를 믿게 되었다. 그러나 우리는 예수께서 그들에게 어떤 설교를 했다는 기록을 찾아볼 수 없으며 단지 기적을 행함으로써 그의 영광, 즉 그가 메시아이자 왕임을 드러내셨을 뿐이다. 나타나엘 역시 어떤 설교도 들은 바 없이 우리 주님께서 그를 예상치 못한 방식으로 알아보시자 곧 그분이 메시아이심을 알아보고 소리쳤던 것이다. "선생님, 당신은 하느님의 아들이시며, 이스라엘의 왕이십니다."

이 일이 있은 후 가파르나움에서 며칠을 머무시다가 유월절에 예루살렘으로 올라가셨다. 예수께서는 사원에서 상인들을 쫓아내시며 "내 아버지의 집을 장사하는 집으로 만들지 마라."라고 말씀하셨다.(요한복음 2:12~15) 이때 예수께서는 당시에는 어느 누구도 주목하지 않았지만 그것을 해석하면 자신이 "하느님의 아들"임을 의미하는 말씀을 하셨다. 16절 이후를 보면 유대인들은 "당신이 이런 일을 하는데 대체 어떤 권한으로 그러는지를 보여주시오?"라고 하며 대들었다. 그러자 예수께서 "이 성전을 허물어라. 그러면 내가 사흘 안에 그것을 다시 세우겠다."라고 대답하셨다. 이 것은 예수께서 자신을 알리시는 전형적인 방식이었다. 유대인들의 대답을 보면, 그들은 예수의 말씀을 이해하지 못하였고 그의 제자들 역시 마찬가지였음이 분명하다. 22절에서 "제자들은 예수께서 죽었다가 부활하시자 이 말씀을 기억하고 성서의 말씀과 예수께서 그들에게 하신 말씀을 믿게 되었다."라고 전하고 있기 때문이다.

사역 초기뿐 아니라 후반기까지 그리스도께서 유대인들에게 자신을 알리기 위해 사용했던 이 전형적인 방식은 처음에 들을 때는 이해가 가지 않지만 나중에[예수께서 모든 사역을 마치신 후] 곰곰이 생각을 해보면 예수께서 메시아라는 확신이 들게 해주는 설교 방식이었다.

우리 주님께서 사역을 위해 군중 앞에 처음 모습을 드러내시고 사역 내내 이런 방법을 사용하신 이유는 성서가 우리에게 하나의 규범과 진리의 빛이 되게 하려는 것이었다. 다음 절을 보면, 많은 사람이 그의 기적을 보고 믿게 되었다고 말하고 있다. "그러나 예수께서는 그들에게 마음을 주지 않으셨다. 그는 사람들을 잘 알고 있었기 때문이다."(24절) 다시 말해 그는 악의를 품고 그를 고발하려고 하는 유대인 권력자들에게 자신이 메시아임을, 즉 그들의 왕임을 공개적으로 밝히지 않으셨다. 25절을 보면 예수께서는 그들의 속내를 알고 계셨다. 여기서 우리는 "그의 이름을 믿는 것"이 곧 그가 메시아임을 믿는 것을 의미하고 있음을 알 수 있다. 22절[10]은 "유월절에 예수께서 행한 기적을 보고 많은 사람이 그의 이름을 믿게 되었다."라고 전하고 있다. 예수께서 행한 기적이 그것을 본 사람들의 마음에 성서에서 말하고 있는 구원자가 바로 그라는 믿음 외에 달리 어떤 믿음을 주었겠는가?

••
10) 22절이 아닌 23절이다.

예수께서는 예루살렘에 있는 동안에 유대인 지도자 중 한 사람인 니고데모가 찾아오자(요한복음 3: 1~21) 그에게 메시아를 믿음으로 영생을 얻으라고 말씀하셨다.(15절과 17절) 그러나 자신을 메시아라고 말하지 않고 단지 암시를 주셨을 뿐이다. 이것이 사역을 시작한 첫해에 우리 주님께서 하신 말씀의 전부였다. 예수께서는 사역 초기에는 세례, 단식, 유혹에 관해 이야기를 했을 뿐이었다. 그리고 유월절 후에는 제자들과 유다 지방으로 가서 지내시면서 그곳에서 사람들에게 세례를 행하셨다. 그러나 "예수께서는 자신이 요한보다 더 많은 제자를 얻으시고 세례를 베푸신다는 소문이 바리사이인들의 귀에 들어갔음을 아시고 유다를 떠나" 다시 갈릴리로 가셨다.(요한복음 4: 1, 3)

갈릴리로 돌아가는 중에 시카르(Sichar)라는 동네의 우물가에서 사마리아 여인과 말씀을 나누시고 그녀에게 참된 영적 예배를 드릴 때가 곧 온다는 것을 알려주자 그 여인은 고대하던 메시아의 시대가 왔음을 즉시 이해하였다. 그래서 그녀는 "저는 메시아가 오실 것을 알고 있었습니다. 그분께서 오시면 저희에게 모든 것을 알려주실 것입니다."(25절)라고 말하였다. 그래서 우리 주님께서는 사마리아 여인에게 아주 분명하고 직설적으로 그녀와 대화를 하는 자신이 바로 그 메시아임을 밝히셨다.(26절) 예수께서는 예루살렘이나 유다 지방에서 이런 말씀을 하신 적이 없으시며 니고데모에게도 이런 말씀을 하지 않으셨다.

만약 우리가 앞서 살펴본 그런 분명한 이유가 없었다면 예수께서 왜 유대인보다는 사마리아인을 더 자유롭고 마음 편히 대하셨는지 납득하기 어려웠을 것이다. 예수께서는 유다 지방을 떠나 유대인들과 왕래하지 않는 사람들 사이에 머물러 계셨다. 이들은 질투심에 사로잡혀 그의 목숨을 취하려고 하거나 그를 로마 총독에게 고발하려고 하지 않았으며 또한 그를 왕으로 삼아 반란을 모의하려고도 하지 않았다. 요한복음 4장 28, 39~42절을 보면, 사마리아 여인과 대화를 나눈 후에 어떤 일이 일어났는지를 알 수 있다. "그 여인은 물동이를 버려두고 동네로 가서 사람들에게 말하였다. '나의 지난 일을 다 알아보는 사람이 있습니다. 그분이 메시아인지 함께 가서 보세요.' 그 동네에 사는 많은 사마리아인들은 예수께서 자신의 지난 일을 모두 알아보았다는 그 여인의 증언을 듣고 예수를 믿었다. 사마리아인들이 예수께 찾아와 자기들과 함께 묵으시기를 간청하므로 거기에서 이틀을 묵으셨다. 그리고 더 많은 사람이 그의 말씀을 듣고 그를 믿게 되었다. 그리고 그들은 그 여인에게 '우리는 지금 당신의 말 때문에 믿은 것이 아니라 직접 그분의 말씀을 듣고 그분이 참으로 메시아, 즉 세상을 구할 주님임을 알게 되었소.(즉 완전히 이해하게 되었다.)' 하고 말하였다." 39절을 41~42절과 비교해보면 "그를 믿는다."라는 것과 "그가 메시아임을 믿는다."라는 것이 동의어임을 분명히 알 수 있다.

예수께서는 시카르에서 그가 자라난 나사렛으로 갔다. 그리고 그곳 회당에서 이사야 61장에 적힌 메시아에 관한 예언[11]을 읽고 나서 "이 성서의 말씀이 너희가 들은 이 자리에서 이루어졌다."(루가복음 4: 21)라고 말씀하셨다.

그러나 나사렛에서 생명의 위협을 받자 그곳을 떠나 가파르나움으로 가셨다. 그리고 그곳에서 마태오복음 4장 17절에 기록된 것처럼 "그는 복음을 전하시며 하늘나라가 가까이 왔다고 말씀하셨다." 마르코복음 1장

---

11) 이사야 61장 1절을 가리킨다. "주 여호와께서 내게 영을 내려주시고 기름을 부어 보내시며 이르셨다. 억눌린 자들에게 복음을 전하여라. 찢긴 마음을 싸매어주고, 포로 된 이들에게 해방을 알려라. 옥에 갇힌 자들에게 자유를 선포하여라."

14~15절에서도 예수께서 "하느님 나라의 복음을 전하시며, '때가 이르러 하느님 나라가 가까이 왔다. 회개하고 복음을 믿어라.'"라고 말씀했다고 기록되어 있다. 예수께서는 가파르나움을 떠나 즈불론(Zabulon)과 납달리 (Naphtali)의 경계에 머무르셨는데 마태오는 이것을 두고 이사야의 예언[12] 을 이룬 것으로 보았다.(마태오복음 4: 13~16) 이처럼 그의 행동과 상황이 예언과 일치했으며 그가 메시아임을 증거하였다. 그리고 마르코가 말한 것처럼, 예수께서 그들에게 전하며 믿으라고 요구하신 복음은 때가 이르 렀으니 메시아와 그의 나라가 오리라는 좋은 소식이었다.

가파르나움에 가는 도중, 가나(Cana)에 들른 예수께 가파르나움의 한 귀족이 찾아와 "그의 아들이 거의 죽게 되었으니 가파르나움으로 내려가 그의 아들을 고쳐달라고 간청을 하였다."(요한복음 4: 47) "예수께서는 그에 게 '너희는 기적이나 이적을 보지 않고는 믿지 않는다.'라고 말씀하셨다." (48절) 그런데 그가 집으로 돌아가는 중에 예수께서 너의 아들은 살 것이라 고 말씀하신 바로 그 시간에 그의 아들이 낫게 되었음을 알게 되었다. 그 로 인해 그와 그의 온 집안은 예수를 믿었다.(53절)

사도들에 따르면 그 귀족은 믿는 자가 되었다고 말한다. 그렇다면 그 는 무엇을 믿은 것일까? 48절을 보면 예수께서는 그들이 기적(miraculous signs)과 이적(wonders)을 보지 않고는 믿지 않는다고 탓하시고 있는데, 그 들이 믿지 않는 것은 앞서 언급한(4장에서) 사마리아 사람들이 믿은 것, 즉 그가 메시아라는 사실이다. 우리는 복음서 어디에서도 이것 외에 사마리아

..

12) "전에는 그가 즈불론 땅과 납달리 땅을 천대하였으나 장차 바다로 가는 길, 요르단강 건너 편 이방인들의 땅을 귀하게 여기실 날이 오리라. 어둠 속을 헤매는 백성이 큰 빛을 볼 것이며, 캄캄한 땅에 사는 사람들에게 빛이 비치리라."(이사야 8: 23~9: 1)

인들이 다른 어떤 것을 믿었다는 기록을 찾아볼 수 없다.

가파르나움에서 기적을 행하고 아픈 사람을 치유해준 예수께서는 "이 근방 동네로 가자. 거기에서도 전도해야 한다. 나는 그 일을 위해 여기에 왔다."(마르코복음 1: 38)라고 말씀하셨다. 루가복음 4장 43절에도 같은 구절이 나온다. 예수께서는 떠나시지 말라고 붙드는 사람들에게 "나는 다른 마을에 가서 하느님 나라의 복음을 전해야 한다. 하느님께서는 이 일을 위해 나를 보내셨다."라고 말씀하셨다. 또한 마태오복음 4장 23절은 예수께서 그의 사명을 어떻게 감당했는지를 전하고 있다. "예수께서는 갈릴리를 두루 다니시며 회당에서 가르치시고 하늘나라의 복음을 선포하시며 아픈 자들을 모두 고쳐주셨다." 요컨대, 예수께서는 각지를 돌아다니며 메시아의 나라에 대한 복음을 선포하기 위해서 보냄을 받았다는 것이다. 그가 기적을 행하고 선을 베푼 것은 백성들로 하여금 누가 메시아인지를 깨닫게 하려 함이었던 것이다.

사역에 나선 이후 맞은 두 번째 유월절에 예수께서는 예루살렘으로 올라가셨다. 그리고 안식일에 아픈 자를 치유해주시고 나서 그에게 침상을 메고 돌아가라고 한 일과 하느님을 자신의 아버지라고 부른 일로 인해 그를 죽이고자 하는 유대인들과 담론을 나누면서 그가 하느님의 권능으로 이런 일을 행하고 있으며 앞으로는 이보다 더 큰일을 하실 것이라 말씀하셨다. 또한 그가 부를 때 죽은 자가 부활할 것이며, 그의 아버지가 자신에게 준 권능으로 부활한 이들을 심판할 것임을 말씀하셨다. 그리고 덧붙여 그가 아버지로부터 보냄을 받았음을 믿어 그의 말씀을 경청하고, 그를 보내신 분을 믿는 자는 누구든지 영생을 얻을 것이라고 말씀하셨다. 여기서 예수께서는 메시아에 대해 분명하게 말씀하고 있지 않지만 그를 죽이려고 하는 화난 유대인들에게는 그의 나라에 대해서나 자신이 메시아임에 대해서 아무런 말씀도 하지 않으셨다. 예수께서는 대신에 자신이 하느님께서 보내신 하느님의 아들임을 알려주기 위해 세례자 요한의 증언, 그가 행한 기적, 하늘로부터 들리는 하느님의 음성, 그리고 성서와 모세의 증거에 대해 말씀하셨다. 그는 그들이 진리라 믿는 이러한 증거들에 근거해 자신이 하느님으로부터 보냄을 받은 메시아임을 알려주셨다. 이에 대해서는 요한복음 5장 1~47절을 통해 전체적으로 자세하게 알 수 있다.

마태오복음 5장, 루가복음 6장을 보면 예수께서 설교를 하신 다음 장소는 산이었다. 여기서 그는 가장 많은 청중들 앞에서 어느 곳에서도 들어본 적이 없는 가장 긴 설교를 했다. 마르코복음 3장 7~8절 그리고 루가복음 6장 17절에 따르면, 갈릴리와 유다와 예루살렘과 요르단강 건너편과 에돔과 띠로와 시돈에 사는 사람들이 예수께 몰려왔다. 그의 산상설교에서는 믿음이란 단어를 찾아볼 수 없으며, 메시아에 대한 언급도 전혀 찾아볼 수 없다. 뿐만 아니라 자신이 누구인지에 대한 어떠한 암시도 없다. 우리는 그 이유를 마태오복음 12장 16절에서 찾을 수 있다. "예수께서는 그들에게 당신을 남에게 알리지 말라고 엄히 당부하셨다."라고 기록되어 있는데, 이는 그들이 이미 예수께서 누구신지를 알고 있음을 보여준다. 마태오복음 12장의 이 대목은 산상설교 이전인데 이는 마태오복음 12장을 마르코복음 2장 13절 이하에서 마르코복음 3장 8절까지와 비교해보고 그리고 루가복음 6장과 비교해보면 분명하게 드러난다. 지금까지 우리 주님께서 하신 설교를 시간 순서대로 살펴보았으며 어떤 말씀도 빠뜨리지 않았다는 것을 이 책을 읽는 분들이 기억해주기 바란다. 우리 주님께서는 설교를 통해 그의 나라의 율법이 무엇이며, 그 나라에 들어가기 위해서는 무엇을 해야 하는지를 가르치셨을 뿐 다른 것을 언급하지 않으셨다. 이것에 대해서는 나중에 좀 더 상세하게 이야기할 기회가 있을 것이다. 이제는 우리 주님께서 믿음의 조건으로 무엇을 믿어야 한다고 말씀하셨는지 알아보고자 한다.

　이후에 세례자 요한은 다음과 같은 메시지를 예수께 보냈다. "당신이 오시기로 되어 있는 분입니까? 아니면 또 다른 분을 기다려야 합니까?"(루가복음 7: 17) 요약하면 당신이 오신다고 하는 그 메시아입니까? 당신이 그라면 왜 당신을 예비한 나를 감옥에서 고초를 겪게 하시는 겁니까? 나는 다른 사람에게서 구원을 바라야 합니까? 이 같은 질문에 예수께서는 다음과 같이 답을 하셨다. "너희가 보고 들은 것을 요한에게 전해라. 소경이 보게 되고, 절름발이가 걷게 되고, 나병 환자가 깨끗해지고, 귀먹은 이가 듣고, 죽은 자가 살아나며, 가난한 사람이 복음을 듣는다고 해라. 나로 인하여 실족하지 않는(not offended) 자는 복이 있다."(22~23절) "그로 인하여 실족하다 또는 걸려 넘어지다(scandalized),"는 것이 무엇을 말하는지 마태오복음 13장 28절[13]과 마르코복음 4장 17절[14]을 루가복음 8장 13절[15]과 비교해보면 알 수 있다. 앞의 두 개는 "걸려 넘어지다(scandalized)"이고, 마지막 것은 "떨어져 나가다(standing off from)" 또는 "저버리다(forsaking)"인데 이것은 예수를 메시아로 받아들이지 않는 것(마르코복음 6: 1~6) 또는 그에게 등을 돌리는 것을 말한다. 여기서 예수께서는 유대인들에게 했던 것처럼 세례 요한에게도 자신이 누구인지 알려주기 위해 그가 행한 기적을 증거로 제시하고 있다. 이는 예수께서 늘 하시던 전도 방식으로서 그는 기적을 행함으로써 자신이 유대인들이 고대했으며 오리라 예언된 메시아임을

∴

13) 씨 뿌리는 자의 비유 중에서 돌밭에 뿌려진 씨에 관해 이야기하는 구절로 28절이 아닌 21절이다.

14) 그 마음속에 뿌리가 내리지 않아 오래가지 못하고 말씀 때문에 환난이나 박해를 당하게 되면 곧 넘어지는 사람을 두고 하는 말이다.

15) 씨가 바위에 떨어졌다는 것은 말씀을 듣고 기꺼이 받아들이기는 하나 뿌리가 내리질 못해 그 믿음이 오래가지 못하고 시련의 때가 오면 곧 떨어져 나가는 사람을 두고 하는 말이다.

선포함과 동시에 기적의 능력을 지닌 또 다른 메시아를 기다릴 필요가 없음을 전하셨다. 세례자 요한에게 하신 답변을 통해 예수께서는 자신이 행한 기적이 자신이 메시아라는 사실을 완벽하게 선포하고 있다고 생각하셨음을 알 수 있다. 그래서 예수께서는 마태오복음 12장에서 말하고 있는 것처럼 마귀 들린 자, 귀먹은 자, 소경을 고쳐주셨으며, 이런 기적을 본 사람들은 "다윗의 자손이 아닐까?"(23절) 하고 말하였다. 이는 "메시아가 아닐까?"라는 말이었다. 반면에 이를 불쾌하게 본 바리사이인들은 "그가 베엘제불(Beelzebub)의 힘을 빌려 마귀를 쫓아내고 있다."라고 말하였다. 그들의 거짓과 자만심에서 비롯된 불경함을 보신 예수께서는 사람들이 기적을 보며 내린 판단이 옳았음을 알려주기 위해 자신이 하느님의 영으로 마귀를 쫓아내고 있으며 이는 메시아의 나라가 이미 왔음을 보여주는 증거라고 말씀하셨다.(28절)

예수께서 메시아임을 보여주는 기적이 또 하나가 있는데 그것은 제자들이 그의 이름으로 행한 기적이다. 베드로가 앉은뱅이에게 "예수의 이름으로 일어나 걸어라."(사도행전 3: 6)라고 말함으로써 성전에서 그를 치유하였다. 예수의 이름이 지닌 권능을 목격하자 그들은 놀라워했다. "일흔두 명의 제자가 기쁨에 넘쳐 돌아와 '주님, 저희가 주님의 이름으로 마귀까지 복종시켰습니다.' 하고 아뢰었다."(루가복음 10: 17)

세례자 요한으로부터 메시지를 받은 후 예수께서는 사람들에게 "요한은 메시아를 예비한 자이다. 그러나 모든 예언서와 율법이 예언한 요한의 시대는 끝이 났고 이제 메시아의 나라가 시작되었다."라고 말씀하셨다.(루가복음 7장, 마태오복음 11장)

"그 후 예수께서는 여러 도시와 마을을 두루 다니시며 하느님 나라를 선포하고 복음을 전하셨다."(루가복음 8: 1) 그가 여기저기 다니면서 무엇을 선포하였는지를 보면 결과적으로 무엇을 믿어야 하는지 알게 된다.

그 후 예수께서는 배를 타고 해변에 앉은 사람들에게 복음을 전하셨다. 여기서 행한 그의 설교를 우리는 마태오복음 13장, 마르코복음 4장 그리고 루가복음 8장에서 읽어볼 수 있다. 그런데 그의 두 번째 설교가 산에서 했던 그의 이전 설교와는 상당히 다르다는 것을 알 수 있다. 산상설교는 그보다 더할 수 없을 만큼 분명하여 이해하기 쉬웠으나 해변에서 한 설교는 사도들조차 이해하지 못할 만큼 비유로 가득 차 있기 때문이다. 그 이유를 찾는다면 두 설교의 주제가 달랐다는 점이다. 산상설교에서는 예수께서 도덕에 대해서만 말씀하셨는데, 당시 사람들이 따르고 있던 율법에 대한 잘못된 해석을 바로잡는 한편 이스라엘의 사법권 또는 세속 국가의 법률 (civil law)이 규정하고 있는 것 이상으로 어떤 의무를 어느 선까지 해야 선한 삶을 살았다 할 수 있는지를 가르치셨다. 그러나 해변에서 행한 설교에서는 비유를 사용하여 메시아의 나라에 대해서만 말씀하고 있다. 마태오는 그 이유 중 하나를 마태오복음 13장 35절에서 언급하고 있는데 "그리하여 예언자를 시켜, '내가 말할 때는 비유로 말하겠고 천지 창조 때부터 감추어졌던 것을 드러내리라.' 하신 말씀이 그대로 이루어졌다."라는 것이다. 또 다른 이유는 마태오복음 13장 11~12절에서 우리 주님께서 "너희는 하늘나라의 신비를 알 수 있는 특권을 받았지만 다른 사람은 받지 못했다. 가진 사람은 더 받아 넉넉하게 되겠지만 못 가진 사람은 그 가진 것마저 빼앗길 것이다."라고 하신 말씀에 있다.

우리 주님께서는 그의 사도들에게 비유 중 첫 번째 비유를 설명하면서 메시아의 나라에 대한 설교를 단지 '말씀'이라고 말하고 있으며, 루가복음 8장 21절에서도 '하느님의 말씀'이라고 말하고 있는데 이를 근거로 루가가 사도행전에서 메시아의 나라를 "말씀" 또는 "하느님의 말씀"이라고 말하고 있음을 볼 수 있다. 이 밖에 사도행전 8장 4절에서도 "그러므로 흩어져 간 신도들이 두루 돌아다니며 '말씀'을 전하였다."라고 되어 있다. 여기서 언급된 '말씀'이 무엇인지는 그들이 전 생애를 통해 무엇을 전하였는가를 살펴보면 알 수 있는데 그것은 다름 아닌 "예수가 메시아이다."라는 것이었다. 이것이 그들이 믿어야 한다고 말한 교리의 전부였다. 물론 그들은 예수께서 그러하셨듯이 이보다 더 많은 것을 이야기하였다. 그러나 그것은 믿음에 관한 것이 아닌 실천에 관한 것이었다. 따라서 우리 주님께서는 앞서 인용했던 루가복음 8장 21절에서 "하느님의 말씀을 듣고 그대로 실행하는 사람", 즉 예수께서 그들에게 약속된 왕이자 구원자이신 메시아임을 믿을 뿐 아니라 그들의 왕이신 메시아의 율법을 따르는 사람이 "내 어머니이며 내 형제들이다."라고 말씀하셨다.

마태오복음 9장 13절에서 우리는 예수께서 하신 설교의 내용이 무엇이고 그것을 어떻게 선포하였는지 다시 볼 수 있다. "예수께서는 모든 성읍과 마을을 돌아다니시며 회당에서 말씀을 가르치셨다. 하느님 나라의 복음을 전하고 모든 아픈 사람과 병든 자를 고쳐주셨다." 예수께서는 그들에게 메시아의 나라가 도래했음을 알려주셨다. 그리고 자신이 메시아임을 알게 하고 이에 대해 확신을 갖게 하려고 기적을 행하셨다.

마태오복음 10장 7~8절을 보면 예수께서는 사도들에게 말씀을 선포하라는 사명을 주어 파송하시며 이런 말씀을 하셨다: "가서 하늘나라가 가까이 왔다고 선포하여라. 병든 자를 고쳐주어라." 여기서 사도들이 선포한 것은 메시아의 나라가 왔다는 것뿐이었음을 알 수 있다.

이 좋은 소식을 받아들이지 않거나 그들의 메시지에 귀 기울이지 않는 사람은 심판의 날에 소돔과 고모라보다 더 심한 파멸을 맞게 될 것이다. (마태오복음 10: 14~15) 그러나 "누구든지 사람들 앞에서 나를 안다고 증언하면 나도 하늘에 계신 내 아버지 앞에서 그를 안다고 증언할 것이다."(마태오복음 10: 32) 그리스도의 이 말씀이 무슨 말인지 요한복음 12장 42절을 9장 22절과 비교해보면 알 수 있다. "주요 지도자 중에는 예수를 믿는 사람들이 많았으나 바리사이인들이 두려워서 예수를 믿는다고 말하지 못하였다. 그들은 회당에서 쫓겨날까 봐 두려웠던 것이다."(요한복음 12: 42) "그(소경)의 부모는 유대인들이 무서워 이렇게 말했던 것이다.[16] 유대인들은 예수를 메시아라고 고백하는 사람은 누구나 다 회당에서 쫓아내기로 작정하였다."(요한복음 9: 22) 여기서 예수를 증언하는 것이 곧 그가 메시아임을 증언하는 것임이 드러난다. 또한 그를 믿는 것(believe on) 또는 그를 신뢰하는 것(believe in)[εἰς αὐτόν은 영어에서 두 가지 의미로 번역될 수 있다.] 이 곧 그가 메시아임을 믿는 것을 의미함을 알 수 있다.(이 점은 다른 구절들을 통해서도 알 수 있다. 그러나 이 구절에 상이한 의미가 있어 자주 언급되지 않는다.)[17] (성서에 따르면) 지도자 중에서 많은 사람이 "그를 믿었다.(believe on)[18]" 그러나 그들은 "회당에서 쫓겨날까 봐 두려워" 감히 자신들이 믿고 있는 것을 고백하지 못했다. "예수가 메시아임을 고백하는" 사람을 회당에서 쫓아내기로 작정했다는 점에서 그 믿음은 위법이었다. 따라서 바울로가 로마인들에게 자신의 신앙을 적극적으로 설명하고 있는 로마서 10장

∴

16) 예수께서 안식일에 소경의 눈에 진흙을 발라 실로암 연못에 가서 씻게 함으로 그의 눈을 뜨게 해주셨다. 바리사이인들이 이 사실을 믿지 못하고 그의 부모를 찾아와 어찌 된 일이냐고 묻자 그는 그것이 예수께서 행하신 기적임을 알고 있으면서도 그들이 무서워 아들에게 직접 물어보라고 말하며 대답을 피했다.
17) 자신이 메시아라는 예수의 말을 믿는 것(believe on)과 메시아로서 예수를 신뢰하는 것(believe in)은 차이가 있다. 전자는 말이나 사실을 믿는 것이고, 후자는 예수를 의지하는 것이다. 예수를 증언한다는 것은 바로 후자를 의미한다.
18) 그를 믿었다(believe on him)는 것은 '그의 말을 믿었다.'는 의미이다.

8~9절, 즉 "이것은 우리가 전하는 믿음의 말씀을 가리켜서 하신 말씀입니다. 예수를 주님이라고 입으로 고백하고, 또 하느님께서 예수를 죽은 자 가운데서 다시 살리셨다는 것을 마음으로 믿는(believe in) 사람은 구원을 받을 것입니다."라는 말을 비로소 이해할 수 있다. 또한 "우리는 아버지께서 당신의 아들을 주님으로 보내신 것을 보았고 또 증언하고 있습니다. 누구든지 예수께서 하느님의 아들이시라는 것을 증언하면 하느님께서 그 사람 안에 계시고, 그 사람도 하느님 안에 있습니다."라는 요한1서 4장 14~15절의 말씀을 비로소 제대로 이해할 수 있다. 여기서 예수께서 하느님의 아들임을 증언하는 것이 곧 그가 메시아임을 증언하는 것과 같은 것임을 알 수 있다. 지금까지 살펴본 바와 같이 유대인들에게 이 두 표현은 같은 것을 의미하는 것이었다.

예수를 하느님의 아들이라고 부르는 것이 어떻게 해서 그가 메시아라고 말하는 것인지를 보여주는 것은 어려운 일이 아니다. 그 당시 유대인들 사이에서 이 용어들은 같은 의미를 지닌 것으로 사용되었음이 분명하기 때문이다. 만약 더 증거가 필요하다면 앞에서 여러 번 살펴보았던 마태오복음 26장 63절,[19] 요한복음 6장 69절[20]과 11장 27절[21] 그리고 20장 31절[22]을 추가로 제시할 수 있다.

사도들은 그들에게 주어진 임무를 제대로 수행했다. "그들(열두 제자)은

••

19) "대사제는 다시 '내가 살아 계신 하느님의 이름으로 명령하니 분명히 대답하라. 그대가 과연 하느님의 아들 그리스도인가?' 하고 물었다."
20) "'우리는 주님께서 하느님이 보내신 거룩한 분이심을 믿고 또 압니다.' 하고 대답하였다."
21) "'예, 주님, 주님께서는 이 세상에 오시기로 약속된 그리스도이시며 하느님의 아들이신 것을 믿습니다.' 하고 대답하였다."
22) "이 책을 쓴 목적은 다만 사람들이 예수는 그리스도이시며 하느님의 아들이심을 믿고, 또 그렇게 믿어서 주님의 이름으로 생명을 얻게 하려는 것이다."

길을 떠나 여러 마을을 두루 다니며 이르는 곳마다 복음을 선포하고 병자를 고쳐주었다."(루가복음 9: 6) 예수께서는 제자들에게 "하늘나라가 가까이 왔다."라고 말씀하시면서 이를 선포하라고 분부하셨다. 따라서 루가는 그들이 여러 마을을 다니며 복음을 선포하였다고 전한다. 여기서 복음이란 그리스어로 εὐαγγέλιον(euaggelion)이며 영어로 "좋은 소식"을 의미한다. 영감을 받은 성경 기자들이 복음이라고 말한 것은 '좋은 소식', 즉 '메시아와 그의 나라가 왔다.'라는 것이었다. 이것이 바로 신약성서에 담긴 내용이다. 루가복음 2장 10절을 보면 우리 주님의 탄생을 처음으로 알려준 천사는 그것을 "큰 기쁨이 될 좋은 소식"이라고 말하고 있다. 그리고 이 소식이 바로 예수께서 말씀을 선포하러 제자들을 보낸 이유였다.

루가복음 9장 59~60절을 보면 아버지의 장례 때문에 그를 따라 갈 수 없다고 말하는 청년에게 "예수께서는 '죽은 자들의 장례는 죽은 자들에게 맡기고 너는 가서 하느님 나라의 소식을 전하거라.'라고 말씀하신다." 그들이 전한 것은 단지 이것뿐이었지만 이것은 곧 그들이 갖고 있던 믿음이기도 했다. 그들은 믿음과 더불어 자신들이 왕으로 받아들인 메시아에게 순종하였다. 그래서 예수께서는 70명의 제자를 보내시며 "병자들을 고쳐주고 하느님 나라가 그들에게 가까이 왔다고 전하라."(루가복음 10: 9)는 임무를 주셨다.

사도들이 돌아오자 예수께서는 산으로 올라가 그들과 함께 앉으셨다. 그러자 많은 사람이 주위에 모여들었다. 루가복음 9장 11절은 이것을 다음과 같이 전하고 있다. "사람들이 예수를 뒤쫓아 왔다. 예수께서는 그들을 기꺼이 맞아주시며 하느님 나라에 대해 말씀해주시고 병든 사람들을 고쳐주셨다." 이것은 여자와 아이들을 제외하고 5,000명이나 되는 무리에게 하신 전도였다. 예수께서는 빵 다섯 덩이와 물고기 두 마리로 이들을 먹이셨다.(마태오복음 14: 21)[23] 그러자 이 기적이 그들의 마음을 움직였다. 요한 복음 6장 14절을 보면 "이들은 예수께서 행하신 기적을 보고 이 분이야말로 참으로 세상에 오시기로 된 예언자, 즉 메시아라고 말하였다." 하느님께서 보내시리라 기다리던 그 사람, 즉 메시아를 마침내 그들이 보게 된 것이다. 따라서 세례 요한은 마태오복음 11장 3절에서 예수를 "오시기로 되어 있는 분"이라고 부르고 있는데 다른 곳에서도 메시아를 "하느님에게서 온" 또는 "하느님이 보내신" 분이라고 부르고 있다.

여기서 우리는 우리 주님께서 당신의 평소 전도 방식을 고수하고 있음을 알 수 있다. 예수께서는 그들에게 하느님 나라를 말씀하시고 기적을 행하셨다. 그로 인해 그들은 예수께서 메시아이심과 그의 나라에 대해 알게 되었다. 그리고 여기서 우리는 예수께서 왜 그 자신을 감추시고 자신이 메시아이심을 고백하지 않으셨는지 그 이유를 알 수 있다. 예수를 메시아라고 생각하고 군중이 모여들자 어떤 일이 일어났는지 요한은 다음 구절에서 우리에게 말해주고 있다. "예수께서는 그들이 달려들어 억지로라도 그를 왕으로 모시려는 것을 알아차리고 또다시 홀로 산으로 올라가셨다."(요한복음 6: 15) 사람들이 예수께서 기적을 행하심을 보고 몰려들어 그를 왕으로 삼으려고 하자 예수께서는 자신이 메시아이심을 말씀하지 않으셨다. 만약 예수께서 자신이 메시아이심을, 다시 말해 그들이 고대하던 그들의 왕임을 공개적으로 밝히셨다면 사람들은 그를 왕으로 삼았을 것이고, 그러면 율법학자와 바리사이인들은 그를 고발하였을 것이다. 이것에 대해서는 이미 살펴본 바 있다.

예수께서 가파르나움으로 가시자 그곳으로 많은 사람이 그를 따라갔다.

•• •
23) "먹은 사람은 여자와 어린아이를 제외하고 남자만 5,000명가량 되었다."

그들은 전날 예수께서 기적을 행하여 빵을 먹였던 무리였다. 이에 예수께서는 이들이 영생이 아닌 빵을 위해 따라왔음을 아시고 자신이 아버지로부터 보냄을 받았으며, 나를 믿는 사람은 영생을 얻게 될 것이라고 말씀하신다.(요한복음 6: 22~69) 여기서 대부분의 진술이 빵을 먹는다거나 하늘로부터 온 생명의 빵을 먹는다는 식의 유비적 표현으로 되어 있는데 47절과 54절은 이것을 더 짧고 명확하게 설명하고 있다. "진실로 진실로 너희에게 말한다. 나를 믿는 자는 영생을 얻을 것이며 마지막 날에 내가 그를 살릴 것이다." 이야기의 요지는 예수께서 하느님이 보내신 메시아이며 그가 메시아임을 믿는 사람은 마지막 날 죽은 자로부터 부활하여 영생을 얻게 된다는 것이다. 예수께서 여기서 말씀을 전하고 있는 사람들은 전날 자신을 억지로 왕으로 삼으려 했던 사람들이었다. 따라서 자신이 누구이며, 자신의 나라와 그 나라의 백성이 누군지 모호하고 신비한 말로 이야기한 것은 당연한 것이다. 결국, 이 말은 세상에 속한 사라질 나라의 영광과 그 나라가 약속하는 보호와 번영을 찾던 사람들의 마음에 상처를 주었을 것이다. 세속의 나라를 꿈꾸던 그들은 기적을 행하는 사람을 발견하고 그가 바로 그들이 기다리던 구원자라고 생각해 전날 우리 주님을 끌어들여 반란을 일으키려고 했던 것이다. 예수께서는 이것을 멈추게 해야 한다고 생각하셨다. 그런데 그들은 예수께서 자신들과 같은 생각을 하고 있다고 생각하고 계속 그를 따라다녔다. 그래서 예수께서는 그들이 확실하게 그에 대한 희망을 접게 하려고 그의 나라에 대해 말씀하신 것이다. 그로 인해 그들은 자신들이 헛된 희망을 품고 있었음을 알게 되자 충격을 받았다. 그러자 예수께서는 한 걸음 더 나아가 그들에게 생명을 얻기 위해서는 그의 살을 먹고 그의 피를 마셔야 한다고 말씀하신다. 52절을 보면 유대인들은 "이 사람이 어떻게 자기 살을 우리에게 먹으라고 내어줄 수 있단 말인가? 그의 제자 중 여럿이 '이렇게 말씀이 어려워서야 누가 그것을 알아들을 수 있겠는가?'라고 말하였다."[24] 제자들이 이렇게 수군거리며 예수를 버리고 떠났다.(66절) 우리 주님께서 하신 말씀의 참된 의미가 무엇인지는 이 말을 제대로 이해했을 뿐 아니라 사도들을 대표해 답변했던 베드로의 고백을 통해 알 수 있다: 67절을 보면 예수께서 "'너희는 어떻게 하겠느냐?'라고 묻자 시몬 베드로는 '주님께서 영생의 말씀을 갖고 계신데 저희가 어느 누구를 찾아가겠습니까?'"라고 대답한다. 이 말은 당신께서 우리에게 영생에 이르는 길을 가르쳐주고 계시니 "우리는 당신이 메시아이자 살아 있는 하느님의 아들이심을 믿고 확신합니다."라는 것이다. 이것이 바로 그의 살을 먹고 그의 피를 마시는 것이며, 그렇게 할 때 영생을 얻게 된다는 것이다.

이 일이 있은 후 예수께서는 제자들에게 사람들이 "나를 누구라 하느냐?"(마르코복음 8: 27) 하고 물으셨다. 제자들이 답하기를 "세례자 요한" 또는 "죽은 자들 가운데서 부활한 예언자 중의 한 분이라고도 합니다." 하고 말했다. 그러자 예수께서는 "너희는 어떻게 생각하느냐?"라고 물으셨다. 이에 베드로는 마르코복음 8장 29절에서 "선생님은 메시아이십니다."라고 답했으며, 루가복음 9장 20절에서는 "하느님께서 보내신 메시아이십니다."라고 답하였다. 그리고 마태오복음 16장 16절에서는 "선생님은 메시아시오, 살아 계신 하느님의 아들이십니다."라고 답하였다. 이들 표현은 모두 같은 의미를 지니고 있다. 마르코복음 16장 17~18절을 보면 우리 주님께서는 베드로에게 "진실로 말하노니 이것을 알려준 것은 사람이 아니라 하늘에 계신 내 아버지이시다." 나는 그 반석 위에 "교회를 세울 것이다."라고 말씀하고 있다. 이 말들을 종합해볼 때 예수께서는 자신이 메시아임을 사

••
24) 앞의 문장은 52절이고 뒤의 문장은 60절이다.

도들에게 직접 밝히시지 않았으며 제자들은 이 사실을 예수의 행적과 기적을 통해 알았음을 추측할 수 있다. 우리가 이같이 추측할 수 있는 것은 만약 예수께서 친숙하고 솔직하게 그의 제자들에게만 그가 메시아임을, 즉 가는 곳마다 선포하였던 하늘나라의 왕임을 이야기하였더라면, 유다는 로마 총독에게 예수를 범죄자로 고발하였을 것이다. 예수께서는 이미 그가 진실하지 못하며 신뢰할 수 없는 사람임을 알고 있었다. 그러기에 요한복음 6장 70절에서 제자들이 예수를 메시아라고 고백하자 우리 주님께서는 예상치 못한 발언을 했던 것이다. 좀 더 구체적으로 설명하기 위해 그 구절을 모두 써보겠다. 베드로는 "우리는 선생님께서 메시아이시오, 살아 계신 하느님의 아들임을 믿으며 또한 확신합니다." 그러자 예수께서는 그들에게 이렇게 대답하셨다. "너희 열두 명은 내가 뽑은 사람들이 아니냐? 그런데 너희 가운데 하나는 악마($\delta\iota\acute{\alpha}\beta o\lambda\acute{o}\varsigma$)[25]이니라." 우리 주님의 말씀이 늘 지혜롭고 적절한 것이었음을 돌아볼 때 이 말씀은 얼핏 앞뒤가 맞지 않는 대답처럼 보인다. 유다에게 배신당한 후 제자들이 이 말씀을 떠올리며 나중에 깨달음(성전을 허물고 사흘 안에 다시 세우리라고 하신 말씀)을 얻었던 것을 보면 이 말의 의미는 내가 이해하기에는 다음과 같다. 너희는 내가 메시아이며 너희의 왕이라고 고백하고 이것을 믿는다고 했다. 나는 너희에게 그것을 말한 적이 없다. 그런데도 너희가 한 말로 인해 나는 놀라지 않는다. 나는 너희 열두 명을 뽑았고 그중에 하나는 밀고자 또는 허위 고발자(그리스어 $\delta\iota\acute{\alpha}\beta o\lambda\acute{o}\varsigma$는 여기서는 악마로 번역하는 것이 적절하지 않다.)로서 만약 내가 "메시아, 이스라엘의 왕"임을 밝힌다면 그는 나를 배반하고 나를

..

25) 헬라어 '$\delta\iota\acute{\alpha}\beta o\lambda\acute{o}\varsigma$(diabolos)'는 하느님의 영을 거역하는 악한 영, 마귀, 마귀의 두목인 사탄을 뜻한다.

밀고할 것이다.

예수께서 그의 제자(사도)들에게 자신이 메시아임을 분명하게 밝히는 것을 여전히 조심하고 있음을 알 수 있다. 이는 마태오복음 16장 18절에서 베드로에게 말씀하시는 방식을 보면 알 수 있다. 베드로가 예수께서 메시아라고 고백하자 예수께서는 그 고백 위에 자신의 교회를 세우시겠다고 말씀하고 있다. 너에게 말한다. "너는 반석(Cephas)이다. 이 반석 위에 내 교회를 세울 것이니 죽음의 권세도 그것에 맞서지 못할 것이다."(마태오복음 16: 18) 이 말씀을 예수가 자신이 메시아임을 선언하는 증거로 삼아 고발하기는 어려운데, 특히 다음 절인 19절을 덧붙이면 더더욱 그렇다. "내가 너에게 하늘나라의 열쇠를 줄 것이니 네가 땅에서 무엇인가를 묶으면 하늘에서도 묶일 것이고, 네가 땅에서 무엇인가를 풀면 하늘에서도 풀릴 것이다." 개인적으로 베드로에게 하신 이 말씀은 우리 주님께서 하신 앞의 말씀(그를 메시아로 믿는 믿음이 그의 교회의 토대라는 말씀)을 더욱 모호하고 의문이 들게 만들어 그를 고발하는 데 쓰이지 못하게 만들었다. 그러나 제자들은 후일 그 말씀을 이해할 수 있었다. 같은 이유에서 예수께서는 여기서 다시 한 번 사도들에게 자신이 메시아임을 말하지 말라고 엄히 당부하고 있다.(20절)

예수께서 사도들에게 자신이 메시아임을 아직 명확히 밝히지 않았음은 우리 주님께서 그들에게 하신 말씀을 통해 확인된다. 요한복음 15장 15절에서 예수께서는 "이후로 나는 너희를 종이라고 부르지 않을 것이다. 종은 그의 주인이 하는 일을 모르기 때문이다. 앞서 나는 너희를 친구라고 불렀다. 내가 아버지에게서 들은 모든 것을 너희에게 알려주었기 때문이다."라고 말씀하고 있다. 이것은 유다가 밖으로 나간 후 예수께서 제자들과 나눈 마지막 대화였다. 실상 그는 제자들에게 루가복음 22장 30절에 기록된 것처럼 그의 나라에 관해 이야기하며 그들에게 중요한 비밀을 알려주었다. 이때 예수께서는 그의 나라의 세부적인 것들, 즉 그가 언제 그의 나라를 갖게 될지, 그의 나라는 어떤 것인지, 그리고 그의 나라는 어떻게 통치되며, 제자들은 어떤 역할을 하게 될지에 대해 말씀하셨다. 여기서 분명하게 알 수 있는 사실은 예수께서 잡히셔서 제자들과 이별을 하기 직전까지는 제자들을 무지한 종처럼 대하셨으나 그때부터 그들을 친구처럼 대하기 시작했다는 점이다.[26]

이때부터(즉 예수께서 제자들에게 그들이 자신을 누구라 하더냐고 물었을 때) 예수께서는 그의 제자들, 즉 그가 세운 사도들에게 "자기가 예루살렘에 올라가 장로들과 대제사장들과 율법학자들로부터 많은 고난을 받고, 죽음을 당하여, 사흘째 되는 날 부활할 것임"(마태오복음 16: 21)을 밝히셨다. 메시아의 이 발언을 사도들은 이해하지 못했으며 또한 그 말이 메시아에 대한 그들의 기대와 얼마나 거리가 먼 것이었는지를 마태오복음 16장 22절에서 베드로가 예수를 만류한 사실을 통해 알 수 있다. 베드로는 그전에 예수께서 메시아임을 두 번이나 고백하였으나, 예수께서 고난을 받고 죽음을 당하여 부활할 것이라 말했을 때 이를 받아들일 수 없었다. 여기서 알 수 있는 것은 예수께서 사도들에게 자신의 신상에 관해 설명하지 않았다는 점이다. 사도들은 예수의 삶과 그가 행한 기적을 제대로 목격한 증인들이었으며 그로 인해 예수께서 메시아이심을 믿었다. 그들은 어느 정도 그에 관해 세세한 것들을 알고 있었기에 그에 관한 예언을 받아들일 준비가 되어 있었다. 이때부터 예수께서는 사도들에게 그가 고난을 받고, 죽음을 당한 후 부활함으로써 모든 것을 성취해야 할 때가 왔음을 (물론 유대인들이 이것

26) 105쪽 하단 3번째 줄부터 106쪽 12번째 줄까지(볼드체 부분)는 1696년 판본에만 나온다.

을 빌미로 고발을 할 수 없었을 것이다.) 알리기 시작했다. 그의 생애 마지막 해였기 때문이다. 그는 예루살렘에서 유대인들을 만났고 유월절에 한 번 더 그들을 만났다. 그때 유대인들은 예수를 어떻게 처리해야 할지 결정해야 했다. 예수께서 사람들에게 자신이 누구인지를 조금씩 알리기 시작했기 때문이다. 그러나 로마인들이 보기에 그것은 그를 고발할 만한 사안이 아니었다.

예수께서는 베드로에게 "하느님의 일은 생각하지 않고 사람의 일만 생각하고 있구나."(마르코복음 8: 33)라고 꾸짖으신 후 군중을 한자리에 부르시어 자신의 제자가 되려는 사람들에게 고난을 준비시키시려고 "이 불순하고 죄 많은 사람들 앞에서 누구든지 나와 내가 하는 말을 부끄럽게 여기면 인자도 아버지의 영광에 싸여 거룩한 천사들을 거느리고 올 때 그를 부끄럽게 여길 것이다."(마르코복음 8: 38)라고 말씀하셨다. 그런 다음 자신이 메시아이자 왕임을 드러내는 두 개의 장엄하며 엄숙한 장면을 추가로 언급하고 있다. "인자가 아버지의 영광에 싸여 자기의 천사들을 거느리고 올 때 모든 사람을 그들의 행위대로 갚아줄 것이다."(마태오복음 16: 27) 이것은 예수께서 마지막 날에 이 세상을 심판하러 오실 때 그의 나라가 영광중에 임하리라는 것을 말하는 것으로서 마태오복음 25장에서는 이것에 대해 상세하게 설명하고 있다. "인자가 영광에 싸여 그의 거룩한 천사들을 거느리고 와서 그의 영광스러운 왕좌에 앉으면 그의 오른편에 있는 사람들에게 이렇게 말할 것이다.(이하 생략)"

또 하나의 장면은 위에서 든 인용문의 다음 구절인 마태오복음 16장 28절에 나온다. "진실로, 진실로 말하는데 여기에 서 있는 사람 중에는 죽기 전에 인자가 자기 나라에 임하는 것을 볼 사람도 있을 것이다." 이 말은 통치권을 의미하는 것으로, 거기에 있는 몇몇 사람은 그가 유다왕국을 통치하는 것을 보게 되리라는 것이다. 이 말은 이미 27절(여기서 그는 심판 날에 그의 나라의 임함과 영광에 대해 말하고 있다.)에 들어 있었다. 그러나 28절은 좀 더 명확하게 그의 나라에서 그가 왕권을 행사하는 모습을 직접 눈으로 보게 될 날이 가까이 왔음을 언급하며 그 자리에 있는 몇몇은 그것을 보게 될 거라 말한다. 앞의 절이 뒤에 이어지는 절의 의미를 모호하게 하지 않아서 뒤의 절의 의미가 분명하게 이해되었다면, 다시 말해 예수께서 왕이시며 그의 나라가 가까이 왔기에 거기에 있는 몇몇은 그의 나라가 임할 때 그를 보게 될 거라는 의미로 이해되었다면 이 말은 유대인들이 그를 빌라도의 법정에 세울 정당한 사유가 되었을 것이다. 이것이 바로 주님께서 그의 심판과 그의 왕으로의 오심의 순서를 바꿔서 말씀하신 이유인 것으로 보인다. 이렇게 순서를 바꿈으로써 그가 한 말의 의미를 제대로 이해하지 못하게 함으로써 항상 그를 함정에 빠뜨려 로마 총독에게 고발하려고 했던 유대인들의 음모로부터 자신을 지킨 것이다. 다시 말해 앞 절에 의해 뒷절의 의미가 혼란 없이 제대로 이해되었다면 "여기에 있는 몇몇은 죽기 전에 인자가 그의 나라에 임하는 것을 보게 될 것이다."라는 말은 분명 예수의 범죄 혐의가 되었을 것이다. 그러나 예수의 말을 들은 누구도 본디오 빌라도에게 그를 고발하지 않았다. 유대인 지도자들이 예수를 얼마나 없애고 싶어 했는지 루가는 루가복음 11장 54절에서 이렇게 말하고 있다. "예수를 고발하기 위해 그의 대답에서 트집을 잡으려 노리고 있었다." 여러 곳에서 우리 주님께서 알쏭달쏭하고 모호한 방식으로 이야기를 한 이유가 바로 여기에 있다. 그가 처한 상황을 돌아볼 때 그런 신중한 태도와 과묵함이 없었다면 그는 하고자 했던 일을 할 수 없었을 것이며 메시아에게 부여된 일들을 지시받은 대로 수행하지 못했을 것이다. 덕분에 후일 그가 세상을 떠났을 때 사람들은 그가 메시아였음을 확실히 알게 되었다.

마태오복음 17장 10절 이하를 보면, 이 일이 있은 후 예수께서는 율법학자들이 말라기 4장 5절의 예언에 따라 엘리아가 메시아에 앞서 와야 한다고 말한 것을 상기시키신 후 엘리야가 이미 왔으나 사람들이 그를 알지 못했고 그를 제대로 대우하지도 않았다고 말씀하심으로써 비록 직접적으로 말씀하시지는 않았지만, 자신이 메시아임을 그의 제자들에게 시인하기 시작하셨다: "그제야 제자들은 예수가 하신 말씀이 세례자 요한을 두고 하신 말씀인 줄을 깨달았다."(마태오복음 17: 13) 얼마 후 그는 좀 더 노골적으로 자신이 메시아임을 밝히는데, 마르코복음 9장 41절을 보면 "누군가 너희에게 너희가 메시아의 사람이라 하여 물 한잔이라도 준다면"이라고 말씀하고 있다. 이 말씀은 내 기억으로는 우리 주님께서 자신이 메시아임을 처음으로 언급하신 것이다. 이 언급이 있은 후 예수께서는 유대인들에게 자신이 메시아임을 밝히기 시작하셨다.

예루살렘으로 가시던 중 어떤 사람에게 나를 따르라고 하자 그가 아버지를 장사지내고 오겠다고 말했다.(루가복음 9: 59) 그러자 "예수께서는 그에게 말씀하시되 죽은 자의 장례는 죽은 자에게 맡기고 너는 하느님 나라를 전하라고 말씀하셨다."(9: 60) 그리고 루가복음 10장 1절에서 일흔두 명의 제자를 보내시면서 "병자를 고쳐주며, 하느님의 나라가 너희에게 가까이 왔다고 전하여라."(10: 9)라고 말씀하셨다. 그는 제자들에게나 그 밖의 사람들에게도 하느님 나라가 임한다는 복음만을 전하였다. 예수께서는 제자들에게 어떤 동네에서 너희를 반기지 않거든 길거리로 나가서 "당신네 동네에서 묻은 먼지를 털어놓고 갑니다. 그러나 하느님 나라가 가까이 왔음을 명심하시오."라고 말하라고 분부하셨다. 그들은 자신들이 마땅히 해야 할 일을 하듯 그 말씀대로 했다. 그러나 정작 자신들은 메시아의 나라에 대한 기쁜 소식을 믿음으로 받아들이지 않았다.

이 일이 있은 후 (초막절이 다가오자) 예수의 형제들은 예수께 "이곳을 떠나 유다로 가서 당신의 제자들에게 당신이 하는 일을 보여주십시오. 숨어서 일하면 널리 알려질 수 없습니다. 이 일을 하고자 한다면 자신을 세상에 드러내십시오."라고 말하였다.(요한복음 7: 2~4) 다음 절을 보면 그의 형제들은 "그를 믿지 못하였다." 여기서 그들은 예수께서 보여준 모순된 행동을 질책한 것으로 보인다. 그들은 예수께서 사람들이 자신을 메시아로 받아들이기를 바라면서도 자신을 드러내기를 두려워한다고 보았던 것이다. 다음 절을 보면 예수께서는 그들에게 다음과 같이 자신의 행동(1절에서 언급된)[27]을 변호하고 있다. "세상이 나를 미워하고 있다. 세상이 하는 짓이 악해서 내가 그것을 들추어내었기 때문이다. 아직 나의 때가 이르지 않았다." 다시 말해 신중함을 버리고 그들의 악의와 분노에 자신을 내어줄 때가 오지 않았다는 것이다. 따라서 예수께서는 초막절 축제를 위해 예루살렘에 가셨지만 남의 눈에 띄지 않게 몰래 가셨다.(요한복음 7: 10) 그리고 축제 중간쯤에 성전에 나가서 자신이 하느님으로부터 보냄 받았음을 주장하였다. 그리고 안식일에 베짜타 못에서 사람을 고쳐주었던 것(요한복음 5장 1~16절)처럼 율법을 어기는 어떤 행동도 하지 않았다. 유대인들은 1년 반 전에 있었던 이 일로 인해 그를 죽이려고 했었기 때문이다. 그가 자신의 생명을 보존하려고 했던 참된 이유는 7장 25~34절에서 찾아볼 수 있다. "한편, 예루살렘 사람 중에 더러는 이렇게 말했다. '그들이 죽이려고 하는 사람이 이 사람이 아닌가? 저렇게 대담하게 말하는데 그들은 아무 말도 못하는 것을 보면 우리 지도자들이 그를 정말 메시아로 여기는 게 아닐까?

27) 예수께서는 유대인들이 자신을 죽이려 하기에 유다 지방으로 다니지 않고 갈릴레아 지방을 다니셨다.

그런데 메시아가 오실 때는 그가 어디서 오는지 아무도 모를 것인데 우리는 이 사람이 어디서 왔는지 알고 있지 않은가?' 그때 예수께서 성전에서 가르치시면서 큰소리로 말씀하셨다. '너희는 나를 알고 있으며 내가 어디서 왔는지 알고 있다. 그러나 나는 스스로 온 것이 아니다. 나를 보내신 분이 있다. 너희는 그분을 모른다. 그러나 나는 그분을 안다. 나는 그분에게서 왔고 그분은 나를 보내셨다.' 그러자 그들은 예수를 해치려고 했다. 그러나 아무도 그에게 손을 대지 않았다. 그의 때가 아직 이르지 않았기 때문이었다. 그러나 이들 중에는 '메시아가 온다 해도 이 사람보다 더 많은 기적을 행하겠는가?'라고 말하면서 그를 믿는 사람도 많았다. 사람들이 이렇게 수군거리는 이야기를 바리사이인들이 들었다. 그러자 바리사이인들과 사제들은 사람을 보내 그를 잡아 오게 했다. 그때 예수께서 사람들에게 이렇게 말씀하셨다. '내가 아직 얼마간은 너희와 함께 있겠으나 나를 보내신 분에게 가야 한다. 너희는 나를 찾을 것이나 너희는 나를 찾을 수 없을 것이다. 내가 있는 곳에 너희가 올 수 없기 때문이다.' 이 말을 들은 유대인들은 '어디로 가기에 우리가 그를 찾을 수 없다고 하는 거지?'라고 말하였다." 우리 주님께서 유대인들을 분노케 한 이유는 바로 자신을 메시아라고 주장한 것과 사람들로 하여금 "그를 믿게 한 것", 즉 그가 메시아임을 믿게 만든 것임을 알 수 있다. 우리 주님께서는 부활하신 후 이해하기 매우 쉬운 방식으로 자신이 메시아임을 선포하셨다. "하느님이 보낸" 사람답게 하느님의 영에 의해 기적을 행함으로써 사람들은 그가 메시아임을 의심할 수 없었기 때문이다. 바리사이인과 사제들은 이 말(선포)을 근거로 예수를 고발함으로써 그의 전도를 막고, 그의 제자들을 붙잡아 들이고 싶었지만 그렇게 할 수 없었다. 아직 그의 때가 이르지 않았기 때문이다. 바리사이인과 사제들이 예수를 붙잡아 오라고 보낸 사람들이 그의 말에 감화를 받고 그냥 돌아오자(7: 45~46), 대사제들은 그들에게 "왜 그를 잡아 오지 않았느냐?"라고 물었다. 그러자 그들은 "그 사람처럼 말하는 사람을 본 적이 없습니다."라고 대답하였다. 이 말을 들은 바리사이인들은 "너희들마저 속았느냐? 지도자들 중에 어느 누가 그를 믿더냐? 율법도 모르는 너희들은 저주받을 족속이다."라고 말하였다. 이것은 "그를 믿는 것", 즉 그가 메시아임을 믿는 것이 무엇을 의미하는지를 보여준다. 그들은 "율법에 정통한 지도자들이나 경건하고 학식 있는 바리사이인들 중에서 어느 누가 그를 메시아로 인정하더냐?"라고 말하고 있다. 이 말은 예수에 관해 의견이 다른 사람 중에는 "그가 메시아이다."라고 말하는 사람들도 있는데 그들은 성서에 대해 아는 것이 없는 무지하고 불쌍한 존재들이라 사기꾼에 속아서 그렇게 생각한다는 것이다. 그러므로 그들은 하느님으로부터 저주를 받아 버림받게 될 거라는 이야기이다. 아무튼 그들은 예수를 붙잡으려고 했으나 예수께서는 아랑곳하지 않으시고 전도를 계속하셨다. "축제가 마지막 절정에 이르자 예수께서는 일어나 이렇게 외치셨다. '목마른 사람은 다 나에게 와서 마셔라: 나를 믿는 사람은 성서의 말씀대로 그 안에서 생수의 강이 흐를 것이다.'"(7: 37~38) 예수께서는 여기서 다시 한 번 자신을 메시아라고 선포한다. 그러나 다음 절을 읽어보면 이것은 구약의 말씀을 들어서 하신 예언의 말씀이었음을 알 수 있다.[28]

다음 장인 요한복음 8장에서 예수께서 자신에 관해 이야기한 모든 것이

:.

28) 39절을 보면 "이것은 예수께서 당신을 믿는 사람들이 받을 성령을 가리켜 하신 말씀이었다." 구약에서는 메시아를 믿음으로써 받을 성령의 축복을 강이나 샘 또는 물로 비유했다. "너희 목마른 자들아 오너라. 여기 물이 있다. 물로 나아오라. 돈 없는 자도 오라. 너희는 와서 사 먹되, 돈도 내지 말고, 값도 치르지 말고 포도주와 젖을 그냥 먹어라.(이사야서 55: 1); 그날에 생수가 예루살렘에서 솟아나서 절반은 동해로, 절반은 서해로 흐를 것이라. 여름에도 겨울에도 그러하리라.(스가랴 14: 8)

자 그들(유대인)이 믿었던 것은 그가 아버지 하느님으로부터 보냄을 받았다는 사실과 예수께서 메시아임을 믿지 않으면 죄 가운데서 죽을 수밖에 없다는 것이었다. 그러나 요한이 27절에서 언급하듯 그들은 이 말을 잘 이해하지 못했다. 그래서 우리 주님께서는 28절에 "너희가 인자를 들어 올린 후에야 내가 그 인자임을 알게 될 것이다."라고 말씀하고 있다.

예수께서는 그들을 떠나 소경을 고쳐주셨는데 유대인들이 그 소경을 심문하고 회당에서 쫓아내었다. 예수께서는 그 일이 있은 후 소경이었던 자를 만났다. "예수께서는 그에게 '너는 하느님의 아들[29]을 믿느냐?'라고 물으셨다. 그러자 그는 '주여, 그가 누구입니까? 내가 그를 믿겠습니다.' 하고 대답하였다. 이에 예수께서는 그에게 '너는 이미 그를 보았다. 지금 너와 이야기를 나누고 있는 사람이 바로 그다.'라고 말씀하셨다. 그러자 그가 말했다. '주여 믿습니다.'"(요한복음 9: 35~38) 여기서 우리가 알 수 있는 것은 예수께서 소경에게 믿으라고 한 것이 단지 자신이 하느님의 아들이라는 사실뿐이었으며 그 말을 듣고 그가 믿었다는 점이다. 앞서 살펴보았듯이 그가 예수께서 하느님의 아들이심을 믿었다는 것은 곧 예수께서 메시아이심을 믿었다는 것이다.

다음 장인 요한복음 10장 1~21절을 보면 예수께서는 다시 유대인들과 이방인들을 위해 자신의 생명을 바친다고 말씀하고 있다. 그러나 그들이 이해하지 못하는 우화(10: 6~20)를 들어 말씀하시고 있다.

봉헌절[30]에 참석하기 위해 가셨을 때 바리사이인들은 예수께 "하느님

29) '하느님의 아들'이 아니라 '인자', 즉 '사람의 아들'이라고 되어 있다.
30) 또는 수전절(Feast of Dedication), 히브리어로 '하누카'로 불림. 유다 마카비가 수리아와의 전쟁에서 승리하고 더럽혀진 예루살렘 성전을 정화시킨 날을 기념하는 축제로 8일간 매일 촛불 하나씩을 점화해나가 8일째 8개의 촛불을 점화한다.

의 나라(즉 메시아가)가 언제 옵니까?"(루가복음 17: 20) 하고 물었다. 그러자 예수께서는 그것은 거창하게 눈으로 볼 수 있는 장관처럼 오는 것이 아니라 이미 너희 가운데 와 있다고 말씀하셨다. 만약 예수께서 여기서 말씀을 멈추셨다면 그 의미가 너무 분명해 유대인들이 잘못 판단하거나 의문을 갖는 일은 없었을 것이다. 그의 말은 메시아가 이미 왔으며 그들 가운데 있다는 말씀이었기에 유대인들은 예수가 자신을 메시아로 칭하고 있다고 생각할 수 있었을 것이기 때문이다. 그러나 그는 여기에 덧붙여 그에 대한 미래의 예언과 유대인들을 징계하고 심판하기 위해 그가 오리라는 것을 이야기함으로써 그를 이해하기 어렵게 만들었다. 그 때문에 유대인들은 다시 성전에 있는 그에게로 와서 말했다. "당신은 얼마나 우리를 애태우게 할 겁니까? 당신이 그리스도라면 그렇다고 분명하게 말하시오. 이에 예수께서는 나는 이미 너희에게 말하였다. 그런데도 너희는 믿지 않았다. 내가 나의 아버지의 이름으로 행한 일들이 바로 나를 증거하고 있다. 그러나 너희는 내가 말했듯이 내 양이 아니므로 나를 믿지 않는다."(요한복음 10: 23~27) 예수께서 여기서 그들이 믿지 않는다고 힐난하신 그 믿음이란 바로 그를 메시아로 믿는 믿음을 말하는 것으로 이는 앞에서 언급한 것들로 미루어 알 수 있으며 또한 이어지는 다음 장에서도 분명하게 드러난다.

예수께서는 거기서 베다니아(Bethabara)[31]로 가셨다가 라자로의 죽음을 접한 후 베다니(Bethany)로 돌아가셨다. 요한복음 11장 25~27절에서 예수께서는 마르타에게 "나는 부활이요 생명이니 나를 믿는 사람은 죽어도 살 것이며, 또한 살아서 나를 믿는 사람은 영원히 죽지 않을 것이다."라고 말씀하셨다. 70인역성서[32]의 창세기 3장 22절이나 요한복음 6장 51절에 나

•ᆞ
31) 세례 요한이 세례를 베푼 곳이다.(요한복음 1: 28)

오는 'ζήσεται, εἰς τὸν αἰῶνα(영원히 살 것이다.)'는 'ἀποθάνῃ εἰς τὸν αἰῶνα(영원히 죽을 것이다.)'의 반대 의미로 사용된 것이다. 그런데도 주님께서 하신 "살아서 나를 믿는 사람은 **영원히 죽지 않을 것이다.**(He that liveth and believeth in me shall not die for ever.)"는 말씀을 "살아서 믿는 사람은 **결코 죽지 않을 것이다.**(shall never die.)"로 번역해야 한다고 생각하는 사람이 있다.[33] 그리고 이어서 "'너는 이것을 믿느냐?'고 묻자, 마르타는 '네, 주님, 나는 주님께서 이 세상에 오시기로 약속된 메시아이며 하느님의 아들임을 믿습니다.'라고 대답하였다." 그녀는 우리 주님께서 하신 물음에 완벽하게 답변을 했던 것이다. 그런 믿음을 갖고 있다면 그가 누구이든 신자라 말하기에 부족함이 없을 것이다.

예수께서 라사로를 살리신 이 이야기를 통해 우리 주님께서 우리에게 바라신 믿음이 어떤 것이었는지를 알 수 있는데 요한복음 11장 41~42절을 보면 예수께서는 다음과 같이 말씀하신다. "아버지, 제 청을 들어주셔서 감사합니다. 그리고 언제나 제 청을 들어주시는 것을 알고 있습니다. 그러나 저를 둘러선 사람들이 아버지께서 저를 보냈음을 믿게 하려고 이 말을 합니다." 그리고 그 말을 한 결과를 45절에서 찾아볼 수 있다. "마리아를 찾아 왔다가 예수께서 행한 일을 본 많은 유대인들이 예수를 믿게 되었다." 그 믿음이란 바로 예수께서 아버지로부터 보냄을 받았다는 것을 믿는 것, 다시 말해 그가 메시아임을 믿는 것이었다. 이것이 바로 "그를 믿는다

32) Septuagint: 가장 오래된 헬라어 구약성경으로 지중해 연안에 흩어져 살던 히브리어를 모르는 유대인들을 위해 유대인 학자 70명이 기원전 250~200년경 이집트의 알렉산드리아에서 번역한 성경이다.
33) 죽었다 살아난 라사로는 살아서 예수를 믿었지만, 그는 또다시 죽었다. 따라서 "결코 죽지 않을 것이다."가 아니라 "영원히 죽지 않을 것이다."라고 번역해야 한다는 것이다.

는 것"의 의미로서 이것에 대해서는 47~48절에서 그 증거를 찾아볼 수 있다. "대사제들과 바리사이인들은 공회를 소집하고 '그 사람이 많은 기적을 행하고 있으니 어떻게 하면 좋겠소? 우리가 그를 내버려 두면 모든 사람이 그를 믿게 될 것이오.'"라고 말했다. 여기서 모든 사람이 그를 믿게 될 것이라고 말하는 사람들은 예수를 죽이려고 하는 대사제들과 바리사이인들이었는데, 그들이 말하는 예수에 대한 믿음이란 예수를 메시아로 믿는 것이었음을 이어지는 구절을 통해서 알 수 있다. "우리가 그를 내버려 두면 온 세상이 그를 믿을 것이고", 즉 그가 메시아임을 믿을 것이고, "그렇게 되면 로마인들이 와서 우리의 땅과 백성을 짓밟을 것입니다." 그들이 이렇게 생각하는 데는 근거가 있었다: "우리가 가만히 있고 그래서 백성들이 '그를 믿으면', 다시 말해 그를 메시아로 받아들이면 그를 데려다가 왕으로 삼을 것이고 그가 그들을 구원해주기를 기대할 것이다. 그럼 그것을 빌미로 하여 로마 군대가 쳐들어와 우리를 죽이고 이 나라를 파괴할 것이다." 로마인들은 백성들이 예수를 메시아로 믿고 있는지에 대해서만 관심이 있었다. 복음서 기자들의 증언에 따르면 "그를 믿는다는 것"은 "그를 메시아로 믿는 것"을 의미했기 때문이다. 따라서 공회는 그날 그를 죽이기로 결의했다.(53절) "그러므로 예수께서는 더는 유다 지방(즉 예루살렘)에서 드러나게 다니지 않으셨다."(54절)(ἔτι라는 단어가 있으므로 당연히 그것이 번역되어야 한다고 생각한다.) 그런데 54절에서 사용된 'ἔτι'는 '더는 ~아닌(no more)'이란 말로 번역되어서는 안 된다. 며칠 후 유월절에 예수께서 공개적으로 모습을 드러냈으며, 기적을 행하셨고 이전에 했던 것보다 더 자유롭게 자신을 알렸기 때문이다. 게다가 마태오복음 20장 17절, 마르코복음 10장 32절, 루가복음 18장 31절을 보면 예수께서 그의 수난이 있기 전 일주일 내내 매일 성전에서 가르치셨다는 말이 나오기 때문이다. 따라서 54절에서 '더는 유다 지방에서 드러나게 다니지 않으셨다.'라는 말은 그의 때가 아직 이르지 않았기에 그에게 악의를 품고 그를 죽이려고 하는 율법학자와 바리사이인들 그리고 예루살렘 공회 사람들 앞에서 자신을 당당하게 드러내지 않았음을 이야기하는 것이다: "그래서 그는 그곳을 떠나 광야 근처에 있는 지방으로 가시어 제자들과 함께 에브라임(Ephraim)이라는 동네에 머물러 계셨다." "가까이 다가온 유월절 때까지 몸을 피해 있었던 것이다."(요한복음 11: 55) 예수께서는 돌아오신 후 열두 제자를 불러 예루살렘에서 어떤 일이 일어날지 그리고 그들에게 어떤 일이 닥칠지 미리 말씀하셨다. 인자와 관련해 예언서에 기록된 모든 일이 이루어질 것임을, 즉 대사제들과 율법학자들이 그를 죽이고자 이방인들에게 그를 넘겨줄 것이며, 그는 조롱당하고 채찍을 맞은 후 죽음을 당할 것이며, 그는 죽은 지 사흘 만에 부활할 것임을 말씀하셨다. 그러나 루가에 따르면, 제자들은 "이 말씀을 듣고도 조금도 깨닫지 못하였다. 이 말씀이 그들에게는 가리어져 있었기에 그것이 무슨 말씀인지 알아듣지 못했던 것이다."(루가복음 18: 34) 제자들은 예수께서 하느님의 아들, 아버지로부터 보냄을 받은 메시아임을 믿었다. 그러나 그들이 생각한 메시아란 현세의 왕이자 해방자로서 다른 유대인들이 생각하던 메시아와 다르지 않았다. 따라서 마르코복음 10장 35절을 보면 예수와 함께 마지막으로 예루살렘에 왔던 제자들 중에서 야고보와 요한이 예수께 다가와 그의 발 앞에 엎드려 이르기를 "선생님께서 영광의 자리에 앉으실 때(마태오복음 20장 21절에서는 "당신의 나라가 임할 때"라고 되어 있다.) 저희 중 하나는 선생님의 오른편에 그리고 다른 하나는 왼편에 앉게 해주십시오." 그들이 의심이 많은 다른 유대인들과 다른 점은 예수를 진짜 메시아라고 믿었으며 그들의 왕이자 주님으로 그를 받아들였다는 점이다.

그런데 인자가 영광의 자리에 이르러야 할 때가 이르자 예수께서는 평소에 보였던 신중함을 버리고 어린 나귀를 타고 예루살렘에 들어가셨다. "이는 기록된바, 시온의 딸아 두려워하지 마라. 보거라. 너의 왕이 새끼 나귀를 타고 오신다."[34](요한복음 12: 16) 사도 요한에 따르면 "예수의 제자들도 처음에는 이것을 깨닫지 못하였다. 그들은 예수께서 영광의 자리에 임하신 후 이 모든 것이 그를 두고 기록된 것이며 또한 이런 일들이 그대로 예수께 일어났음을 기억하게 되었다."(요한복음 12: 16) 제자들은 예수를 메시아라고 믿었지만, 당시에는 미처 이해하지 못했던 메시아에 대해 예언된 많은 일이 예수의 생애를 통해 일어났으며, 예수께서 승천하신 후에는 그것들이 예언과 정확히 일치함을 알게 되었던 것이다.[35] "모든 사람은 호산나, 주님의 이름으로 오시는 이, 곧 이스라엘의 왕이여 찬미 받으소서 하고 외쳤다."[36] 이것은 예수께서 메시아이심을 공개적으로 선포한 사건이었다. "군중들 가운데 있던 바리사이인들은 '선생님, 당신의 제자들을 꾸짖으십시오.'라고 말하였다."(루가복음 19: 39) 그러나 예수께서는 그들을 말리지 않으셨고 또한 이들의 이런 행동이 자신을 메시아로 인정하는 것임을 부인하지 않으면서 그들에게 말씀하셨다. "잘 들어라. 만일 이들이 침묵하면 돌들이 소리 지를 것이다."(루가복음 19: 40) 또다시 그들이 성전에서 "호산나, 다윗의 자손이여."라고 외치자 "대사제들과 율법학자들은 화가 치밀어서 예수께 '이들이 말하는 것이 들립니까?'(마태오복음 21: 15~16) 하고 물었다. 이에 예수께서 그들에게 '그렇다. 어린이들과 젖먹이들의 입으로 주를 찬양하게 하시리라고 하신 말씀[37]을 읽어본 적이 없느냐?'고 물으셨다."

∴

34) 즈가리야(Zecharich) 9: 9.
35) 시편 118: 25~26.
36) 요한복음 12: 13.
37) 시편 8: 2.

14~15절을 보면 예수께서는 성전에서 소경과 절름발이를 고쳐주셨다. "대사제들과 율법학자들은 예수께서 행한 놀라운 일들을 목격하였고, 호산나 하고 외치는 아이들을 보고 화를 냈다." 우리 주님께서는 이미 3년 넘게 수많은 기적을 행하셨기에 절름발이와 소경을 치유한 것이 그들을 자극했다고 생각하지 않을 수 있다. 그러나 예수께서 사역하는 동안 행한 많은 기적이 대부분 갈릴리, 즉 예루살렘에서 거리가 멀리 떨어진 곳에서 일어난 것임을 기억해야 한다. 기록에 따르면 그것은 예루살렘에서 일어난 유일한 기적이었으며 요한복음 5장 16절에서 볼 수 있듯이 유대인들이 예수를 죽이려고 작심하게 된 계기가 되었다. 그로 인해 우리는 다음 유월절에 예수의 행적을 찾아볼 수 없는데 이는 예수께서 평범한 유대인으로 개인적으로 예루살렘을 방문했기 때문이다. 그 이유를 요한복음 7장 1절에서 찾아볼 수 있다. "그 일이 있은 후 예수께서는 유대인들이 자신을 죽이려 하기에 유다 지방을 다니지 않으시고 갈릴리 지방을 다니셨다."

그러므로 우리는 사도 요한이 예수께서 세례를 받으신 후 세 번째 유월절 때 예루살렘에서의 행적에 대해 아무런 언급도 하지 않은 이유를 추측해볼 수 있는데 예수께서 그곳에서 기억할 만한 일을 하지 않았기 때문이다. 마지막 유월절에 앞서 초막절 때 예수께서는 태어날 때부터 소경이었던 사람을 고치셨다. 그러나 이것은 예루살렘에서가 아닌 올리브산(the mount of Olives)에서 내려오시던 길에 행하신 일이었으며 그의 제자들 외에는 아무도 그것을 본 사람이 없었다. 요한복음 9장 8절과 10절을 2절과 비교해보라. 적어도 12개월 전의 유월절에는 율법학자, 바리사이인, 사제들 그리고 관리들은 예루살렘에서 소경과 아픈 사람이 치유되는 것을 보지 못했다. 사역 초기 예수께서는 자신이 메시아임을 드러내 보이지 않으려 조심했다. **예루살렘에 자주 모습을 드러내 지도자들을 자극할 필요가**

없었던 것이다. 그들은 공공연하게 예수를 적대시하는 사람들이었다. 예수께서 처음부터 그들의 눈앞에서, 즉 예루살렘 공회의 권력이 미치는 곳이자 로마와 유대 권력이 자리한 수도에서 설교를 하고, 기적을 행하고, 교리를 전함으로써 백성들이 그를 따랐다면 그들은 절대 그를 그냥 놓아두지 않았을 것이다.[38] 그러나 자신의 마지막 때가 이르자, 즉 약속된 때인 유월절이 이르자 예수께서는 자신이 이루기 위해 온 소명, 즉 죽음과 부활을 위해 예루살렘에서 율법학자와 바리사이인 그리고 온 유다 민족들 앞에서 자신이 메시아임을 보여주기 위해 많은 일을 행하셨다. 루가에 따르면 "예수께서는 날마다 성전에서 가르치셨는데 대사제들과 율법학자와 백성의 지도자들은 그를 잡아 죽일 궁리를 하고 있었다. 그러나 백성들이 모두 예수의 말씀을 듣느라고 그의 곁을 떠나지 않았기 때문에 어찌할 도리가 없었다."(루가복음 19: 47~48) 그가 무엇을 가르치셨는지는 여러 곳을 다니며 그가 한결같이 가르치셨던 것을 통해 추측해볼 수 있다. 루가복음 20장 1절에 보면 "예수께서 성전에서 사람들을 가르치시고 전도하셨다."라고 되어 있는데 이는 "복음을 전하셨다."라고 번역할 수 있다. 여기서 우리가 알 수 있는 것은 예수께서 그들에게 메시아의 나라에 대한 복음을 전하셨다는 점이다. 우리는 현재 남아 있는 그의 행적에 대한 기록을 통해 이를 알 수 있다.

요한복음 12장 20절 이하를 보면 예수께서는 첫 번째 설교에서 그에게 일어날 십자가에서의 죽음과 그 일이 있은 후 유대인들과 이방인들이 보여줄 온갖 종류의 믿음에 관해 이야기하셨다. 그러자 백성들이 그에게 물었다. "우리는 율법서에서 메시아가 영원히 사시리라는 말을 들었습니다. 그

: :
38) 이 볼드체 부분은 1696년 판본에만 나온다.

런데 당신께서는 어찌하여 인자가 높이 들리어야 한다고 말씀하고 계십니까? 인자가 대체 누구입니까?"(34절) 그러자 예수께서는 명확하게 자신을 빛(Light)이라 칭하셨다. 그들에게 자신을 빛이라고 말씀하신 것은 그들이 예루살렘에서 그를 볼 수 있는 마지막 기회였기 때문이다. 6개월 전인 초막절에 예수께서는 지금 그가 말씀하고 있는 바로 그 장소인 성전에서 "나는 세상의 빛이다. 누구든지 나를 따라오는 자는 어둠 속을 걷지 않고 생명의 빛을 얻을 것이다."라고 말씀하셨음을 요한복음 8장 12절을 통해 알 수 있다. 또한 9장 5절에서도 "내가 이 세상에 있는 동안은 내가 세상의 빛이다."라고 말씀하고 계시다. 그러나 여기서도 그리고 다른 어디에서도 그의 생애의 마지막 4~5일 동안 (그는 자신의 시간이 왔음을 알고 자신의 죽음을 준비하였으며(27절), 성전 안에서 유대 지도자들 앞에서 기적을 행함으로써 자신이 메시아임을 드러내는 데 주저하지 않았지만) 유대인들에게 직접 자신이 메시아임을 단 한 번도 고백하지 않았다. 그러나 예수께서 행한 기적이나 여러 행적을 통해 그들은 예수께서 메시아이심을 알 수 있었다. 예수께서 예루살렘에 온 것은 살기 위함이 아니라 죽기 위함인데도 이처럼 자신이 누군지를 밝히지 않은 데는 이유가 있었다. 사역 초기에 극도로 조심을 했던 것과 같은 이유에서였다. 자신이 보냄을 받은 사명을 다하고, 또한 율법서와 예언서에 기록된바 메시아의 역할을 감당하기 위해서 자신을 밝히지 않았던 것이다. 그러나 자신에게 주어진 모든 사역을 마치자 이제는 붙잡힐 것을 두려워하지 않고 지도자들과 백성들이 보는 성전 안에서 자신이 누구인지 말하고 공공연히 기적을 행하셨다. 하지만 예수께서는 당국의 눈에 범죄자로 보일 만한 어떤 일도 하지 않으셨다. 그는 자신의 주변에서 지지자로 자처하면서 소동을 벌이려고 하는 사람들이나 그를 고발하려는 적대적인 유대인들에게 정당한 명분을 만들어주지 않기 위해 자신이 메시아, 즉 이스라엘의 왕임을 직접 밝히지 않았다. 그러나 그들은 예수께서 하신 말씀과 행위로 말미암아 그가 누구인지를 알 수 있었다. 루가복음 20장 16, 19절과 마태오복음 21장 45절을 보면 그들이 알고 있었음이 분명하다. 늘 선한 행실, 늘 신비적이며 우화적인 말씀(마태오복음 21~22장과 마태오복음과 루가복음에서 일치되는 대목에서 볼 수 있듯이), 자신이 메시아임을 알리는 그만의 독특한 방식, 그 어떤 것도 그를 반정부적인 위험한 인물로 고발할 만한 증거가 될 수 없었다. 그 결과 그는 악인으로 비난받지 않았으며, 그의 재판관인 로마 총독으로부터도 그가 무고한 사람이며 유대인의 시기심 때문에 희생당한 사람이라는 증언을 얻어냈다. 따라서 예수께서는 자신이 메시아임을 밝히면 그의 생애를 기억하고 있는 사람들이 그의 부활 후에 더욱 분명하게 그가 메시아임을 알 수 있었음에도 그렇게 하지 않으셨다. 한 걸음 더 나아가 평소 자신이 누구인지 알려주기 위해 종종 기적을 행했음에도 불구하고 자신이 갈릴리인이기에 메시아일 수 없다고 말하는(요한복음 7: 41~42) 유대인들의 편견을 바로잡기 위해 자신의 출생이 베들레헴이라고 말하지 않았다. 기적을 행하여 병든 자를 고쳐주고, 선한 일을 했다는 이유로 그를 정죄하거나 고발할 수는 없지만, 그가 자신의 출생지를 베들레헴이라고 밝혔다면 빌라도의 의심을 살 수도 있었다. 헤롯이 베들레헴에서 태어난 아기들에 대해 의심을 가졌던 것처럼 빌라도 역시 우리 주님에 대해 의심을 가졌을 것이고 따라서 무죄라고 단언할 수 없었을 것이다. 그가 베들레헴에서 태어났다고 했다면 그것의 의미를 알고 있는 유대인들이나 로마 총독은 그것을 불길한 의미로 받아들였을 것이고, 결국 그가 정부를 향해 모반을 꾸미고 있다는 의심을 갖게 했을 것이다. 따라서 요한복음 19장 9절을 보면 빌라도가 예수께 "너는 어디서 왔느냐 하고 묻자 예수께서는 아무 대답도 하지 않으셨다."

루가복음 12장 50절에서 "내가 받아야 할 세례가 있다. 이 일을 다 겪어 낼 때까지는 '내 마음이 얼마나 괴로울지(πῶς συνέχομαι) 모른다.'(루가복음 12: 50)라고 말했을 때, 우리 주님께서 이 절박한 상황에 눈 하나 깜빡하지 않으신 까닭과 그의 행동에 선택의 여지가 없었음을 알 수 있다. 그러기에 우리 주님께서는 "나는 이 세상에 불을 지르러 왔다. 이 불이 이미 타올랐다면 얼마나 좋았겠는가?"라고 말씀하고 있다. 요한복음 7장 12절, 43절, 그리고 9장 16절, 10장 19절을 보면 예수께서는 자신을 놓고 분란이 일고 있음을 알았다: "내가 메시아이지만 나는 자신을 메시아라고 공개적으로 밝힐 자유도, 의사도 없다. 이 사실은 내가 죽기까지는 절대 알려져서는 안 된다. 내가 왕좌에 오르는 길은 모든 면에서 치밀하게 계획되어 있기에 그 것을 따라야 한다. 따라서 적절한 때에 적절한 방식으로 내가 십자가에 달릴 때까지 그 시간을 단축할 수도 없고, 사역을 건너뛰어 끝낼 수도 없다."

이같이 조심스러운 태도를 유지하면서도 사건이나 중상모략에 연루되지 않기 위해 그는 매일 저녁 제자들을 데리고 마을을 떠나셨으며 그들을 떠나 혼자 있곤 하셨다. "낮에는 성전에서 가르치시고 저녁이 되면 올리브 산에 올라가셔서 밤을 지내셨다." 이처럼 밤에 회합을 피함으로써 유월절에 예루살렘에 모인 유대인들이 소동을 일으키거나 그를 의심할 여지를 주지 않았다.

그러나 다시 성전에서 복음을 전하며 사람들에게 "빛이 있는 동안에 빛을 믿어라."라고 권면하셨다. 또 그들에게 "나는 빛으로 세상에 왔다. 그러므로 나를 믿는 사람은 누구나 어둠 속에서 살지 않을 것이다."(46절)라고 말씀하셨다. 여기서 그를 믿는다는 것은 앞에서도 여러 번 이야기했듯이 그를 메시아로 믿는다는 것을 말하는 것이다.

다음날 예수께서는 그를 메시아라고 증언한 세례 요한을 믿지 않는 사람들을 꾸짖으시고 우화를 들어 그들이 해치려고 하는 자신이 바로 "하느님의 아들"임을 선언하신다. 그리고 이어서 하느님께서는 그들에게 주실 하느님 나라를 이방인들에게 주실 것이라고 말씀하신다. 루가복음 21장 16절[39]을 보면 "사람들은 이 말씀을 듣고 '어찌 그런 일이 있을 수 있겠나.' 하고 말하였다."라고 되어 있고, 19절을 보면 "그들은 이 비유가 자기들을 두고 하신 말씀인 줄 알았다."라고 되어 있는 것으로 보아 그들은 예수의 말씀을 이해하고 있었다.

마태오복음 21장 1~10절[40]에 나오는 "하늘나라"에 관한 그의 다음 비유 역시 같은 취지의 말씀이다. 메시아의 나라를 먼저 받기로 되어 있던 유대인들이 메시아의 나라를 받아들이지 않음으로써 그것이 다른 이들에게 돌아가게 되었다는 것이다.

예수께서 (전례 없이 그들[αὐτῶν] 앞에서[ἔμπροσθεν] 설교와 기적을 행함으로써, 요한복음 12: 37) 자신을 메시아라 선포하는 것을 용인할 수 없었던 율법학자와 바리사이인과 대사제들은 그가 복음을 전하고 기적을 행하는 것에 분노했지만 예수를 따르는 사람들이 늘어나는 것을 막을 수는 없었다. ("이들 중에 바리사이인들은 '자, 이제는 다 틀렸습니다. 모든 사람이 그를 따라가지 않습니까?' 하고 말하였다." 요한복음 12: 19) 따라서 "대사제들과 율법학자들과 백성의 지도자들은 예수를 잡아 죽일 궁리를 하였다."(루가복음 19: 47) 다음날 그들은 다시 모의를 하였다. "그리고 예수께서는 성전에서 가르치셨다. 율법학자와 대사제들은 이 말을 전해 듣고 예수를 해치려고 모의하였다. 그들은 모든 백성이 예수의 말씀에 놀라워하는 것을 보고 그를

39) 21장 16절이 아니라 20장 16절이다.
40) 혼인 잔치의 초대 비유로서 이것은 22장 1~10절에 있다.

두려워하였다."(마르코복음 11: 17~18)

　다음날 예수께서 그들이 메시아의 나라에 들어가지 못할 것이라고 말씀하자 "율법학자와 대사제들은 그 자리에서 예수를 잡으려고 하였으나 사람들이 두려워서 그러지 못하였다."(루가복음 20: 19) 그러나 그들은 대사제요 백성의 지도자로서 힘 있는 사람들이었다. 그런데 왜 그러지 못했을까? 루가는 다음 절에서 그 이유를 이렇게 말하고 있다. "그래서 그들은 예수를 감시하다가 선량한 사람으로 위장한 밀정을 보냈다. 예수의 말을 트집 잡아 힘과 권한을 지닌 총독에게 넘기려는 것이었다." 그들은 예수를 총독에게 고발하려고 하였다. 그래서 그들은 예수를 감시하였고 어떻게 해야 그의 말을 트집 잡아 올가미를 씌울 수 있을까 궁리하였다.(마태오복음 22: 15) 만약 로마 총독으로부터 유죄를 받게 하거나 의심을 살 만한 어떤 말을 예수로부터 듣기만 한다면 그것은 그를 붙잡아 죽일 수 있는 구실이 되었을 것이다. 그들에게는 예수를 죽일 권한이 없었다. 요한복음 18장 31절에서 "우리에게는 사람을 사형에 처할 권한이 없습니다."라고 고백하고 있듯이 그들은 총독의 허가와 지원 없이 자신들의 권한으로는 예수를 사형시킬 수 없었다. 그래서 그들은 예수가 자신의 입으로 직접 자신이 메시아라고 고백하도록 하는 데 열을 올렸다. 그들은 예수께서 기적을 행하거나 다른 방식으로 자신을 알리기보다 자신이 메시아임을 선언하는 것이 그를 더 잘 이해시키고 더 잘 믿게 하는 것이 아님은 잘 알고 있었다. 그런데도 그들이 예수께서 분명하게 자신이 메시아이심을 선포하기를 바랐던 것은 이교도 재판관(총독)이 관심을 가질 만한 혐의와 증거가 필요했기 때문이다. 이런 이유로 그들은 예수께 공개적으로 자신을 밝히라고 압박했던 것이다. 요한복음 10장 24절을 보면 유대인들은 예수를 둘러싸고 "언제까지 우리를 애태우게 할 겁니까? 당신이 정말 메시아라면 우리에게 분명히

(παρρησία) 말해주시오."라고 말하고 있다. 여기서 요한이 사용한 'παρρησία'는 11장 11~14절에서 사용했던 것과 같은 의미였다. "예수께서는 그들에게 라자로가 자고 있다고 말씀하셨다. 그러자 제자들은 '그가 자고 있다면 그는 일어날 것입니다.'라고 말하였다. 예수께서는 라자로가 죽었다는 의미로 말씀하셨는데 제자들은 그가 잠을 자고 있다는 말로 알아들었던 것이다. 그러자 예수께서는 '분명히(παρρησία)' 말씀하였다. '라자로는 죽었다.'" (요한복음 11: 11~14) 여기서 우리는 '분명히'의 의미가 '비유 없이'의 의미임을 알 수 있다. 요컨대 그들은 예수께서 직접 자신을 메시아라고 선언하기를 원했던 것이다. 마태오복음 26장 63절을 보면 그들은 또다시 예수를 압박하고 나선다. 대사제는 내가 살아 계신 하느님의 이름으로 명령하니 네가 메시아, 즉 하느님의 아들인지 분명히 대답하라고 말한다. 우리는 그들이 예수를 압박한 의도가 무엇이었는지 곧 알게 된다.

예수를 죽이려는 그들의 음모를 통해 그 의도가 드러난다. 그들은 예수가 자신이 메시아라고 직접 선언하기를 원했다. 이는 빌라도의 눈에 예수가 로마 권력에 맞선 범죄자로 보이게 하기 위함인 것이었다. 루가복음 20장 21절을 보면 다음과 같은 대화가 나온다. "그들은 예수께 이렇게 물었다. '선생님, 우리는 선생님의 말씀과 가르침이 옳다는 것을 압니다. 또한 선생님께서는 사람을 외모로 판단하지 않을 뿐 아니라 하느님의 진리를 참되게 가르치신다는 것도 압니다. 그래서 묻는데 우리가 카이사르에게 세금을 바치는 것이 가합니까?'" 그들은 이같이 짓궂은 질문을 던져 예수께서 어떤 식으로 답변을 하든 그를 잡아넣으려고 했다. 만약 예수께서 카이사르에게 세금을 내야 한다고 했다면 로마 제국의 지배를 용인하는 것이 되어 사실상 그가 백성의 왕이자 구원자가 아님을 인정하는 것이 된다. 게다가 이는 그동안 자신의 사역을 통해 전하고자 했을 뿐 아니라 백성들 사이에서 널리 퍼져 있던 그가 메시아라는 사실과 모순되는 것이었다. 이것은 그를 믿는 사람들의 희망을 저버리는 것이자 그들의 믿음을 깨뜨리는 것이었기에 사람들의 마음을 돌려놓기에 충분한 것이었다. 한편 예수께서 카이사르에게 세금을 내는 것이 가하지 않다고 했다면 그들은 본디오 빌라도 앞에서 그를 고발하는 데 필요한 것을 얻을 수 있게 된다. 그런데 루가는 23절에서 이렇게 말하고 있다. "예수께서는 그들의 속셈을 아시고 그들에게 말씀하셨다. '왜 나를 떠보느냐?'" 이는 왜 내게 덫을 놓느냐는 말씀이다. 마태오복음 22장 19절을 보면 "'이 위선자들아 내게 세금을 바치는 돈을 보여다오.' '초상과 글자가 누구의 것이냐?' '카이사르의 것입니다.'라고 그들이 대답하였다." 그러자 예수께서 그들에게 말씀하셨다. "그러면 카이사르의 것은 카이사르에게, 하느님의 것은 하느님께 드려라." 예수께서는 지혜와 신중함으로 예상치 못한 답변을 함으로써 그들의 간계를 물리치셨다. "그로 인해 그들은 사람들 앞에서 예수의 말씀에 대해 트집을 잡지 못하였을 뿐 아니라 그의 답변에 놀라 침묵하고 말았다."(루가복음 20: 26) "그리고 그 자리를 떠났다."(마태오복음 22: 22)

예수께서 이같이 답변함으로써 (부활에 대한 사두가이인의 질문과 으뜸가는 계명이 어떤 것이냐는 율법학자의 질문에 대해서도 이런 식으로 답변함.) 그들이 원하던 것을 주지 않자 원했던 목적을 달성하지 못한 그들은 예수께 더 이상 어떤 질문도 하지 않았다. 그런데 그들의 입이 닫히자 예수께서는 바리사이인에게 메시아에 대해 물으셨다. "'너희는 메시아에 대해 어떻게 생각하느냐? 그가 누구의 자손이겠느냐?' 하고 물으셨다. 그러자 그들은 '다윗의 자손입니다.' 하고 대답하였다."(마태오복음 22: 41) 어떤 면에서 보면 그들의 답변이 옳았음에도 예수께서는 그들이 율법학자요 선생이라고 하면서도 메시아에 관해 기록된 성서를 제대로 모르고 있다고 꾸짖으셨다. 연

이어 그들의 위선, 허영, 자만, 악의, 탐욕 그리고 무지를 신랄하게 꾸짖으시고 "너희는 하늘나라의 문을 닫아놓고는 자기도 들어가지 않으면서 들어가고자 하는 사람들마저 못 들어가게 한다."(마태오복음 23: 13)고 질책하셨다. 그러면서 예수께서는 그들에게 메시아가 왔으며 그의 나라가 시작되었다고 말씀하셨다. 그러나 그들은 그를 믿지 않았다. 그리고 신약성서를 통해 알 수 있듯이 다른 사람들도 그를 믿지 못하도록 온갖 짓을 다하였다. 성서를 보면 율법학자와 바리사이인들이 자신들도 들어가지 않으면서 남들도 들어가지 못하게 한 하늘나라가 무엇을 의미하는지 알 수 있다. 또한 그들은 예수께서 자신이 누구인지 밝히지 않았음에도 그가 누구인지를 알았다.

그의 질책으로 인해 다시 화가 난 그들은 의회를 소집하였다. "그 무렵 대사제들과 율법학자와 백성들의 장로들이 가야파(Caiaphas)라 불리는 대사제의 집에 모여서 예수를 잡아 죽이려는 모의를 꾸몄다. 그러면서도 백성들이 소동을 일으킬지 모르니 축제 기간은 피하자고 말하였다."(마태오복음 26: 3~4) 루가에 따르면, 그들이 백성을 두려워했기 때문이다.(루가복음 22: 2)

유다의 배반으로 인해 그날 밤에 예수께서 그들의 손에 붙잡히자 그들은 그를 결박하여 가야파의 장인인 안나스(Annas)에게로 데리고 갔다. 안나스는 그를 심문하였으나 원하던 것을 얻지 못하자 그를 다시 가야파에게 보냈다.(요한복음 18: 24) 가야파의 집에는 대사제들과 율법학자와 장로들이 모여 있었다.(마태오복음 26: 57) "대사제는 예수에게 그의 제자와 그의 가르침에 관해 물었다. 예수는 그에게 이렇게 대답하였다. '나는 세상에 당당히 말해왔다. 나는 언제나 유대인들이 모이는 회당과 성전에서 가르쳤다. 나는 숨기며 말한 것이 없다.'"(요한복음 18: 20) 그가 제자들에게 숨기며 말한 것이 없음은 그가 분명한 말로 자신이 메시아, 즉 왕이라고 선포하였음이 증거가 된다. 예수께서는 "왜 내게 묻느냐?" 나와 항상 같이 있던 유다에게 물어보아라. "내가 무슨 말을 했는지 들은 사람에게 물어보아라; 내가 무슨 말을 했는지 그들이 잘 알고 있다." 여기서 우리는 위에서 언급한 여러 이유로 인해 주님께서 그의 가르침에 관해 이야기하는 것을 거부하고 있음을 볼 수 있다. 공회(산헤드린)는 "예수를 처벌할 거짓 증거를 찾고 있었다."(마태오복음 26: 59) 그러나 "그를 사형에 처할 만한 이렇다 할 증거를 찾지 못하자" 그들은 또다시 그가 메시아인지 묻기 시작하였다. 그들은 예수가 분명한 말로 시인을 한다면 로마 총독에게 그를 '대역죄를 범한 죄인(Læsæ Majestatis reum)'으로 기소하여 그를 사형에 처할 수 있을 거라 생각했다. 따라서 그들은 예수께 다음과 같이 말하였다. "네가 메시아인지 말해보아라."(루가복음 22: 67) 마태오가 전하는 바에 따르면, 대사제는 살아 계신 하느님의 이름으로 그가 메시아인지 말해보라고 명령하였다. 이에 우리 주님께서는 "내가 그렇다고 하여도 너희는 믿지 않을 것이며, 내가 물어보아도 너희는 대답하지 않을 것이고, 나를 놓아주지도 않을 것이다." 내가 메시아라는 사실을 너희에게 말하고, 하늘에서 내게 주신 증거와 내가 너희들 가운데서 행한 일들로 이를 증거한다고 해도 너희는 나를 믿지 않을 것이다. 만약 내가 너희들에게 메시아가 어디서 태어나며, 어떤 지위에 있어야 하며, 어떻게 나타나야 하는지 그리고 내가 왜 메시아가 아니라고 생각하는지를 묻는다면 너희는 아무런 답변도 하지 않을 것이고, 내가 거짓으로 메시아를 자처하지 않았음에도 나를 풀어주지 않을 것이다. 또한 너희는 이 일로 인해 어떤 해를 입을지 아무 두려움이 없다. 그래서 너희에게 말한다. "이후로 인자가 전능하신 하느님의 오른편에 앉게 될 것이다."(루가복음 22: 69) 그러자 그들은 일제히 "그러면 그대가 하느님의 아들이란 말인가?" 하고 물었다. 그러자 예수께서는 그들에게 "'내가 하느님의 아들이라는 것은 너희가 한 말이다.'라고 말씀하셨다."(루가복음 22: 70) 대체로 루가복음에서 찾아볼 수 있는 그들과의 대화를 통해 마태오복음 26장 64절에 기록된 "그것은 너희가 한 말이다."와 마르코복음 14장 62절의 "내가 그다."라는 우리 주님의 답변은 바로 "네가 하느님의 아들인가?"라는 질문에 대한 답변임을 알 수 있다. 그러나 이것은 앞서서 던진 "네가 메시아인가?"라는 질문에 대한 답변이 아니었다. 마태오와 마르코는 이 두 개의 질문이 하나의 질문인 양 여러 대화를 생략하여 하나로 뭉뚱그려 놓았다. 그러나 루가복음을 통해 이들이 별개의 질문이었고, 이것에 대해 예수께서 전혀 다른 답변을 하고 계심을 알 수 있다. 첫 번째 질문과 관련해 예수께서는 늘 그랬듯이 신중하게 자신이 메시아라는 사실을 분명하게 말하지 않았다. 반면에 후자의 질문에 대해서는 자신이 "하느님의 아들"임을 시인하였다. 유대인인 그들은 이것이 메시아를 의미하는 것으로 이해하였지만 예수께서는 이교도의 입장에서 볼 때 이것이 법적으로 심각한 처벌을 받을 수 있는 일이 아님을 알고 있었다. "그러면 네가 하느님의 아들이란 말이냐?" 하는 그들의 질문에 예수께서 "내가 하느님의 아들이라는 것은 너희가 한 말이다."고 대답하자, 그들은 "이제 무슨 증언이 필요하겠습니까? 그가 제 입으로 말하는 것을 듣지 않았습니까."(루가복음 22: 71) 하고 소리쳤다. 예수를 고발하기에 충분하다고 생각한 그들은 서둘러 그를 빌라도에게 끌고 갔다. 요한복음 18장 29~32절을 보면 빌라도와 그들 간의 대화가 나온다. 빌라도가 그들에게 물었다. "'너희는 이 사람을 무슨 죄로 고발하느냐?' 그들은 빌라도에게 '이 사람이 죄인이 아니라면 우리가 왜 당신 앞으로 끌고 왔겠습니까?' 하고 대답하였다. 그러자 빌라도가 그들에게 '너희가 데리고 가서 너희의 법대로 처리해라.'라고 말하였다." 그러나 그들은 예수의 목숨을 노리고 있었기에 그의 제안을 받아들일 수 없었다. "그래서 유대인들은 그에게 우리에게는 사람을 사형시킬 권한이 없다고 말하였다." 이는 또한 "예수께서 당신이 어떻게 돌아가실 것인가를 암시하여 하신 말씀을 이루는 것이었다." 유대인들은 본디오 빌라도에게 예수가 카이사르에 대해 반역죄를 범하고 있는 것으로 보이게 하려고 했다. "그들은 '우리는 이 사람이 백성을 선동하여 카이사르에게 세금을 내지 못하게 하며, 자칭 그리스도요 왕이라고 하기에 붙잡아 왔습니다.' 하고 그를 고발하였다."(루가복음 23: 2) 하지만 예수께서 하신 말씀을 통해 그들이 알아낸 것은 그가 "하느님의 아들"이라는 사실뿐이었다. 본디오 빌라도는 이런 사실(고발을 한 유대인들에 대한 심문을 통해 예수께서 정확히 무슨 말씀을 했는지를)을 알고 있었다. 그는 그것이 그를 고발할 사유가 되지 않는다고 생각했다. 그러나 그는 예수에게 붙여진 왕이라는 명칭에 대해서는 자세히 알아보아야겠다고 생각을 하였다. "빌라도는 다시 관저로 들어가서 예수를 불러 '네가 유대인의 왕이냐?' 하고 물었다. 예수께서는 '그것은 네가 하는 말이냐 아니면 나에 관해 다른 사람들이 네게 한 말을 하는 것이냐?'라고 반문하였다. 이에 빌라도는 '내가 유대인인 줄 아느냐? 너의 동족과 대사제들이 너를 내게 넘겨주었는데 대체 무슨 일을 했느냐?' 예수께서는 이렇게 대답하였다. '나의 나라는 이 세상에 속한 것이 아니다. 나의 나라가 이 세상에 속한 것이었다면 나의 종들이 싸워서 나를 유대인들에게 넘기지 않았을 것이다. 내 나라는 결코 이 세상에 속한 것이 아니다.' 그러자 빌라도는 예수께 '아무튼 네가 왕이냐.' 하고 재차 물었다. 그러자 예수께서 말씀하셨다. '내가 왕이라고 말한 것은 너다. 나는 진리를 증언할 목적으로 태어났으며 이것 때문에 이 세상에 왔다. 진리의 편에 선 사람은 내가 하는 말을 경청한다.'"(요한복음 18: 33~37) 우리 주님과 빌라도 간의 대화를 통해 우리는 다음과 같은 사실들을 알 수 있다.

1. 예수께서는 "네가 유대인의 왕이냐?"는 질문을 받자 부인을 하지 않음으로써 시인을 했으나 정부에 대해 반역을 꾀한다는 의심을 받고 싶어하지는 않으셨다. 예수께서는 자신이 왕임을 인정했으나 의심을 피하기 위해 빌라도에게 "자신의 나라는 이 세상에 속한 것이 아니다."라고 말했으며 이에 대한 증거로 자신이 무력으로 왕이 되어 자신의 나라를 세우려고 마음먹었다면 그가 이 나라의 왕이라고 주장했을 뿐 아니라 자신을 왕이라고 믿는 적지 않은 추종자들이 그를 위해 싸웠을 것이라고 말했다. 그러면서 예수께서는 "그러나 나의 나라는 이 세상에 속한 것이 아니다."라고 말했다. 다시 말해 그의 나라는 이 땅에 있는 나라가 아니라는 것이다.

2. 예수의 말과 행적으로 미루어 보아 그가 자신의 통치권을 침해하거나 정부에 대적할 의도가 없다고 판단한 빌라도는 남루한 옷차림에다 수행하는 사람도 없어 흡사 종처럼 보이는 사람이 스스로 왕이라 하는 말을 듣고는 조금 놀랐다. 그래서 궁금함에 예수께 "아무튼 네가 왕이냐?" 하고 물었다.

3. 우리 주님께서는 이 세상에서 그가 해야 할 가장 중요한 일은 그가 왕임을, 즉 그가 메시아임을 증언하는 것이라 말씀하셨다.

4. 진리를 따르고, 진리와 행복의 길을 따라가는 사람은 누구나 예수에 관한 가르침, 즉 그가 메시아, 즉 그들의 왕임을 받아들였다.

예수가 자신을 왕이라고 자처하는 것이 어떤 해도 되지 않는다는 것에 안도한 빌라도는 유대인들에게 "나는 이 사람에게서 어떤 허물도 찾지 못했다."(요한복음 18: 31)[41]라고 말하였다. 그러자 유대인들은 더욱 격렬하게 "그는 갈릴리에서 이곳에 이르기까지 온 유다 땅을 다니며 백성들을 가르치면서 선동하고 있습니다."(루가복음 23: 5)라고 소리쳤다. 그러자 예수가 헤롯의 관할 지역에 속하는 갈릴리 사람임을 안 빌라도는 그를 헤롯에게 보냈고, "대사제들과 율법학자들은 헤롯에게 예수를 강력하게 고발하였다." (루가복음 23: 10) 헤롯은 그들의 모든 고발이 거짓이자 사소한 것임을 알고 우리 주님을 경멸하고 조롱한 후 그를 다시 빌라도에게 보냈다. 그러자 빌라도는 대사제와 지도자와 백성들을 불러 모았다. 그리고 "그들에게 말하였다. 너희는 이 사람이 백성들을 선동한다고 그를 끌고 왔다. 알다시피 너희가 보는 앞에서 그를 심문하였지만 너희의 고발을 뒷받침할 만한 아무런 허물도 찾지 못했다. 내가 너희를 헤롯에게 보냈는데 헤롯 역시 그에게서 아무런 허물도 찾지 못하였다. 이 사람은 사형에 처할 만한 일을 하지 않았다."(루가복음 23: 14~15) 따라서 그는 예수를 놓아주려고 하였다. "빌라도는 대사제들이 그를 시기한 나머지 그에게 끌고 왔음을 알고 있었기 때문이다."(마르코복음 15: 10) 그러자 그들은 예수를 풀어주는 대신에 바라빠(Barrabas)를 풀어달라고 요구하면서 "그를 십자가에 못 박아라." 라고 소리쳤다. "빌라도는 세 번째로 '왜들 이러는 것이냐? 이 사람이 무슨 죄를 지었단 말이냐? 나는 그에게서 사형에 처할 죄를 찾지 못하였다. 따라서 나는 그를 매질이나 해서 풀어주려고 한다.'라고 말하였다."(루가복음 23: 22)

••
41) 요한복음 18: 38.

유대인들이 예수를 고발하는 과정을 살펴보면 그들은 예수가 자신의 입으로 명확하게 자신이 메시아임을 밝히게 하려고 했음을 알 수 있다. 그러나 그들의 노력에도 불구하고 그 시도는 성공을 거둘 수 없었다. 그들이 예수를 기소하기 위해서는 그가 자신을 유대인의 왕이라고 주장한다거나 백성들을 선동해 반란이나 모반을 획책한다는 것(그들은 이 두 가지 모두로 기소하고자 했다.)을 입증할 수 있는 증거를 제시하는 것인데 그들은 빌라도 앞에서 그 증거를 대지 못했다. 그러자 빌라도는 거듭해서 그가 죄가 없다고 말하였다. 그는 이 말을 네다섯 번이나 했다. 그리고 그는 예수를 매질한 후에 그들에게 넘겨주려고 했다.(요한복음 19: 4, 6) 그러나 "빌라도는 그 이상 말해봤자 아무 소용이 없다는 것을 알았을 뿐 아니라 폭동이 일어나려는 기세가 보였으므로 물을 가져다가 군중 앞에서 손을 씻으며 '너희가 알아서 처리하여라. 나는 이 사람의 피에 대해 책임이 없다.' 하고 말하였다."(마태오복음 27: 24) 바로 이것이 우리 주님께서 사역 내내 군중과 유다의 지도자들과 심지어는 그의 제자들에게조차 자신이 메시아, 즉 왕임을 밝히지 않고 조심스럽고 신중하게 처신했던 이유이다. 그는 항상 예언적이거나 비유적인 방식으로 이야기를 했으며(그와 그의 제자들은 하느님의 나라, 즉 메시아의 나라가 온다는 것만을 전했다.) 자신이 누구인지 알리기 위해 기적을 행하였다. 요한복음 18장 37절에서 그 스스로 밝혔듯이 자신이 이 땅에 온 이유는 바로 이 진리[42]를 증언하기 위함이며 자기의 제자들이 이를 믿게 하려 함이었다.

그의 무죄를 확신한 빌라도가 그를 풀어주려고 하자 유대인들은 소리를 질렀다. "그를 십자가에 못 박으시오, 십자가에 못 박으시오."(요한복음 19: 6)

••

42) 자신이 메시아임과 메시아의 나라가 임한다는 것.

그러자 빌라도는 "그러면 그를 데려다가 너희가 십자가에 못 박아라. 나는 그에게서 아무런 잘못도 찾지 못하였다."라고 말하였다. 유대인들은 예수가 자신을 하느님의 아들이라고 칭하였다는 것이 자신들의 율법으로는 사형죄에 해당하지만, 국가의 법으로는 범죄가 될 수 없음을 알았기에 "유대인들은 빌라도에게 '우리에게는 율법이 있습니다. 그 율법에 따르면 그는 자신을 하느님의 아들이라 칭하였기에 죽어 마땅합니다.'라고 말하였다." (요한복음 19: 7) 이 말은 "나는 하느님의 아들이다."라고 말하는 것은 곧 그가 자신을 메시아, 즉 오시기로 되어 있는 예언자라고 말하는 것인데 거짓 예언자에 대해 언급하고 있는 신명기 18장 20절을 보면 "자신을 하느님의 아들이라고 칭하는 자"는 죽여야 한다(신명기 18: 20)고 되어 있다는 것이다. 이 말을 들은 후 빌라도는 더욱더 그를 풀어주고 싶어 했다. "그러나 유대인들은 '만일 그를 풀어준다면 당신은 카이사르의 충신이 아닙니다. 누구든지 자기를 왕이라 칭하는 자는 카이사르에게 반역을 하는 겁니다.' 하고 소리쳤다."(요한복음 19: 12) 유대인들은 예수를 고발하여 죽이려고 그가 자신을 왕이라고 칭했음을 강조하고 있는데, 그들이 예수를 이런 식으로 고발할 수 있었던 이유는 그가 자신을 하느님의 아들이라고 고백했기 때문이다. 그들은 예수께서 왕이 되려고 한 적이 없으며, 왕이라고 고백한 적도 없음을 잘 알고 있었다. 그러기에 그들은 예수께서 자신이 메시아임을 자신의 입으로 명확하게 시인하기를 바랐던 것이다. 그럴 경우 그들은 예수를 고발할 수 있는 명백한 증거를 가질 수 있었기 때문이다. 이로써 우리는 빌라도의 법정에서는 유죄가 되지 않지만 유대인들에게는 유죄가 될 수 있는 그런 방식으로 예수께서 자신이 메시아이심을 인정한 이유를 알 수 있다. 유대인들이 이해하기에는 예수는 분명히 자신이 메시아임을 인정했다. 그러나 빌라도는 메시아임을 인정하는 것을 곧 그가 유대왕국이 자신의 소유임을 주장하는 것으로, 다시 말해 자신이 유다의 왕이 되려고 하는 것으로 볼 수 없었다. 자신이 "하느님의 아들"이라는 예수의 선포는 유대인들의 율법에 따르면 명백히 죄였지만 빌라도에게는 아니었던 것이다.

타키투스,[43] 수에토니우스,[44] 그리고 『베풂에 관하여(De Beneficiis)』[45] 3권 26절에서 세네카[46]가 티베리우스 황제[47]와 그의 통치에 관해 이야기한 것을 읽어본 사람이라면 우리 주님께서 범죄인이나 반역자로 사형을 당하지 않으려면 말과 행동에 주의를 기울여야 했을 뿐 아니라 로마 정부를 자극하거나 화나게 하는 어떤 행동이나 말을 하지 말아야 했음을 알 수 있다. 사람들의 주목을 받을 뿐 아니라 특별한 무언가를 지닌 정직한 사람이 질투심 많고 잔인한 황제의 통치하에서 산다면 감시를 받는 것은 당연한 일이다. 그(티베리우스 황제)는 밀고를 부추기고 통치 내내 반역자를 처단하는 왕이었기에 악의 없이 던진 말이나 농담으로 한 말도 악의적으로 해석하였

43) 타키투스(Tacitus, Publius Cornelius, 55?~120?)는 로마의 역사가이다.

44) 수에토니우스(Suetonius, Gaius Tranquillus, 69?~140?)는 로마의 역사가이자 전기작가이다.

45) 세네카가 쓴 저서로서 3권 26절에 티베리우스 황제 당시의 이야기가 나온다. "티베리우스 황제 시절 로마 시민들에게 밀고의 광란이 일어났는데 이는 내란보다 그 폐해가 컸다. 술꾼들의 잡담, 어릿광대의 재담까지도 모두가 정부에 보고되었다. 어떤 것도 안전하지 않았으며, 매번 잔인한 처벌이 있었다. 고발된 사람들의 운명은 늘 같았다." Stewart, Aubrey, On Benefits, London George Bell and Sons York Street, Covent Garden, 1887. p. 27. https://en.wikisource.org/wiki/On_Benefits.

46) 세네카(Seneca, Lucius Annaeus, B.C. 4?~A.D. 65)는 로마의 철학자, 정치인, 희곡작가이다.

47) 티베리우스(Tiberius Caesar Augustus, B.C. 42~A.D. 37)는 예수께서 공생활을 시작해 십자가에서 운명을 달리할 때까지의 로마 제국 2대 황제(재위 기간 A.D. 14~37)였다. 그는 로마를 떠나 카프리섬에 주거하면서 근위대장이었던 세이아누스(Seiano)를 통해 극도의 공포정치를 했다.

고 반역이라고 판단해 엄격하게 기소하였다. 그리고 고발을 당한다는 것은 곧 유죄판결을 받는다는 것을 의미했다. 따라서 앞서 살펴보았듯이 유대인들이 빌라도에게 '만일 예수를 놓아준다면 당신은 빌라도의 충신이 아닙니다.(누구든지 자기를 왕이라 하는 자는 카이사르에게 모반을 꾀하는 사람이기에)'라고 말했을 때(요한복음 19: 12) 빌라도는 유대인들에게 더는 바라빠와 예수 중 누구를 택할 것인지 묻지 않고 자신의 안위를 위해 (양심에 반하는 일이지만) 그들에게 예수를 죽이도록 내주었던 것이다.

예수께서 지혜롭고 신중한 처신을 보여주는 또 한 가지 사실은 그가 사역하는 동안 메시아의 나라에 대한 메시지를 개략적으로 전할 사도들을 선발했다는 점이다. 흥분하기 잘하는 유대인들에게 아주 분명하게 그리고 잘난 체하듯 자신이 메시아라고 말하는 것은 적절하지 않았기 때문이다. 그리고 그가 메시아인지 아닌지는 그의 진솔한 삶을 곁에서 지켜보고, 그가 행하는 기적을 목격하며, 메시아에 관해 기록된 예언과 모든 것이 일치함을 본 사람들의 결정에 맡겼다. 그들과 더불어 살면서 남긴 이러한 발자취로 인해 사람들은 비록 예수께서 직접 자신이 메시아임을 밝히지 않았음에도 그의 사후에 그가 메시아였음을 알 수 있었다. 그의 나라는 이들에게 서서히 열렸던 것이다. 예수께서는 구약에서 그에 대해 예언된 메시아로서의 사명을 신약에서 그대로 이루기 위해 그들 사이에 오래 머무르셨는데 그로 인해 그들은 그의 나라를 받아들일 준비를 할 수 있었다.

유대인들은 메시아를 그들 민족에게 유사 이래 가장 강력한 힘과 영토와 번영을 누리게 해줄 강력한 세속의 왕이라고 생각하였다. 그들은 이 땅위에 세워질 영광스러운 세상의 왕국에 대한 기대감에 부풀어 있었다. 따라서 목수의 아들이자 갈릴리에서 태어난(그들은 그렇게 생각했다.) 가난한 사람이 메시아라고 주장하는 것은 있을 수 없는 일이었다. 만약 예수께서 처음부터 자신이 메시아임을 명시적으로 말하고, 이를 가르칠 뿐 아니라 그에 더하여 그의 나라가 임하였음을 선포하였다면 그는 한두 해 만에 십자가에서 수치스러운 죽음을 맞이해야 했을 것이다. 그러므로 유대인들이이 진리를 받아들이기 위해서는 단계적인 준비가 필요했다. 첫 번째 단계는 세례 요한이 그들에게 하느님의 나라가 가까이 와 있다고 선포하는 것이었다. 그 이후 우리 주님께서 때로는 하느님의 나라가 가까이 와 있다고 말씀하셨으며, 때로는 이미 왔다고 말씀하셨다. 그러나 정작 대중 설교에서는 자신에 대해 아무 말씀도 하지 않으셨다. 예수께서 돌아가신 후 예수의 출생과 생애 그리고 그의 가르침이 무엇이었는지 분명하게 알려줌으로써 "예수께서 메시아이심"을 받아들일 수 있게 해준 것은 사도들과 복음서의 저자들이었다.

이를 위해 사도들은 복음서를 발간하기로 했는데, 이것은 가난하고, 무지하며, 문맹인 사람들, 즉 그리스도께서 마태오복음 11장 25절과 루가복음 10장 21절에서 말씀하신 것처럼 "지혜롭고 똑똑한 사람"이 아니라 철부지 어린아이 같은 사람들을 위한 것이었다. 매일같이 행하는 기적, 그의 나무랄 데 없이 깨끗한 삶을 지켜본 사도들은 예수를 메시아라고 믿게 되었으며, 비록 다른 사람들처럼 이 땅 위에 세워질 세상 왕국에 대한 기대감에 부풀어 있었음에도 그들의 선생(그들은 선생의 곁에 있는 것만으로도 영광으로 생각했다.)이 전하는 말씀, 즉 그의 나라가 오리라는 것을 아무 의심 없이 믿었다. 랍비에게서 사사한 지식인들이나 세속에 물든 상인들이었다면 당연히 그 나라가 언제, 어떤 식으로, 어디에 올 것인지 물었을 것이다. 지식이 많고 현명한 사람이나 세속적인 사람들은 예수의 의도와 행위에 대해 꼬치꼬치 캐물었을 것이며, 왕좌에 오르기 위해 예수께서 어떤 방법과 조치를 하고, 어떤 수단을 사용할 것이며, 그들은 언제부터 본격적으로 참여해야 하는지 궁금했을 것이다. 신분이 높고 많이 배운 능력 있는 사람들이라면 적어도 친구나 가족들에게 자신의 선생이 메시아라는 사실을 감추지 못했을 것이며, 예수께서 때가 이를 때까지 용케 자신의 신분을 숨겼다 해도 그들은 예수께서 모호함을 벗어던지고 분명하게 자신이 이스라엘의 왕임을 선포하기를 바랐을 것이다. 그러나 무지하고, 비천하며, 착하고, 가난한 사람들은 이들과는 달랐다. 그들은 말없이 그를 신뢰하였고, 그의 명령을 지켰으며, 그가 준 권한을 넘지 않았다. 예수께서 복음을 전하기 위해 그들을 보내시며 하느님의 나라가 눈앞에 와 있다고 전하라고 당부하셨을 때 그들은 자신들의 생각을 더하지 않고 예수께서 명하신 그대로 메시아의 나라가 도래한다고 전하였다. 또한 그들은 하느님 나라를 전하면서 자신들의 선생이 메시아라고 말하지 않았다. 더 많이 배운 다른 조건의 사람들이었다면 그들은 이 말을 하지 않고는 못 배겼을 것이다. 예수께서 그들에게 자신을 누구라고 생각하느냐고 물었을 때 베드로는 "하느님의 아들, 메시아이십니다." 하고 대답하였다.(마태오복음 16: 16) 그러자 예수께서는 다음 절에서 자신이 그렇게 일러주지 않았다고 말씀하시며 그들에게 그들의 생각(자신이 메시아라는)을 남에게 말하지 말라고 당부하셨다.(20절) 제자들이 예수께 얼마나 순종하였는지는 예수께서 돌아가시기 전까지 그들이 이것에 대해 말했다는 기록을 복음서에서 찾아볼 수 없을 뿐 아니라 제자 중 세 명이 예수께서 당부하신 대로 순종하였다는 사실을 통해 알 수 있다. 예수께서는 베드로와 야고보 그리고 요한을 데리고 산으로 올라가셨다. 그때 모세와 엘리아가 나타났으며 그의 모습이 그들 앞에서 변하셨다. 예수께서는 제자들에게 "인자가 죽었다가 다시 살아날 때까지는 지금 본 것을 아무에게도 말하지 말아라."라고 말씀하시며 당부하셨다. 루가복음 9장 36절을 보면, 제자들이 예수의 명령을 얼마나 철저히 준수하였는지 알 수 있다. "제자들은 비밀을 지키고 자기들이 본 것을 얼마 동안 아무에게도 말하지 않았다."

성격이 급하며, 지위, 성장 배경에 따라 저마다 의견이나 능력이 다른 열두 사람은 그들이 관심을 두는 문제이기에 인간적인 지혜로 그들의 생각을 말할 수 있음에도 선생께서 당부하신 대로 아무 말도 하지 않음으로써 선생의 이름을 높이고 그의 나라가 임하는 데 기여를 하였다. 여기서 한 가지 생각해야 할 점이 있다. 사도 바울로는 이런 이유로 사도가 된 것이 아니라는 점이다. 그의 학식, 출신 지역, 온화한 성격을 돌아볼 때 그는 우리 주님께서 사역하실 때보다는 그 이후에 필요한 인물이었다. 따라서 그는 선택받은 사람이었지만 그리스도께서 부활하실 때까지 부르심을 받지 못했다.

나는 이것이야말로 하느님께서 인간의 이성을 통해 볼 수 있게 해주신 그의 발자취를 통해 따라가다 보면 인류의 구원을 위해 보여주신 그의 지혜 (divine wisdom)가 얼마나 놀라운지를 보여준 사례라고 생각한다. 전능자라면 어떤 것이라도 그 본성과 달리 그의 목적에 맞게 작동하게 하는 것은 쉬운 일일 것이다. 그런데도 지혜의 하느님께서는 무턱대고 기적을 행하시지 않으셨다. 어떤 계시나 임무가 그에게서 온 것임을 입증하기 위해 꼭 필요한 경우에만 기적을 보여주셨다. 하느님께서는 (어떤 진리에 대한 확증을 위해 기적이 필요하지 않은 한) 모든 것이 그것의 본성에 따라 작동되게 함으로써 자신의 목적을 이루셨다. 그러지 않았다면 혼란이 야기되었을 것이다. [기적이 빈번히 일어날 경우] 자연적인 것과 초자연적인 것을 구분할 수 없기에 기적은 그 이름에 걸맞지 않을 것이고 증거로서의 효력도 없어졌을 것이다.

만약 예수께서 경솔하게 유대인들의 분노에 자신을 노출시키는 한편 항상 그들의 음모를 기적적인 방식으로 중단시키거나 그들의 손아귀에서 기적적으로 구출되는 방식으로 자신의 생명을 보존하였다면 우리는 주님의 순수하신 의도는 물론이고 그의 지혜를 알아보고 그것을 찬미할 수 없었을 것이다. 예수께서는 그를 절벽 아래로 떨어뜨리려는 나사렛 사람들에게서 도망쳤으며 그들에게 다시는 설교를 하지 않으셨다. 빵을 얻기 위해 우리 주님을 따르는 무리도 있었다. 그들은 예수께서 행한 기적을 한두 번 보았을 뿐인데도 그를 왕으로 삼고자 했다. 만약 예수께서 자신이 행하신 기적들 외에 분명한 말로 자신이 메시아임을, 다시 말해 그들이 고대하던 자신들을 구원할 왕임을 밝혔더라면 그를 따르는 자들이 훨씬 많아졌을 것이며 그들은 더 뜨거워져 그를 반역의 수괴로 삼았을 것이다. 그 경우 하느님께서는 기적적인 방식으로 그런 시도를 막으셨을 것이다. 그럴 경우 후손들은 당시 유대인들이 그들의 왕이자 구속자이신 메시아를 고대했었다는 사실을 믿지 못할 것이다. 아니면 예수께서 자신이 왕이자 구원자임을 선포한 후 그들에게 확신을 주고자 기적을 행하였을 뿐 아니라 그를 신뢰하고 따를 수 있도록 의미 있는 일들을 행하셨다는 사실을 믿지 못할 것이다. 만약 예수께서 그를 따르는 군중들에게 자신이 메시아, 즉 이스라엘의 왕이라 말씀하시고 그리고 빌라도가 이 사실을 알았다면 하느님께서 초자연적인 방식으로 그의 마음을 움직여 예수에 대해 무죄판결을 내리게 하셨을 수도 있다. 그리고 한 걸음 더 나아가 빌라도로 하여금 예수가 3년 동안이나 자신이 다윗의 후손으로서 백성을 구원할 그들의 왕, 메시아라고 선포하며 백성을 선동해온 범죄적 인물이라고 생각하지 않게 하실 수도 있다. 그럴 경우 후손들은 이 이야기를 믿지 않거나 빌라도의 진술에는 어떤 술책이 숨어 있다고 생각할 수 있다. 왜냐하면 빌라도는 예수에 대해 호의적이 아니었기 때문이다. 그래서 그는 예수를 무죄라고 말하면서도 그

대신에 난폭한 범법자(바라빠)를 풀어주었고, 부당한 그의 죽음에 대해 쏟아지는 비난과 죄책감을 유대인들의 시기심 탓으로 돌렸던 것이다.

대사제들과 율법학자와 바리사이인들의 적개심, 희망과 기적으로 고무된 군중의 흥분, 유다의 배신 그리고 자신의 관할 지역 치안에 대한 빌라도의 우려 등이 함께 어우러져 작동되었던 것이다. 예수께서는 그의 행동을 통해 보여준 놀라우리만큼 조심스러운 행동과 비상한 지혜로 모든 시련을 헤쳐나갔으며, 그가 이 땅에 오신 목적을 이루셨다. 그는 자신에게 허락된 시간 동안 전도를 위해 돌아다니며 성서에서 그에 관해 상세히 예언된 대로 자신이 메시아임을 충분히 밝히셨다. 그리고 정해진 시간이 되어 죽을 때에는 그를 배신했던 유다와 그가 무죄임에도 사형선고를 내렸던 빌라도조차도 그가 메시아임을 인정하였다. 예수께서는 성경에 쓰인 바대로 "그리스도가 고난을 받아야 하리라."(루가복음 24: 46)라고 말씀하셨다. 그리고 우리는 베드로에게 하신 말씀을 통해 예수께서 그렇게 말씀하신 이유와 그의 의지를 알 수 있다. "너는 내가 아버지께 청하면 당장에라도 열두 군단도 넘는 천사를 보내주실 수 있음을 모르느냐? 그러나 그렇게 한다면 이런 일이 반드시 일어난다고 한 성서의 말씀이 어찌 이루어지겠느냐?"(마태오복음 26: 53~54)

이 실마리를 따라 우리 주님께서 그의 말년에 어떻게 말씀을 전하시고 행동하셨는지 살펴보도록 하자. 우리는 이미 그가 사역 전반기에 얼마나 조심하셨는지 살펴보았다. 그는 마지막 유월절을 보내기 위해 예루살렘에 오기까지 한 번을 제외하고는 자신을 메시아라고 말한 적이 없었다. 그 전에 그는 다른 곳에 비해 예루살렘에서는 설교나 기적을 덜 행하셨다.(또한 예루살렘에서는 아주 짧게 머무셨다). 그러나 유월절이 되기 6일 전에 오셔서 매일 성전에서 가르치시고 율법학자와 바리사이인과 대사제들이 보는 앞에서 공공연하게 소경과 절름발이를 고쳐주셨다. 그의 사역이 끝나고 그의 때가 다다르자 예수께서는 가르치고, 기적을 행함에 있어 대사제와 장로와 관리들과 산헤드린 공회원들을 더는 신경 쓰지 않으셨다. 이제 그는 예루살렘에서 관리들과 사람들이 보는 앞에서 당당하게 가르쳤으며 메시아로서 해야 할 일을 하셨다. 이전에는 예루살렘에서 그들 눈에 띄지 않으려 했으며 필요 이상으로 그들의 신경을 건드리지 않으려고 매우 조심하셨다. 그러나 이제는 그들이 자신을 어떻게 생각하는지, 자신을 붙잡아 들이기 위해 어떤 음모를 꾸미고 있는지 관심이 없었고, 단지 그들에게 자기를 고발할 어떤 구실을 주거나 총독에게 위험한 인물로 보일 수 있는 어떤 말이나 행동을 보이지 않으려 조심하셨다. 그러면서도 예수께서는 유대 고위층을 그대로 두고 보지 않으셨다. 성전에서 그들의 잘못을 신랄하게 비난하시며 위선자라 부르셨다. 그리고 마지막에는 뱀 같은 자, 독사의 자녀라는 험한 말을 하셨다.(마태오복음 23)

율법학자와 바리사이인들을 심하게 책망하신 후 제자들과 함께 올리브 산으로 가시어 그곳에서 성전을 바라보시며 그것의 파괴를 예언하시자 그의 제자들이 "그런 일이 언제 일어나겠습니까? 주님께서 오실 때 어떤 징조가 나타납니까?"(마태오복음 24: 3) 하고 물었다. 그러자 예수께서 제자들에게 "수많은 사람이 내 이름을 내세우며 나타나서(즉 오직 내게 속한 메시아라는 이름과 권위를 사칭하여) '내가 그리스도다.' 하며 많은 사람을 속일 것이다. 그러니 속지 않도록 정신을 차려라." 그들로 인해 미혹당하지 말며, 박해로 인해 내가 메시아라는 가장 중요한 진리를 저버리지 마라. "많은 추문이 있을 것이며" 그로 인해 배교하게 될 것이다. "그러나 끝까지 참는 사람은 구원을 받을 것이다. 그리고 하늘나라의 복음이 온 세상에 전해질 것이다." 나에 대한 복음, 즉 메시아와 그의 나라에 대한 복음이 온 세상에

퍼질 것이다. 이것은 제자들이 믿어야 할 가장 중요하고 유일한 것이었기에 마태오복음 24: 23~26절과 마르코복음 13: 21~23절에서 다시 언급되고 있는데 두 복음서에서 모두 더 강한 어조로 이렇게 말씀하고 있다. "이 모든 일에 대해 내가 이렇게 미리 일러둔다. 그러니 조심하여라."

이 말씀은 마태오복음 24장 3절에서 제자들이 주님께 "오실 때와 세상의 끝날 때(τῆς συντελείας τοῦ αἰῶνος)"에 대해 질문한 것에 대한 답변이다. 우리는 여기서 당시 유대인들의 사고와 말하는 방식을 고려해 제자들의 질문을 이해해야 한다. 유대인들은 두 개의 세상, 즉 "현세(ὁ νῦν αἰῶνος)"와 "내세(ὁ μέλλοντι αἰῶνος)"가 있다고 보았다. 그들은 이 세상에는 종말이 있을 것이며 의로운 자는 죽음에서 부활하여 새로운 세상에서 살아남은 유대 민족과 더불어 행복한 영생을 누릴 것이라 믿었기에 하느님의 나라 또는 메시아의 시대를 내세(ὁ μέλλοντι αἰῶνος), 즉 장차 올 세상(the world to come)이라고 불렀다.

제자들이 그들의 질문에서 보여준 그의 나라가 이 땅에 임하는 것과 세상의 종말에 대한 혼동과 관련해 우리 주님께서는 그것들을 구분하지 않으셨고 또한 명확하게 구분하여 답변하시지도 않았다. 예수께서는 그 질문은 그들의 상식에 맡기고 그가 유대인을 심판하러 오실 것이며, 그들이 메시아가 오실 때까지 지속될 것이라 믿고 있는 "현세(ὁ νῦν αἰῶνος)", 즉 그들의 교회와 예배 그리고 나라를 폐할 것이라 답변하셨다. 그리고 이후에는 아버지의 영광 가운데서 마지막 심판에 참여하시는데 이때 세상은 끝이 날 것이며, 아담의 후손들에게 주어졌던 모든 은혜도 끝이 날 것이라 말씀하셨다. 그런데 제자들은 이 심판에 그들도 참여시킨다는 예수의 말씀을 제대로 이해하지 못했다. 게다가 그의 나라나 예루살렘의 파괴에 대해 자세히 이야기하는 것은 그가 정부를 전복하려는 모의를 하고 있다고 고발당할 수 있는 빌미가 되기에 그의 신변에 위협이 되는 것이었다. 유다가 그의 제자 중 하나였으며, 당시 예수와 함께했던 "그의 제자"들이 그의 사도들뿐이었는지도 알 수 없었기 때문이다. 우리 주님께서는 그의 나라를 항상 "하느님의 나라"라고 말하였다. "너희가 이런 일이 일어나는 것을 보거든 하느님의 나라가 다가온 줄 알아라."(루가복음 21장 31절) 계속해서 예수께서는 제자들과 이야기를 하면서 동일한 표현을 사용하고 있다. "하늘나라는 열 처녀에 비길 수 있다." 그리고 이어서 나오는 달란트의 비유 끝부분에서도 그는 이렇게 말씀하고 있다. "인자가 영광을 떨치며 모든 천사를 거느리고 와서 영광스러운 왕좌에 앉게 되면 그 앞에 모든 민족을 불러놓고 오른편에는 양을, 왼편에는 염소를 자리 잡게 한 후 왕은 이렇게 말할 것이다." 여기서 예수께서는 그의 제자들에게 자신이 영광스러운 보좌에 왕으로 앉아 있는 그의 나라에 대해 말씀하고 있다. 그러나 이런 이야기는 이교도인 총독에게는 너무 이해하기 어려운 것이었다. 만약 이것을 그에 대한 반역이라고 판단했다면 야심가나 위험한 인물이 정부에 대한 모반을 꾀한 것으로 생각하기보다는 한 미친 인간의 허황된 꿈으로 보았을 것이다. 왜냐하면 그의 표현이 예언의 형식을 띠고 있어 그것이 실제 이루어지기 전에는 좀처럼 이해할 수 없었기 때문이다. 제자들이 부활하신 예수께 "주님께서 이스라엘 왕국을 다시 세워주실 때가 지금입니까?"[48] 하고 물은 것을 보면 제자들조차도 그가 말한 그의 나라를 제대로 이해하지 못했음을 알 수 있다.

　이야기를 마친 후 예수께서는 유월절을 위한 음식을 부탁하고 제자들과 더불어 음식을 드셨다. 그리고 저녁 식사자리에서 그들에게 너희 중에 한

..
48) 사도행전 1: 7.

사람이 나를 배반할 것이라고 말씀하셨다. 그리고 덧붙여 말씀하시기를 "내가 미리 이 일을 일러주는 것은 그 일이 일어났을 때 너희로 하여금 내가 그(메시아)임을 믿게 하려는 것이다."(요한복음 13: 19) 그는 자신이 "메시아"라고 분명하게 말씀하지 않았다. 만약 그가 자신이 메시아임을 분명하게 밝혔더라면 유다는 예수를 팔아넘기지 않았을 것이다. 바로 그 때문에 예수께서는 한 번 이상 "내가 그다.(ἐγώ εἰμι)"라는 표현을 사용하고 있다. 이는 마르코복음 12장 6절과 루가복음 21장 8절을 통해 분명하게 알 수 있다. 두 복음서에는 "많은 사람이 내 이름을 내세우며 나타나서 '내가 그다.'라고 말할 것이다."라고 되어 있으며, 이것에 해당하는 마태오복음 24장 5절을 보면 그가 누구인지를 알 수 있다. "많은 사람이 내 이름을 내세우며 나타나서 '내가 그리스도다.(Ἐγώ εἰμι ὁ Χριστός)'라고 말할 것이다." 요한복음 13장에서 예수께서는 자신에게 어떤 일이 일어날지, 즉 그가 유다로부터 배신을 당할 것을 예언하고, 이전에 제자들에게 예언했던 자신의 죽음과 수난에 대한 예언을 덧붙이셨다. 그리고 그가 이런 예언을 하는 이유가 후에 제자들이 그들의 믿음에 대해 확증을 갖게 하기 위함임을 말씀하고 있다. 그렇다면 예수께서는 제자들이 어떤 믿음에 대해 확증을 갖기를 원했던 것일까? 그것은 바로 '그가 메시아이다.(ὅτι Ἐγώ εἰμι ὁ Χριστός)'라는 믿음이었다. 요한복음 14장 28절에서도 예수께서는 같은 말씀을 하고 있다. "내가 떠나갔다가 너희에게로 다시 오겠다는 말을 너희가 듣지 않았더냐? 내가 지금 이 일을 미리 알려주는 것은 그 일이 일어날 때 너희로 하여금 믿게 하려는 것이다."

유다가 그들을 떠나 사라졌을 때, 예수께서는 전보다 그의 영광과 그의 나라에 대해 좀 더 자유롭게 이야기하셨다. 요한복음 13장 31절을 보면 그때부터 예수께서는 자신과 자신의 나라에 대해 분명히 말씀하셨다. "유다가 나간 뒤에 예수께서 이렇게 말씀하셨다. '이제 인자가 영광을 받고, 하느님 또한 그로 인하여 영광을 받으시게 되었다. 하느님께서 인자로 말미암아 영광을 받으신다면 하느님께서도 몸소 인자에게 영광을 주실 것이며 그것도 곧 그렇게 하실 것이다.'"(요한복음 13: 31~32) "그리고 내 아버지께서 내게 하신 것처럼 나도 너희에게 맡겨 너희가 내 나라에서 나와 함께 먹고 마시게 할 것이다."(루가복음 22: 29) 예수께서는 도처로 전도하러 다니는 내내 하느님 나라, 하늘나라에 대한 복음과 회개하고 선한 삶을 살 것을 전했다. 그러나 예수께서는 내가 기억하는 한 그때까지 "나의 나라"라는 표현을 사용한 적이 없었다. 그런데 그가 일인칭을 사용해 "내가 너희에게 나의 나라를 맡기겠다."라고 말씀한다. 이것은 유다가 사라진 후 열한 제자에게 하신 말씀이다.

예수께서는 제자들과 헤어지기 전 긴 대화를 나누며 그의 죽음으로 인해 그들이 받을 상처를 위로하는 한편 세상의 박해를 대비할 것과 그의 계명을 지키며 서로 사랑할 것을 권면하셨다. 제자들은 이 자리에서 예수께 배워 이미 믿고 있는 것, 즉 "그가 메시아다."는 것 외에 그들이 믿어야 할 것이 있으면 모든 것을 말씀해주시기를 기대했을 것이다. 그러나 그를 믿으라는 것 외에 다른 말씀이 없었다. "너희는 하느님을 믿고 또 나를 믿어라." (요한복음 14: 1) "내가 지금 이 일을 미리 알려주는 것은 그 일이 일어날 때 너희가 믿게 하려는 것이다."(29절) "예수께서는 말씀하시기를 '너희는 이제야 믿느냐?'"(요한복음 16: 31) 이 말씀은 제자들의 다음과 같은 고백에 대한 답변이었다. "이제 우리는 당신께서 모든 것을 다 알고 계시며 사람의 물음을 기다리시지 않음을 확신합니다. 이로써 우리는 당신께서 하느님께로부터 오셨음을 믿습니다."(30절)

요한복음 17장 20절 "나는 이 사람들만을 위하여 기도하는 것이 아니라

이 사람들의 말을 듣고 나를 믿는 사람들을 위해서도 기도합니다." 제자들에게 한 마지막 설교에서 예수께서 믿음에 대해 말한 것은 "그를 믿어라." 또는 "그가 하느님께로부터 왔다."는 것, 즉 그가 메시아임을 믿으라는 것뿐이었다.

분명 요한복음 14장 9절에서 우리 주님께서는 필립보에게 "나를 보았으면 곧 아버지를 본 것이다."라고 말씀하셨다. 그리고 계속해서 10절에서 "너는 내가 아버지 안에 있고, 아버지가 내 안에 계심을 믿지 않느냐? 내가 너희에게 하는 이 말도 나 스스로 하는 말이 아니라 내 안에 계신 아버지께서 하시는 것이다."라고 말씀하셨다. 이는 "우리에게 아버지를 뵙게 해 주십시오."라는 필립보의 간청에 대한 답변으로서 "아무도 하느님을 본 자가 없으니 하느님은 그의 일을 통해서만 자신을 드러내신다."라는 취지의 답변이다. 하느님이 나의 아버지이고, 내가 하느님의 아들, 즉 메시아라는 것은 내가 아버지와 더불어 행한 것을 통해서 알 수 있는데 그 일이 자기 혼자서는 할 수 없는 일이기 때문이라는 것이다. 예수께서 하느님 안에 내가 있고, 내 안에 하느님이 있다고 함으로써 하느님과의 합일을 이야기하고 있는데(이것은 달리 해석될 여지가 없다.) 이는 위에서 인용한 10절뿐만 아니라 20절에서 또다시 언급되고 있다. "그날에", 즉 제자들이 예수를 다시 보게 될 부활 때에, "너희는 내가 아버지 안에 있다는 것과 너희가 내 안에 있고 내가 너희 안에 있다는 것을 깨닫게 될 것이다." 이 말은 내가 너희로 하여금 하게 할 그 일은 내가 아버지로부터 받은 힘으로 인해 이루어진다는 것이다: 나를 보는 누구나 내 안에 아버지가 함께함을 알게 되듯이 너희를 보는 누구나 너희 안에 내가 있음을 알게 된다는 것이다. 따라서 예수께서는 12절에서 "진실로 진실로 너희에게 말하노니 나를 믿는 자는 내가 하는 일을 저희도 할 것이요, 또한 이보다 더 큰 것도 하리니 이는 내가 아버지께로 감이니라."라고 말씀하고 있다. 비록 내가 떠나도 나는 나를 믿는 너희 가운데 있을 것이다. 그로 인해 너희는 내가 했던 것처럼 나의 나라가 다가옴을 알리기 위해 기적을 행할 수 있으며, 그 결과 내가 아버지로부터 보냄을 받았음을 너희에게 증거했듯이 너희 역시 너희가 내게서 보냄 받았음을 증거할 수 있을 것이다. 따라서 예수께서는 바로 앞의 11절에서 "내가 아버지 안에 있고, 아버지가 내 안에 있다는 내 말을 믿어라. 만약 못 믿겠거든 내가 행한 일들을 보고 나를 믿어라."라고 말씀하고 있다. 다시 말해 내가 행한 일들로 말미암아 너희는 내가 아버지로부터 보냄을 받았고, 그가 나와 함께하시며, 내가 오직 그의 뜻을 따름으로써 그와 하나 되었음을 확신하게 될 것이라는 말씀이다. 그 결과 내가 아버지로부터 기름 부음 받았고 거룩하게 선별되어 보냄을 받은 메시아임을 믿게 된다는 것이다.

제자들이 이 같은 믿음을 갖고, 그가 행했던 일들을 그들도 행할 수 있도록 예수께서는 그들에게 성령을 약속하셨다. "내가 너희와 함께 있는 동안에 여러 가지 이야기를 들려주었다." 그러나 내가 떠나면 "아버지께서 내 이름으로 너희에게 보낼 성령, 즉 보혜사(그것은 위로자나 지지자이자 또한 감시자라고 할 수 있다.)는 모든 것을 너희에게 알려줄 뿐 아니라 내가 너희에게 한 말을 모두 기억나게 하실 것이다."(요한복음 14: 25~26) 따라서 내가 말한 모든 것을 기억하며 그것을 함께 놓고 네가 보게 될 것과 비교해라. 그러면 내가 메시아임을 더욱 확신할 것이며, 성서에서 메시아에 대해 예언된 모든 것을 내가 행하고 겪었음을, 그리하여 그 모든 것이 그로 말미암아 성취되고 실현되었음을 알게 될 것이다. 내가 너희를 떠난다고 슬픔에 잠겨 있지 마라. "내가 떠나는 것이 너희에게 유익하다. 내가 떠나지 않으면, 보혜사가 너희에게 오지 않을 것이다."(요한복음 16: 7) 예수께서 떠나지 않으면 성령이 올 수 없는 이유를 우리는 사역 내내 악인들의 의심을 받아 죽음을 당하지 않기 위해 취했던 그의 신중하고 조심스러운 태도를 통해 짐작할 수 있다. 제자들은 예수를 메시아라고 믿었지만 그것을 잘 이해하지 못했을 뿐 아니라 그 믿음에 대한 확신 또한 없었다. 그러나 예수께서 십자가에 못 박혀 돌아가시고 부활하신 후 그들은 성령을 받았고 그 성령의 선물로 말미암아 예수께서 메시아라는 사실에 대해 보다 완벽하고 분명한 증거와 지식을 갖게 되었다. 그로 인해 그들은 비록 자신들이 바라던 나라는 아니었지만 성서에서 예언된 그의 나라가 어떻게 이루어지는지 알게 되었다. 그리고 성령으로부터 받은 이 지식과 확신은 예수의 부활 후 제자들이 밖으로 나가 예수가 메시아임을 가르치려 할 때 필요한 것이었다. 게다가 제자들은 성령의 힘을 입어 기적을 행함으로써 예수가 메시아임을 확신할 수 있었다. 그러나 그들은 예수께서 돌아가시기 전까지는 이런 일들을 할 수 없었다. 예수께서 부활 후 하셨던 것처럼 제자들이 예수께서 십자가에 처형되시기 전에 그가 메시아임을 공공연하게 가르치고, 도처에서 기적을 행하며, 선행을 했다면 이는 메시아의 덕목인 겸손, 평화, 순전함과 어울리지 않았을 것이다. 왜냐하면 이런 행동으로 인해 예수께서 공공의 평화를 해치는 선동가라거나 이스라엘 왕국을 차지하려는 악한 자라는 비판을 받을 수 있었기 때문이다. 그러므로 예수께서 돌아가시기 전에는 단지 하느님 나라의 복음, 즉 하느님 나라가 가까이 왔음을 전했던 제자들이 예수께서 부활하신 후 성령을 받자 복음의 내용을 바꾸어 곳곳마다 다니며 예수가 메시아, 즉 오시리라 예언된 왕임을 선포하였던 것이다. 요한복음 16장 8~14절은 바로 이 점을 확인해준다. 여기서 예수께서는 제자들에게 다음과 같이 말씀하시고 있다. "그가 와서 세상 사람들에게 나를 믿지 않는 것이 죄임을 깨닫게 해주실 것이다." 성령의 도움을 받아 기적을 행하고 말씀을 전할 때 세상 사람들은 유대인들이 나를 메시아로 믿지 않은 것이 죄였음을 확실히 알게 될 것이다. "의로움에 대해" 또는 정의에 대해서도 일깨워줄 것이니 "내가 아버지께 돌아감으로 인해 너희가 다시는 나를 보지 못하기 때문이다." 이와 같은 설교와 기적을 통해 너희는 나의 승천을 확신하게 될 것이다. 그리고 그것으로 인해 너희는 내가 의롭지 못한 사람은 결코 들어갈 수 없는 하늘나라의 아버지께로 올라간 의인임을 세상에 증거할 것이다. "심판에 대해서도 일깨워주실 것이니 이 세상의 임금 또한 심판을 받았기 때문이다." 너희는 성령의 도움으로 너희가 말씀을 전하는 곳마다 악마를 쫓아내고, 그의 왕국을 파괴하고, 그에 대한 숭배를 거두게 함으로써 악마를 심판한다는 것을 세상에 증거할 것이다. 우리 주님께서는 덧붙여 말씀하시기를 "나는 아직도 할 말이 많지만 지금은 너희가 그 말을 알아들을 수 없을 것이다." 그들의 마음은 아직 이 세상 나라로 가득차 있어서 예수의 나라가 어떤 나라이고 그가 어떤 왕으로 오시는지 알 수 없었다. 따라서 예수께서는 자신과 자신의 나라를 더 분명하게 알게 하려고 그들을 성령께 맡겼던 것이다. 예수께서는 제자들이 믿음이 흔들려 결국 그에 대해 품었던 모든 희망을 접고 그를 배신할까 우려했기 때문이다. 요한복음 16장 1절을 보면, 예수께서는 "내가 너희에게 이 말을 하는 것은 너희의 믿음이 흔들리지 않도록 하려는 것이다."라고 말씀하고 있다. 그가 이 말을 하기 전에 그들에게 했던 마지막 말을 우리는 앞장의 마지막 절에서 찾아볼 수 있다. "보혜사(paraclete), 즉 진리의 성령이 오시면 그가 나를 증거하실 것이다." 그는 너희에게 내가 누구인지 알려줄 것이며 세상에 증거할 것이다. 그러면 "너희도 처음부터 나와 함께 있었기 때문에 나를 증거하게 될 것이다." 그는 내가 말하고 행한 것을 너희가 이해하고 알게 하여 그로 인해 나를 증거하게 할 것이다. 요한복음 16장에서 예수께서는 할 말은 많지만 지금 너희는 그 말을 알아들을 수 없을 것이라고 말씀하신 후 13절에서 이렇게 말씀하셨다. "그러나 진리의 성령이 오시면 너희를 이끌어 진리를 온전히 깨닫게 해주실 것이다. 그는 장차 다가올 일을 알려주실 것이며, 나를 영광스럽게 하실 것이다." 성령이 오면 그로 말미암아 너희는 나에 대해 완벽하게 알게 될 것이다. 그리고 지금 너희는 내가 너희에게 말한 것만으로는 나의 나라와 영광을 분명하게 이해할 수 없지만 그가 오면 내 나라가 어디에 있는지 알려줄 것이다. 내가 어려운 상황에 빠져 멸시와 학대와 죽음을 당할 처지에 있게 되면 너희는 그 상황을 어찌 이해해야 할지 알 수 없을 것이다. 그러나 성령이 오시면 그는 나를 영광스럽게 할 것이며, 나의 권능과 내 나라에 대한 확신을 줄 것이다. 나는 마지막 날 영광중에 다시 올 때 하느님 오른편에 앉아 세상을 심판할 것이다.

따라서 사도들은 성령을 받은 후에 이 같은 사실을 완벽하게 알게 되었다. 그 결과 조금의 의심이나 불확실함도 없이 어디를 가나 담대하고 공공연하게 하느님 나라를 선포하였다. 그러나 이때까지도 그들은 그의 죽음과 부활에 대해 이해하지 못하였는데 이는 요한복음 16장 17~18절을 통해 분명히 알 수 있다. "그러자 몇몇 제자들이 말했다. '조금 있으면 나를 보지 못하게 되겠고, 또 얼마 안 가서 다시 보게 되리라든가, 나는 아버지께로 간다든가 하는 말씀은 대체 무슨 뜻일까?' 하고 수군거렸다. 그러면서 그들은 '얼마 안 가서라는 말씀이 무슨 뜻이지? 무슨 말씀인지 도무지 알 수가 없군.' 하고 말하였다." 그러자 예수께서는 그들에게 자신의 죽음과 부활에 대해 그리고 그들이 기적을 행할 수 있는 권능에 대해 말씀하셨다. 그러나 예수께서는 이 모든 것을 신비적이며 함축된 방식으로 말씀하셨다. 25절에서 "내가 지금까지는 너희에게 이 모든 것을 비유로 들려주었다."라고 스스로 말씀하시듯, 일반적으로 모호하고, 수수께끼 같은 또는 비유적인 용어[암시적인 우화(apologues)를 포함해 유대인들이 격언(proverb)이나 비유(parable)라고 부르는 모든 것을 가리킨다.]로 말씀하셨다. 지금까지 너희에게 나에 대해 말한 것은 모호했으며 조심스러웠다. 나는 너희에게 명확하고 직접적인 말로 내가 누구인지 말하지 않았다. 이는 너희가 그것을 감당할 수 없었기 때문이다. 너희는 왕이 아닌 메시아를 이해할 수 없었을 것이다. 가난과 박해 속에서 살다가 십자가에서 노예와 악인과 더불어 죽음을 맞이하는 왕을 너희는 받아들일 수 없었을 것이다. 내가 너희에게 분명한 말로 내가 메시아임을 이야기했다면, 그리고 너희에게 내가 메시아임을 시인하였음을 다른 사람에게 전하라고 임무를 주었다면 너희들은 나를 나의 아버지 다윗의 왕위에 앉히려고 모의를 했을 것이다. 그리고 너희가 바라던 왕국을 세울 너희의 메시아이자 왕인 내가 적들의 손에 넘어가 죽게 하지 않으려고 나를 위해 싸우려 했을 것이다. 이 말이 사실임을 베드로가 증거하고 있다. "'그러나 때가 이르러 더 이상 너희에게 비유로 말하지 않게 되면 너희에게 아버지에 대해 분명하게 말해줄 것이다.' 나의 죽음과 부활 그리고 성령의 재림은 너희에게 빠르게 깨우침을 줄 것이며 너희는 아버지의 뜻과 계획을 알게 될 것이다. 내가 어떤 나라를 갖고 있으며 그것을 어떻게 얻었고 그것의 목적이 무엇인지를 아버지께서 직접 알려주실 것이다. '너희는 이미 나를 사랑하고 있고 내가 아버지께로부터 왔음을 믿기에 아버지께서는 너희를 사랑하신다.'(27절) 너희는 나의 나라가 어떤 것인지 잘 알지도 못하고 또한 그 나라가 오지 않았음에도 내가 '하느님의 아들', 즉 아버지께서 기름 부어 보내신 '메시아'임을 믿었기 때문이다." 우리 주님께서는 질문을 받지 않았음에도 그들에게 자신이 한 말을 설명해줌으로써 전에 그들이 받아들였으나 이해할 수 없어 그들끼리 불평하던 것을 이해시켜주셨다. 그러자 그들은 30절에서 "이제 우리는 당신께서 모든 것을 다 알고 계심을 확신하게 되었습니다. 따라서 당신께 더는 여쭤볼 필요가 없게 되었습니다."라고 말하고 있다. 이 말은 당신께서는 그들이 묻기도 전에 그들이 무슨 생각을 하며 어떤 의심을 갖고 있는지를 알고 있다는 것이다. "이로써 우리는 당신께서 하느님으로부터 오셨음을 믿게 되었습니다. 그러자 예수께서는 '너희가 이제야 믿느냐?'라고 말씀하셨다." 그러면서 "보라 너희가 지금 내가 하느님으로부터 왔으며 그가 보내신 메시아임을 믿음에도 불구하고 너희가 나를 버리고 흩어질 때가 올 것이다. 아니 그때가 이미 왔다." "모두가 나를 버릴 것이다."(마태오복음 26: 31) 여기서 그를 버린다는 것이 무엇을 의미하는지 비록 예수께서 베드로에게 하신 말씀을 통해 분명하게 이해할 수는 없지만 이어지는 절을 통해 알 수 있다.

이 점에 대해 좀 더 구체적으로 말하자면, 예수께서는 그의 제자들과의 마지막 대화에서(이때 그는 예전보다 더 많이 자신을 드러내었다. 만약 제자들이 믿는 자가 되기 위해서는 그들이 지금껏 믿고 있는 것 말고 또 다른 어떤 것이 있었다면 이 자리에서 그것에 대해 들었을 것이다.) 제자들이 전부터 믿고 있는 것, 즉 그가 메시아이며 하느님으로부터 보냄을 받은 하느님의 아들이라는 것 외에 다른 새로운 사실을 언급하지 않으셨음을 알 수 있다. 예수께서는 그의 태도 변화나 갑작스러운 세상과의 이별, 그리고 몇몇 사건들에 대해 제자들을 납득시키지 못했지만, 전보다 많은 것을 이해하게 해주셨다. 복음의 주요 내용, 즉 그가 죽음을 당하나 부활하고, 그의 아버지가 계신 하늘나라에 올라가 세상을 심판하기 위해 영광중에 다시 오셔서 자신의 나라를 다스린다는 사실에 대해서 제자들에게 이야기해주시고, 바로 이것이 자신을 메시아로 보낸 하느님의 계획이었음을 알려주심으로써 그들이 반드시 알아야 할 또는 믿어야 할 것들을 하나도 빠뜨리지 않으셨다. 그후에 그는 제자들에게 자신에 대해 이렇게 말씀하셨다. "이제 나는 너희를 종이라고 부르지 않을 것이다. 왜냐하면 종은 그의 주인이 하는 것을 모르기 때문이다. 그러나 나는 아버지에게서 들은 모든 것을 너희에게 알려주었기에 이제 나는 너희를 친구라 부르겠다."(요한복음 15: 15) 너희는 이 말을 지금은 제대로 이해하지 못할 것이다. 그러나 곧 내가 부활하여 승천하면 이해하게 될 것이다.

　이야기를 마치기 위해 기도를 하시면서 예수께서는 자신의 제자들에게 무엇을 알려주었고, 그들은 어떤 태도를 보였는지 아버지께 고하였다. "저는 이 사람들에게 당신이 내게 알려주신 것을 전하였습니다. 이 사람들은 그 말씀을 받아들였고 내가 아버지에게서 온 것을 믿었습니다."(요한복음 17: 8) 이 말은 사실상 자신이 하느님이 보내주신 약속된 메시아라는 것이다. 이후 예수께서는 제자들을 위해 기도하시고 다음과 같은 말을 덧붙이셨다. "나는 이 사람들만을 위해 간구하는 것이 아니라 이 사람들의 말을 듣고 나를 믿는 사람들을 위하여 간구하는 겁니다."(요한복음 17: 20) 그렇다면 사도들이 무슨 말을 했기에 사람들이 예수를 믿게 된 것인가? 우리는 사도행전에서 사도들이 행한 설교를 통해 그것이 예수가 메시아라는 말씀이었음을 알 수 있다. 예수께서는 25절에서 사도들도 "당신께서 나를 보내셨음"을 알고 있다고 말씀하시고 있다. 다시 말해 자신이 메시아임을 그들이 확신하고 있다는 것이다. 그래서 예수께서는 21절과 23절에서 다음과 같이 기도하신다. "아버지께서 나를 보내셨음을 세상이 믿게 될 것입니다." (23절에서는 "알게 될 겁니다.") 따라서 우리는 예수께서 세상에 있을 동안 하신 설교와 제자들을 위해 하신 마지막 기도를 통해 제자들이 어떤 그리스도를 믿었는지 알 수 있다.

실제로 예수께서는 십자가에 달렸을 때조차도 그와 함께 십자가에 달린 죄수 중 하나가 예수께서 메시아임을 믿는다고 고백하자 그에게 구원을 베풂으로써 자신이 가르친 교리[49]에 대한 확신을 주셨다. 죄수가 구원을 요청하기보다는 "주여 당신의 나라에 임할 때 나를 기억해주소서."(루가복음 23: 42)라고 말했을 뿐인데 예수께서는 그 말에 화답하여 "진실로 이르노니 오늘 네가 나와 함께 낙원에 있을 것이다."라고 말씀하셨다.(23: 43) 여기서 매우 주목할 만한 표현이 나온다. 아담은 죄로 인해 낙원, 즉 행복한 영생의 상태에서 쫓겨났지만 여기서 죄수는 예수를 메시아로 믿음으로써 낙원에 들어가 영생을 회복하게 되는 약속을 받았다는 것이다.

이렇게 해서 우리 주님께서는 그의 생을 마감하셨다. 그리고 그는 부활하셨다. 루가는 사도행전 1장 3절에서 부활 후 사도들에게 자신을 드러내 보이신 예수께서는 "40일 동안 하느님 나라에 관해 말씀해주셨다."라고 전하고 있다. 하느님 나라에 관한 이야기는 예수께서 수난을 당하시기 전에 그가 사역하는 내내 설교한 것이며, 부활 후에도 그는 이것 외에는 제자들에게 신앙에 대해 다른 신비한 것을 말씀하지 않았다. 그가 전한 것은 오직 하느님 나라에 관한 것뿐이었다. 하느님 나라에 관해서 그가 전한 것 중에서 가장 주목해야 할 것(이것은 다른 복음서에도 있다.)[50]은 사도행전 1장 6~8절이다. 제자들이 예수께 "'주여, 주께서 이스라엘 왕국을 재건하실 때가 지금입니까?'라고 물었다. 그러자 예수께서는 그들의 질문에 이렇게 대

---

49) 예수를 그리스도라 믿으면 천국(낙원)에 간다는 것. 천국과 낙원은 다르다. 낙원은 예수를 믿고 죽은 영혼이 예수께서 재림하여 최후의 심판을 할 때까지 거하는 임시처소이다. 낙원에 있는 영혼은 부활하여 최후의 심판을 받게 되며 이후 천국으로 가게 된다. 한편 예수를 믿지 않고 죽은 영혼은 음부로 내려가 있다가 예수의 재림 때 이승에서의 행적에 따라 심판을 받게 된다.

50) 마태오복음 24: 36~44; 마르코복음 13: 32~37; 루가복음 17: 26~30, 34~36.

답하셨다. '그때와 시기는 아버지께서 당신의 권능으로 결정하셨으니 너희가 알 바가 아니다. 성령이 너희에게 임하면 너희는 권능을 받아 예루살렘과 온 유다와 사마리아뿐만 아니라 땅끝에 이르기까지 어디에서나 나의 증인이 될 것이다.'" 그들의 가장 중요한 임무는 바로 예수, 즉 그의 삶, 죽음, 부활 그리고 승천을 증언하는 것이었다. 바로 이것은 예수가 메시아임을 증언하는 부정할 수 없는 증거였다. 그들의 임무는 바로 예수가 메시아임과 예수께서 그들에게 하느님 나라에 관해 말씀하신 것을 전하는 것이었다. 이것은 다른 복음서를 통해서도 알 수 있다.

루가복음 24장 21절을 보면, 예수께서 부활하신 날 엠마오(Emmaus)로 가던 두 사람에게 나타나셨을 때 그들은 제자들이 예수를 어떻게 믿고 있었는지를 전하고 있다. "우리는 그분이야말로 이스라엘을 구원해줄 분이라고 믿었습니다." 즉 그분이 유다 민족을 구원해줄 메시아라고 믿었다는 것이다. 이에 대해 예수께서는 그들에게 무슨 일이 있어도 그분이 메시아임을 믿어야 한다고 말씀하셨다. 다시 말해 그의 수난과 죽음을 보고 그가 메시아임을 더 확실하게 믿어야 한다는 것이다. 예수께서는 모세의 율법서와 모든 예언서를 비롯하여 성서 전체에서 당신에 관한 기사를 들어가며 메시아가 영광에 들기 전에 그런 고난을 받아야 함을 설명해주셨다.(루가복음 24: 26~27) 이때 예수께서는 메시아에 대해 기록된 예언을 자신에 관한 것으로 말씀하고 계신데, 수난 전에는 그런 말을 하신 적이 없다. 이후 예수께서는 열한 제자에게 나타나셔서 그들에게 다음과 같이 말씀하셨다. "'내가 전에 너희와 함께 있을 때도 말했듯이 모세의 율법과 예언서와 시편에 나를 두고 한 말씀이 반드시 다 이루어져야 한다.'라고 말씀하셨다. 또한 성서를 깨닫게 해주시려고 그들의 마음을 열어주시며 '성서에 기록된바 메시아가 수난을 당하고 죽었다가 사흘 만에 다시 살아난다고 하셨다. 그리고 그리스도의 이름으로 회개하면 죄를 용서받는다는 기쁜 소식이 예루살렘에서 시작해 모든 민족에게 전파된다고 하셨다.'"(루가복음 24: 44~47) 여기서 우리는 예수께서 십자가에 못 박히기 전에 제자들에게 가르쳤던 것이 무엇이고, 지금 그들에게 무엇을 이해시키려고 하는지 알 수 있다. 그것은 바로 수난을 당하고 죽은 지 사흘 만에 부활함으로써 구약에 기록된바 모든 것을 다 이룬 메시아에 관한 것으로서 그가 메시아임을 믿고 회개하면 죄를 용서받게 된다는 것이었다. 따라서 마르코복음 16장 15절에 "너희는 온 세상을 두루 다니며 모든 사람에게 이 복음을 전하여라. 믿고 세례를 받는 사람은 구원을 받을 것이나 믿지 않는 사람은 죄를 물을 것이다." 라고 기록되어 있다. "복음" 또는 "기쁜 소식"이 무엇인지 우리는 이미 알고 있다. 그것은 바로 메시아가 오신다는 것이다. "제자들은 사방으로 나가 이 복음을 전하였다. 그리고 주께서는 그들과 함께 일하셨으며 그들로 하여금 여러 기적을 행하게 하심으로써 그들이 전한 말씀이 참임을 증명해주셨다."(20절) 그들이 전파하고 주님께서 증명해주신 말씀이 무엇인지 우리는 제자들의 행적을 통해 이미 알고 있다. 나는 사도행전에서 몇몇 곳을 제외하고는 "메시아"의 나라를 "하느님의 나라"로 언급한 그들의 설교에 대해 이미 이야기하였다. 그러나 메시아의 나라가 하느님의 나라와 같은 말인지 복음서에서 확인하기까지는 단정적으로 말하지 않겠다.

여기서 우리는 앞서 살펴본 바울로의 설교를 상기해볼 필요가 있다. (바울로는 "예수께서 메시아다."라는 것, 즉 죽음에서 부활하여 지금 그의 나라를 다스리고 있으며, 세상 끝날 이 세상을 심판하기 위해 그의 나라를 드러내 보이실 왕이심을 믿으라고 가르쳤다.) 사도행전 19장 8절을 보면 에페소에서 "바울로는 석 달 동안 회당을 드나들며 하느님 나라를 대담하게 증언하며, 그것에 관해 토론도 하고 알아듣도록 설명도 해주었다." 사도행전 20장 25절을 보면 밀레도스(Miletus)에서 에페소의 원로들과 작별하면서 바울로는 이렇게 말했다. "보십시오. 내가 여러분과 함께하는 동안 하느님 나라를 줄곧 선포하였으나 더는 여러분이 나를 보지 못할 것입니다." 그가 사람들에게 선포한 하느님 나라는 20절과 21절에 나와 있다. "여러분에게 유익한 것이면 하나도 빼놓지 않고 공중 앞에서나 여러분의 가정에서나 거리낌 없이 전하고 가르쳤습니다. 유대인이나 이방인이나 똑같이 회개하고 하느님께 돌아와 우리 주 예수 그리스도를 믿어야 한다고 증언하였습니다." 또한, 사도행전 28장 23~24절에서는 "그들[로마에 있는 유대인들]은 날을 정해 바울로의 숙소를 찾아왔다. 바울로는 아침부터 저녁까지 그들에게 하느님 나라를 설명하고 증언하였으며, 또 모세의 율법과 예언자들의 글을 들어 그들에게 예수를 이해시키려 하였다. 바울로가 말한 것을 믿는 사람도 있었고 믿지 않는 사람도 있었다." 사도행전은 바울로의 전도사역에 대한 설명으로 끝을 맺고 있다. "바울로는 셋집을 얻어 거기에서 만 이 년을 지내면서 자기를 찾아오는 사람들을 모두 맞아들이고 하느님 나라를 선포하며 우리 주 예수 그리스도에 관하여 가르쳤다." 따라서 우리는 복음서에 기록된 우리 주님의 생애와 사도행전에 기록된 사도들의 생애에 대해 동일한 방식으로 결론을 맺을 수 있다. 요한복음 20장 30~31절에서 사도 요한은 "예수께서는 제자들 앞에서 이 책에 기록되지 않은 많은 표징을 행하셨다. 이것들을 기록하는 이유는 사람들이 예수께서 메시아이시며 하느님의 아들임을 믿고, 그 믿음으로 인해 주님의 이름으로 생명을 얻게 하려는 것이다."고 말하고 있는데 제자들 역시 성서에 기록되지는 않았지만 여러 곳을 다니며 예수가 전했던 것과 같은 내용을 전했다.

제4장
예수가 메시아라는 믿음에 담긴 회개와 순종

사도 요한은 여기서 우리에게 영생을 얻기 위한 필요충분조건이 무엇인지 말하고 있다. 그러나 그가 쓴 복음서는 첫 번째 복음서가 아니었다. 얼핏 생각하기에 그 복음서를 쓸 당시에는 사도들이 서간을 통해 신앙의 교리와 구원의 신비에 대해 여러 가지를 가르치기 전인지라 믿어야 할 교리들이 적었을 것으로 생각하기 쉽다. 그러나 예수께서 승천하시자마자 사도 요한이 말씀을 기록한 것이 아니었다. 요한복음을 비롯해 요한계 문헌들은 다른 복음서와 루가가 기록한 사도행전이 나오고, 그리고 다른 사도들의 서간들이 나온 후 수년이 지날 때까지도 기록되지 않았었다. 우리 주님이 수난을 당한 후 60년이 지난 후까지도(에피파니우스[1]와 성 제롬[2]은 요한복음이 이처럼 늦게 기록된 것임을 확인해주고 있다.) 사도 요한은 생명

1) 에피파니우스(Epiphanius, 315~403)는 키프로스 살라미스의 주교였다.

(영생)을 얻기 위해 우리가 믿어야 할 것으로 "예수가 메시아, 즉 하느님의 아들"이라는 사실밖에는 알지 못했다.

그런데 나사렛 예수가 메시아임을 믿는 것은 '역사적 사실에 대한 믿음(an Historical Faith)'이지 '의롭다 여김을 받거나 구원을 받을 수 있는 믿음(a Justifying or Saving Faith)'이 아니라는 반론을 제기하는 사람들이 있다.

이에 대한 나의 답변은 이렇다: 어떤 사람이 교리를 만들고 그를 따르는 사람들이 그것을 자신들이 원하는 방식으로 수정하고 그것에 그들이 적합하다고 생각하는 명칭을 붙이는 것은 있을 수 있다고 생각한다. 그러나 나는 그들에게나 다른 어떤 사람에게도 나를 위해 종교를 만들거나 하느님께서 계시해주신 것을 바꿀 권리가 있다고 생각하지 않는다. 그리고 만약 그들이 우리 주님과 사도들이 설교를 통해 우리에게 반드시 믿어야 한다고 했던 그 믿음을 '역사적인 믿음'이라고 부르기를 원한다면 그들은 그렇게 부를 자유가 있다. 그러나 그것이 나사렛 예수를 메시아로 믿는 것이 '의롭다 여김을 받거나 구원을 받을 수 있는 믿음'이라는 사실을 부인할 수 있음에 주의를 기울여야 한다. 우리 주님과 사도들은 그 믿음을 '의롭다 여김을 받을 수 있는', 즉 '구원을 받을 수 있는 믿음'이라고 가르쳤으며 영생을 얻기 위해 믿어야 할 그 밖에 다른 것을 가르쳐주지 않았다. 만약 그들의 주장(역사적 믿음이라는)을 받아들인다면[3] 예수께서는 자신이 무엇 때문에 세상에 왔는지를 잊어버리고 사람들에게 구원을 얻기 위해 어떻게 해야 하는지 제대로 알려주지 않은 것이 된다. 복음서와 사도행전을 살펴보

: :

2) 그리스어로 히에로니무스(Hieronymus, 347~420)이고 프랑스어로는 제롬인 기독교 교부로서 라틴어 번역 성경인 불가타 성경의 번역자이다.
3) 나사렛 예수가 메시아라는 믿음이 역사적 사실에 대한 믿음일 뿐이라고 한다면.

면 우리 주님과 사도들은 예수가 메시아임을 믿어야 한다고만 말했을 뿐이기 때문이다. 그것은 바로 복음서가 전하는 유일한 믿음의 교리로서 그것에 동의하는지(또는 믿는지) 여부에 따라 신자가 되어 예수의 지체인 그리스도 교회의 일원으로 받아들여지게 되는 구원의 교리인 것이다. 나는 감히 그들에게[4] 이것 외에 다른 교리가 있다면 그것을 알려줄 것을 요청한다. 사도들은 이것 외에 다른 가르침을 받은 적이 없기에 당연히 이것 외에는 다른 어떤 신앙의 교리도 받아들이지 않았다. 그래서 로마서 10장 14절에서 그들은 우리가 반드시 믿어야 할 어떤 다른 교리를 가르치는 사람을 본 적이 없는데 "들어보지도 못한 것을 어떻게 믿겠습니까?"라고 말하고 있다.

그러나 예수가 메시아라는 이 믿음은 악마도 갖고 있는 믿음이기에 '구원을 받는 믿음'이 아니라는 반론이 제기될 수 있다. 실상 악마들도 예수가 메시아임을 믿었고 입으로 시인하였기 때문이다. 그래서 야고보서 2장 19절에서도 "악마도 그렇게 믿고 무서워 떱니다."라고 되어 있다. 이에 대한 내 생각은 이렇다.

1. 악마들에게는 그 믿음이 구원을 받거나 의롭다 여김을 받는 수단으로 제시되지 않았기에 그들은 믿음으로 구원을 받을 수 없다는 것이다. 이 것은 오직 인류에게만 허락된 은총으로서, 하느님께서는 아담의 후손들이 예수를 메시아, 즉 약속된 왕이자 주님임을 믿고, 그리고 은혜의 언약에 따라 그들에게 요구되는 다른 조건들을 행할 경우 그들의 믿음을 보시고 의롭다 여기시는 은총을 베푸신 것이다. 하느님께서 그들의 믿음을 의로움으로 여기신 것은 믿음을 그들의 순종치 못함을 대속하는 것으로 보셨

••
4) 역사적 사실에 대한 믿음을 고집하는 이들.

기 때문이다. 그들은 이 같은 대속을 통해 올바른 사람, 즉 의로운 사람으로 여김을 받았고 그 덕분에 영생을 상속받았다. 그러나 하느님께서 인류에게 보여주신 이러한 호의는 타락한 천사에게는 제시되지 않았다. 그들에게는 어떠한 호의도 없었다. 따라서 사람들은 믿음으로 구원을 받아도 악마들은 그럴 수 없는 것이다. 은혜의 언약이 악마들에게는 제공되지 않았기 때문이다.

2. 악마들도 예수가 메시아임을 믿었지만 은혜의 언약으로 구원받을 수 없었던 것에 대한 내 생각은 이렇다. 그들은 언약을 위해 요구되는 다른 조건을 이행하지 않았기 때문이다. 이 조건은 은혜의 언약을 믿는 것만큼이나 이 언약을 위해 필수적인 것인데 그것은 바로 회개이다. 회개는 믿음과 같이 은혜의 언약을 위한 절대적 조건이며, 은혜의 언약이 이루어지기위해 꼭 필요한 것이다. 그래서 메시아의 길을 예비한 세례자 요한은 "죄사함을 받게 하는 회개의 세례를 전하였다."(마르코복음 1: 4)

요한은 "회개하라; 하늘나라가 가까이 왔다."(마태오복음 3: 2)고 말하며 그의 전도를 시작하였다. 우리 주님께서도 그의 전도를 그렇게 시작하셨다. "이때부터 예수께서는 전도를 시작하시며 '회개하라. 하늘나라가 가까이 왔다.' 하고 말씀하셨다."(마태오복음 4: 17) 또한 이 구절에 해당하는 마르코복음 1장 14~15절을 보면 "요한이 잡힌 뒤에 예수께서 갈릴리에 오셔서 하느님 나라의 복음을 전파하시며 '때가 다 되어 하느님의 나라가 가까이 왔다. 회개하고 이 복음을 믿어라.'라고 말씀하셨다."라고 기록되어 있다. 이 말씀은 그의 전도의 출발점이자 그가 설교한 것의 전부이기도 하다. 다시 말해 사람들은 회개해야 하며 그가 그들에게 전한 복음, 즉 메시아가 오실 때가 되었다는 말을 믿어야 한다는 것이다. 이것은 예수께서 그의 사도들을 (복음 전도를 위해) 보내셨을 때 그들이 가르친 것이기도 하다.

"제자들은 나가서 사람들에게 회개하라고 가르쳤다."(마르코복음 6: 12) 예수가 메시아라고 믿는 것과 회개하는 것은 은총의 언약을 이루는 데 꼭 필요한 것이자 핵심적인 것이기에 흔히 이들 중 하나만을 언급하였다. 마르코는 제자들이 회개를 가르친 것만을 언급하고 있으며 루가는 같은 내용을 다루고 있는 루가복음 9장 6절에서 메시아의 나라에 대한 복음을 전한 그들의 전도에 대해서만 언급하고 있다. 그리고 바울로는 그의 서간에서 그리스도인의 유일한 의무로 믿음을 언급한다. 그러나 복음의 취지는 그리스도가 선포한 말씀, 즉 "너희도 회개하지 않으면 그렇게 망할 것이다."(루가복음 12: 3, 5)[5]라는 것이다. 우리 주님께서 이야기해주신 지옥에서 고통받는 부자의 우화를 보면 회개만이 고통의 장소인 지옥에 떨어지지 않는 길이다.(루가복음 16: 30~31) 예수께서는 부활하신 후 제자들에게 세상에 전해야 할 구원의 교리가 무엇인지 말씀해주셨는데 그것은 루가복음 24장 27절[6]에 기록된 바대로 "메시아의 이름"으로 죄를 회개하면 사함을 받는다는 것이었다. 따라서 베드로는 사도행전 2장 38절에서 "회개하고 세례를 받아라."라고 말하고 있다. 회개와 세례는 죄 사함을 받기 위해, 즉 하느님 나라에 들어가는 데 필요한 두 가지 요건이다. 예수의 이름으로 세례를 받는다는 것은 그를 메시아라고 믿는 예수의 백성이 되었음을 고백하고 그를 자신의 주님이자 왕으로 받아들임을 의미하는 것이다. 유대인들에게 세례란 그가 이교(異敎)를 떠나 모세의 율법에 복종할 것을 고백함으로써 이스라엘의 백성으로 받아들여진다는 것을 의미하는 의식이었기 때문이다. 따라서 세례가 우리 주님에 의해 엄숙한 의식으로 사용되었던 것이다.

..

5) 착각을 한 것 같다. 12장 3, 5절이 아니라 13장 3, 5절이다.
6) 27절이 아니라 47절이다.

그 의식을 통해 예수를 메시아로 믿고, 그를 자신의 왕으로 받아들여 그에게 복종하기로 한 사람들이 그의 나라의 신민으로 받아들여지는 것이다. 그의 나라는 복음서에서는 "하느님의 나라"라고 불리고 있으며 사도행전과 사도들의 서간에서는 "교회"라는 다른 명칭으로 사용되기도 한다.

사도행전 3장 19절을 보면 베드로 역시 유대인들에게 "회개하고 하느님께 돌아오시오. 그러면 하느님께서 여러분의 죄를 깨끗이 씻어주실 것입니다."라고 말하고 있다.

회개란 새로운 언약이 요구하는 것으로서 언약의 은혜를 받으려는 사람이라면 마땅히 행해야 할 조건 중 하나이다. 성서에 따르면, 그것은 과거의 죄악에 대해 비통한 마음을 갖는 것뿐 아니라 죄악에서 돌아서 전혀 다른 새로운 삶을 사는 것이다. 따라서 회개와 돌아옴이 연결되어 있는 것이다. 그러므로 사도행전 3장 19절에 "회개하고 돌아오라."라고 되어 있다. 이는 다른 말로 새로운 삶을 살라는 것이다. 26장 20절에서도 "회개하고 하느님께로 돌아오라."라고 말하고 있다.

마태오복음 13장 15절과 루가복음 22장 32절에서는 회개를 의미하는 말로 '돌아섬(turning about)'이란 말을 사용하고 있는데 이는 다른 말로 거듭남(the newness of life)으로 표현될 수 있다. 자기의 죄를 진정으로 뉘우치고, 그 죄를 미워하는 사람은 죄로부터 돌아서 더는 죄를 짓지 않을 것이 확실하기에 회개와 돌아섬은 자연스럽게 연결되어 있어 어느 하나가 다른 하나를 수반하게 된다. 회개란 자신의 지난날 잘못에 대한 진심 어린 뉘우침이자 최선을 다해 하느님의 율법에 따라 살고자 하는 진지한 결단과 노력이다. 따라서 회개란 단순한 뉘우침의 행동이 아니라(물론 발단이 되어 행동을 끌어내는 뉘우침이 중요하지만) 회개에 합당한 행동을 하는 것으로서 남은 인생을 그리스도의 율법에 따라 진지하게 살아가는 것이다. 따라서 회개를 설파한 세례 요한은 마태오복음 3장 8절에서 "너희는 회개에 합당한 열매를 맺어라."라고 말하고 있다. 사도 바울로 또한 사도행전 26장 20절에서 "회개하고 하느님께 돌아와 회개에 합당한 일을 행하라."라고 말하고 있다. 회개에는 이처럼 지나간 일에 대한 뉘우침과 그것에 수반되는 행실이 있는 것이다.

예수를 메시아라고 믿고 선한 삶을 사는 것, 다시 말해 믿음과 회개는 영생을 얻고자 하는 자들이 이행해야 할 새로운 언약의 필수조건이다. 이 것이 합리적임을, 즉 이들 조건이 필요함을 더 잘 이해하기 위해서는 처음에 언급했던 것들을 다시 상기해보아야 한다.

하느님의 아들인 아담(루가는 루가복음 3장 38절에서 아담을 그렇게 부른다.) 은 그의 아버지와 닮은 부분, 즉 그의 형상을 지니고 있어 그 역시 불사적인 존재였다. 그러나 아담은 천부(天父)께서 금하신 명을 어겨 벌을 받음으로써 불사성(immortality)을 상실하고 가사적인 존재가 되었다. 이후에 아담은 자식을 낳았고, 그의 자식들도 그의 형상대로 자신을 닮아 가사적인 존재가 되었다.

그런데도 하느님께서는 그의 무한한 자비로 가사적인 인간에게 영생을 주시기 위해 직접적인 개입을 통해 처녀의 뱃속에서 하느님의 아들인 예수 그리스도를 잉태하게 하셨다. 천사는 그의 어머니에게 "성령이 너에게 임하면, 다시 말해 지극히 존귀한 자의 능력이 미치면 너에게서 성스러운 이가 태어날 터이니 이름이 예수라 불릴 것이다."(루가복음 1: 30~35)라고 전했다. 하느님의 아들인 예수께서는 아버지를 닮아 영생하는 존재였다. 그래서 그는 우리에게 "아버지께서 생명의 근원인 것처럼 아들도 생명의 근원이 되게 하셨다."(요한복음 5: 26)라고 말씀하셨다.

앞서 살펴보았듯이 불사성이란 (다른 아버지가 아닌 하느님을 아버지로 둔

직계 자녀가 가질 수 있는) 형상이라는 사실이 아담에 관해 기술한 창세기뿐 아니라 신약에서 하느님의 아들 예수에 관해 표현한 대목에서 넌지시 암시되어 있다. 골로사이서 1장 15절을 보면 예수께서는 "보이지 않는 하느님의 형상"이라고 불리고 있다. 여기서 눈에 보이지 않는다는 표현은 예수께서 하느님과 육체적인 또는 눈에 보이는 유사성을 지니고 있다는 엉뚱한 상상을 하지 못하게 하기 위해 삽입된 것이다. 또한 그 의미를 깨닫게 하기 위해 "만물에 앞서 태어나신 분"이라는 표현을 덧붙이고 있다. 18절에서는 예수께서 "죽은 자들 가운데서 최초로 살아나신 분"이라고 말하고 있다. 이런 표현들을 통해 예수께서 보이지 않는 하느님의 형상임과 죽음의 힘이 미칠 수 없는 존재임을 보여주고 있다. 그러나 그가 하느님의 아들임은 자신의 의무를 다했더라면 영원한 생명의 상속자가 될 수 있었던 아담처럼 죄를 범함으로 인해 상실될 수 있는 것이 아니다. 같은 의미로 사도들도 다른 곳에서 형상이란 말을 사용하고 있다. 로마서 8장 29절에 "하느님께서는 이미 오래전에 택하신 사람들이 당신의 아들과 같은 형상을 가지도록 미리 정하셨다. 그래서 그리스도께서는 많은 형제 중 맏이가 되셨습니다."라고 말하고 있다. 여기서 이들이 지니고 있다는 형상은 불사성, 즉 영생을 말하는 것으로서 바울로는 부활에 대해 이야기하면서 그리스도께서 많은 형제 중에 맏이가 되었다고 말하고 있다. 예수께서는 하느님의 아들로 태어났으나 그 밖에 모든 사람은 양자로 하느님의 아들이 된 것이다. "너희는 양자의 영을 받음으로 아바(Abba),[7] 즉 아버지라고 부르짖는 것이다. 성령이 친히 우리 영과 더불어 우리가 하느님의 자녀임을 증거

7) 신약시대 당시 유대인들이 아버지를 친근히 부를 때 사용하던 말로서 아람어 '압바'를 그리스어로 음역한 것이다.

하신다. 만약 우리가 하느님의 자녀이면 하느님의 상속자로서 그리스도와 함께 상속을 받을 자이니 만약 우리가 그와 더불어 고통을 받으면, 그와 더불어 영광도 함께 받을 것이다."(로마서 8: 15~17) 이로 인해 우리는 우리 주님께서 마지막 심판 날에 그의 형제들에게 영생을 보장해주심을 알 수 있다. "너희가 여기 있는 형제 중에 가장 보잘것없는 한 사람에게 해준 것이 곧 내게 한 것이다."(마태오복음 25: 40) 여기서 우리는 신약성서에서는 아버지라는 말이 자주 언급되는 데 반해 구약성서에서는 거의 언급되지 않는 이유를 알 수 있다. 우리 주님께서는 "아버지밖에는 아들을 아는 이가 없고 아들과 아들이 원하는 이에게만 자신을 드러내 보이실 것이다."(마태오복음 11: 27)라고 말씀하고 있다. 그런데 하느님께서 그를 세상에 보내시어 양자의 영으로 말미암아 지금 아바, 즉 아버지라 부를 수 있게 된 많은 형제들의 맏이로 삼으신 것이다. 그로 인해 양자가 된 우리는 그의 형제가 됨과 더불어 하느님의 자녀가 됨으로써 그에게 속했던 유산을 나누어 갖게 되었다. 예수께서는 하느님의 아들로 태어났기에 그는 태어나면서부터 영생을 유산으로 받았다. 그런데 로마서 8장 23절을 보면 "우리는 하느님의 자녀가 될 날, 다시 말해 육신이 해방될 날을 고대하면서 속으로 신음하고 있습니다."(로마서 8: 23)라고 되어 있다. 여기서 분명히 의미하는 바는 이 나약하며 가사적인 육신이 부활 때에 영적인 불멸하는 몸으로 변한다는 것이다. 따라서 고린토전서 15장 54절에서 "이 몸이 불사의 옷을 입을 때"라는 말이 나온다. 또 같은 장 42~44절은 "죽은 자들의 부활이 이와 같습니다. 썩을 몸으로 묻히지만 썩지 않는 몸으로 다시 살아납니다. 천한 것으로 묻히지만 영광스러운 것으로 다시 살아납니다. 약한 자로 묻히지만 강한 자로 다시 살아납니다. 육체적인 몸으로 묻히지만, 영적인 몸으로 살아납니다."라고 말한다. 여기에 덧붙여 "우리가 흙으로 된 사람의 형상을 입은 것같이(우리의 아버지가 되는 육신의 아담이 낙원에서 쫓겨났을 때 우리가 가사적인 존재가 되었듯이) 또한 하늘에 속한 자의 형상을 입으리라." (15: 49)라고 말하고 있다. 우리가 부활할 때 기대한 바대로 그의 양자가 되어 그의 자녀 됨과 더불어 유산을 받게 되는데 이때 아버지의 형상을 입어 불사의 몸을 입는 구원이 이루어진다는 것이다. 그래서 예수께서는 "'죽었다가 다시 살아나 저세상에서 살 자격을 얻은 사람들은 장가드는 일도 없고 시집가는 일도 없다. 그들은 천사와 같아서 죽는 일도 없다. 또한 죽었다가 다시 살아난 사람들이기 때문에 하느님의 자녀가 되는 것이다." (루가복음 20: 35~36)라고 말씀하고 있다. 사도행전 13장 32~33절에서 바울로가 주장하고 있는 것을 읽어보면 예수께서 하느님의 아들임을 보여주는 가장 결정적인 증거는 바로 그의 부활임을 알 수 있다. 아버지의 형상이 예수께 나타났던 것은 바로 그가 가시적으로 불사의 상태에 들어갔을 때였다. 따라서 사도는 "우리는 하느님께서 예수를 살리심으로써 우리 조상에게 약속하신 것을 우리에게 실현해주셨음을 전하러 왔습니다. 두 번째 시편에서도 '너는 내 아들, 내가 오늘 너를 낳았다.'라고 기록되어 있습니다."(사도행전 13: 32~33)라고 말하고 있다.

하느님께서는 그의 아들이 불사성을 갖는 이유를 그가 아버지의 형상대로 지음을 받았기 때문이라고 설명하고 있는 것이다. 우리 주님께서는 여기서 한 걸음 더 나아간다. 요한복음 10장 18절에서 예수께서는 "어느 누구도 나의 목숨을 빼앗아갈 수 없다. 내가 스스로 내어놓는 것이다. 나는 목숨을 버릴 권리도 있고 그것을 다시 취할 권리도 있다."라고 말씀하고 있다. 그가 만약 아담의 자손으로서 가사적 존재였다면, 즉 인자이었거나 그의 생명을 잃을 만한 범죄를 저질렀다면 그런 권리를 가질 수 없었을 것이다. "죄의 값은 사망이기 때문이다." 따라서 자기 범죄로 인하여 죽게 된

자는 우리 주님이 했던 것처럼 다른 사람을 위해 자신의 생명을 내놓을 수 없다. 예수께서는 의로운 분이셨고(사도행전 7: 52),[8] "죄 없으신 분"(사도행전 22: 14)[9]으로서, "그의 말에서 어떤 허물도 찾아볼 수 없는 죄 없는 분"(베드로전서 2: 22)[10]이셨다. 따라서 고린토전서 15장 21~22절에서 바울로는 "한 사람으로 인해 죽음이 온 것처럼 죽은 자의 부활도 한 사람으로 인해 왔습니다. 아담으로 인해 모든 사람이 죽은 것처럼 그리스도로 인해 모든 사람이 살게 될 것입니다."라고 말하고 있다.[11]

타인을 위해 자신의 생명을 내놓은 우리 주님께서는 우리에게 "아버지께서는 내가 생명을 버렸기에 나를 사랑하신다. 그러므로 나는 다시 생명을 얻을 것이다."라고 말씀하셨다.(요한복음 10: 17) 예수께서는 그의 순종과 고난으로 말미암아 "그의 아버지가 그에게 약속했던"(루가복음 22) 그의 나라를 받게 되었다. 그리고 히브리서 12장 2절을 보면 예수께서 자신이 수난을 받을 것을 염두에 두고 있었음을 알 수 있다. "그분은 장차 누릴 기쁨을 생각하며 부끄러움도 개의치 않으시고 십자가의 고통을 참으셨으며 지금은 하느님의 옥좌 옆에 앉아 있습니다." 또한, 예수께서 자신의 순종과 수난 그리고 죽음으로 인해 그가 받게 될 나라에 대해 알고 있었음을 요한복음 17장 1~4절을 통해서 알 수 있다. "예수께서는 하늘을 우러러 보시며 이렇게 말씀하셨다. 아버지, 때가 왔습니다. 아들을 영화롭게 하사 아들로 하여금 아버지를 영화롭게 하여 주시옵소서. 아버지께서는 아들에게 모든 사람을 다스릴 권세를 주셨고 아들은 아버지께서 맡겨주신 모든

••
8) 원문에는 사도행전 7: 57로 되어 있다.
9) 원문에는 사도행전 12: 14로 되어 있다.
10) 원문에는 고린토후서 5: 21로 되어 있다.
11) 원문에는 원전을 밝히지 않았다.

사람에게 영원한 생명을 주게 되었습니다. 영생은 곧 유일하시고 참되신 하느님과 그가 보내신 예수가 메시아임을 아는 것입니다. 나는 아버지께서 나에게 맡겨주신 일을 수행함으로써 이 땅에서 아버지를 영화롭게 하였습니다." 따라서 필립보서 2장 8~11절에서 바울로는 이렇게 말하고 있다. "그는 자신을 낮추어 죽기까지, 아니 십자가에 달려 죽기까지 순종하셨습니다. 그러므로 하느님께서도 그를 높이 들어 올리시고 모든 이름 중 가장 뛰어난 이름을 주셨습니다. 그래서 하늘과 땅 위와 땅 아래에 있는 모든 것이 예수의 이름 아래 무릎을 꿇고 모두가 입을 모아 예수 그리스도가 주님이시라 고백하게 하셨습니다."

알다시피 하느님께서는 그의 아들 예수 그리스도에게 하늘나라에 영원한 왕국을 주셨다. 그로 인해 아담 안에서 모든 사람이 죽었듯이 그리스도 안에서 모든 사람이 살아날 것이다. 하지만 모든 사람이 세상 마지막 날에 부활한다 해도, 로마서 3장 23절에서 바울로가 우리에게 말하고 있듯이, 모든 사람은 죄를 지어 하느님의 영광을 잃었다.(다시 말해 하느님의 영광이라 불리는 메시아의 나라에 들어가지 못한다. 로마서 5: 2, 15: 7, 2: 7, 마태오복음 16: 27, 마르코복음 8: 38에서도 볼 수 있듯이 의롭지 못한 자, 즉 온전히 의롭지 못한 자들은 누구도 하느님 나라의 영생에 참여할 수 없다. 따라서 고린토전서 6장 9절에서 "의롭지 못한 자는 하느님 나라에 참여하지 못할 것이다."라고 말하고 있다.) 그리고 하느님의 의로운 율법을 지키지 못한 자들이 받아야 할 죄의 삯은 죽음이다. 만약 죄에 대한 정당한 대가가 죽음이라면 (마지막 날에 모든 사람을 심판할 정의로운 심판관 앞에 서서 유죄를 선고받은) 죄지은 자들은 하느님의 나라에 들어가 영생을 얻지 못하고 자신들이 지은 죄로 인해 마땅히 죽어야 할 것이다. 그렇다면 하느님의 아들이 하늘나라를 세우고 그곳에 선별된 이들을 불러들이기 위해 이 세상에 온 것은 허사가 되고 만다. [최후의 심판으로 인해] 그를 따르던 모든 사람은 두 번째 죽음을 맞이하게 될 것이다. 수없이 많은 사람이 죽게 될 것이고 "옥좌에 앉으신 분과 어린 양께서 찬양과 영예와 영광과 권능을 영원무궁토록 받으소서."[12]라고 말하며 그의 이름을 불러 찬양할 사람이 한 사람도 남지 않을 것이다. 따라서 하느님께서는 인류를 불쌍히 보시고 그의 아들의 나라를 세우셔서 모든 민족과 언어와 백성과 나라로부터 예수를 (그가 세상에 보낸) 그의 아들, 즉 약속된 구원자인 메시아로 믿고, 자신들의 왕이자 통치자로 받아들이는 사람들로 그의 백성을 삼으시기로 약속하셨다. 그리하여 하느님께서는 그들의 과거 모든 죄와 불순종 그리고 일탈을 용서하셔야 했다. 그리고 그들이 힘닿는 데까지 그의 율법에 순종하며 살아간다면 인간의 나약함으로 인해 과거에 저지른 죄는 물론이고 앞으로 지을 죄까지도 그의 아들을 위해 용서하셔야 했다. 그들은 자신을 그의 아들에게 맡김으로써 그의 아들의 백성이 되었기 때문이다. 예수의 이름으로 세례를 받은 그들의 믿음(다시 말해 메시아인 예수의 나라 백성으로 이름을 올리고, 자신을 그의 백성이라 고백하며, 그 결과 그의 나라의 율법에 따라 사는)을 의로움으로 여기신 것이다. 하느님이 보시기에 그들의 믿음은 그들에게 부족했던 순종을 보여주는 것이었기에 그들의 믿음을 의로움, 즉 완벽한 순종으로 간주하시어, 그들을 의롭다 하시며 영생을 주신 것이다.

은혜가 충만하신 하느님께서는 바로 이 같은 믿음으로 인해 죄인인 인간을 의롭다 여기시는 것이다.(죄를 없게 하실 분은 오직 하느님뿐이시기 때문이다. 로마서 8: 33, 3: 26) 복음서(evangelists)와 사도행전에 기록된 우리 주님과 그의 사도들의 사역을 통해 우리는 이미 예수와 그의 사도들이 무엇

..
12) 요한묵시록 5: 13.

을 전했고, 무엇을 믿으라고 했는지 알고 있다. 또한 우리는 하느님 나라의 특권과 이권 그리고 구원을 얻으려면 예수를 메시아, 즉 왕이라 믿는 것 외에도 스스로 그의 나라의 신민이 되어야 한다는 것을 알 수 있다. 이것은 세례를 통해 선민이 되고 그의 나라에 속한 사람이 되었다면 그 나라의 율법에 순종하는 백성으로서 살아가야 함을 의미한다. 만약 그들이 예수를 메시아, 즉 그들의 왕으로 믿지만, 그의 율법에 순종하지 않을 뿐 아니라 예수께 자신을 맡기지 않는다면 그들은 하느님을 거역하는 반역자일 뿐이다. 따라서 하느님께서는 죄를 늘려가기만 하는 그들의 믿음을 보시고 그들을 의롭다 여기시지 않을 뿐 아니라 메시아의 나라에 의한 구원 계획을 접으실 것이다. 요컨대, "그가 우리를 대신하여 자신을 주심은 모든 불법에서 우리를 구원하시고, 우리를 깨끗하게 하시어 우리가 선한 일에 열심을 내는 백성이 되게 하시려는 것이다."(디도서 2: 14) 따라서 바울로는 갈라디아서에서 효력이 있는 것은 믿음, 즉 "사랑으로 드러나는 믿음(faith working by love)"뿐이라고 말하고 있다. 야고보서 2장 전체를 통해 알 수 있듯 '행함이 없는 믿음(Faith without Works)', 즉 그리스도의 율법과 뜻에 순종하지 않는 믿음으로는 의롭다 함을 얻을 수 없는 것이다.

그도 그럴 것이 영생이란 의로운 하느님께서 죄로 오염되지 않은 사람에게 주시는 의로움에 대한 보상이다. 그런데 만약 의로움에는 전혀 관심이 없는 사람에게 그가 무엇인가를 믿었다고 해서 영생을 주신다고 하면 이는 하느님께서 자신의 순수한 본성에 반하여 죄악을 조장하시는 것이며, 성스럽고, 공정하며, 선한 '영원한 의(義) 법(eternal law of right)'을 모독하시는 것이다. 하느님이 성스럽고, 공정하시며, 선하시고, 인간 역시 합리적인 존재라면 영원한 율법의 어느 계율, 어느 규정 하나도 철회되거나 폐기될 수 없다. 하느님의 본성에서 나온 율법에 대한 책무(duty)란 영원한 도덕적 의무(obligation)이며 이것은 사물의 본성이 바뀌거나 옳고 그름의 척도가 바뀌거나, 그로 인해 이 세상에 불규칙과 혼란 그리고 무질서가 들어와 판을 치게 되지 않는 한 없어질 수 없기 때문이다. 따라서 세상에 그리스도께서 오신 것은 하느님의 율법을 폐기하기 위함이 아니라 반대로 타락한 인간의 부패한 상태를 개혁하고, 그들의 삶을 개선하고, 회개의 열매를 맺게 하고, 새로운 왕국을 세우기 위함인 것이다.

이것이 마지막 날에 모든 사람이 그것에 의해 심판을 받게 될 모든 인류의 법이자 하느님 나라의 율법이다. 예수를 메시아로 믿고, 그를 자신들의 왕으로 받아들이고, 그의 율법에 순종하기 위해 의를 좇아 성실하게 노력하는 사람들만이 과거의 죄에 대해 문책을 당하지 않을 것이다. 순종이 없는 믿음은 연약함과 약점으로 인해 타락에 빠지고, 개종 후에도 죄악에 끌려다니게 된다. 의를 좇아 주리고 목말라 하는(또는 의에 완벽히 순종하는) 사람은 그들이 들어가게 될 하느님 나라의 율법에 불순종하거나 이를 거역하지 않을 것이다.

예수께서는 우리에게 실족하지 않는 완벽한 순종을 기대하지 않으셨다. 그는 우리의 기질과 약점을 너무도 잘 알고 계셨다. 따라서 우리의 결함을 메꾸어주시기 위해 이 땅에 보냄을 받으신 것이다. 게다가 완벽한 순종이란 행위의 율법을 지킴으로써 오는 의로움이기에 그것에 대한 보상은 은혜가 아니라 당연한 것이며 따라서 믿음이 필요하지 않다. 그들은 자신의 힘으로 이미 의롭게 되었기 때문이다. 따라서 그들은 예수를 메시아라고 믿고, 그를 자신의 왕으로 삼으며, 그의 백성이 될 필요가 없는 것이다. 그런데 그리스도께서는 순종, 그것도 진실한 순종을 요구하셨다. 이는 그가 전하신 율법(그가 율법을 전하고, 가르치지 않으셨다면 그들은 필경 불순종하였을 것이다.)과 그가 심판하러 오실 때 그들에 대해 내릴 심판을 통해 분명하게 알 수 있다.

하느님께서 요구하시는 믿음은 예수가 하느님께서 세상에 약속하신 메시아, 즉 기름 부은 자임을 믿는 것이었다. (메시아에 대한 약속과 예언을 좀 더 직접적으로 전달받은) 유대인들에게 있어 기름 부음은 세 가지 유형의 사람들이 취임할 때 행하던 것으로 이 의식을 통해 그들은 세 가지 중요한 직책인 사제, 예언자, 왕으로 임명되었다. 성서를 보면, 이 세 가지 직책 모두 우리 주님께 해당하는 것이었다. 그러나 나는 예수께서 자신을 사제라 자처하거나 그의 사제직과 관련해 무언가 말한 것을 어디에서도 본 적이 없다. 또한 그는 자신이 예언자임을 거의 밝히지 않았으며 한두 번 이야기했을 뿐이다. 그러나 그는 메시아의 나라에 대한 복음을 가는 곳마다 전했으며 그것을 세상에 전하는 것을 자신의 중요한 사명으로 여겼다. 예수의 이 같은 행적은 그들의 왕이자 구원자로서 오실 메시아를 갈망하고 있던 유대인들의 바람에 부합하는 것일 뿐 아니라, 자신이 이 땅에 온 주된 목적, 즉 자신이 세운 나라에서 그 백성들에 의해 왕이 되는 것에도 부응하는 것이었다. 그는 체포되어 빌라도에게 넘겨질 때까지 자신을 왕이라고 직접 밝히지 않았지만 "왕"이나 "이스라엘의 왕"이란 말은 일반적으로 메시아를 부르던 친숙한 호칭이었다. 요한복음 1: 50, 루가복음 19: 38절을 마태오복음 21: 9, 마르코복음 11: 9, 요한복음 12: 13, 마태오복음 21: 5절과 비교해보라. 루가복음 23: 2절을 마태오복음 27: 11, 요한복음 18: 33~37절과 비교해보라. 그리고 마르코복음 15: 12절을 마태오복음 27: 22, 42절과 비교해보라.

우리는 예수를 메시아라고 믿으며 자신들의 왕으로 받아들이는 사람들이 그와 더불어 영광중에 그의 나라에 들어가기 위해서는 무엇을 해야 하는지 알 수 있는데, 예수께서 그들에게 알려주시며 지키라고 한 율법과,

모든 사람이 예수께서 왕좌에 앉아 계신 자리로 나아가 심판을 받게 될 때 의로운 재판장께서 내리시는 심판을 통해 그것을 알 수 있다.

예수께서 자신을 따르는 자들에게 무엇을 믿으라고 말했는지는 4복음 서와 사도행전을 통해 그와 그의 제자들이 가르친 것을 통해 알 수 있다. 이것은 또한 예수께서 자신을 메시아라고 믿는 사람에게 그 믿음 외에 달 리 어떤 것을 요구하셨는지 그리고 그것이 무엇인지를 분명하게 보여준다. 예수께서 메시아, 즉 왕이라고 한다면 우리는 그가 내리는 명령을 통해 그 가 자신의 백성들에게 무엇을 기대하는지 알 수 있다. 만약 그가 자신의 백성들에게 순종을 기대하지 않는다면 그의 명령은 조롱을 받을 뿐이다. 만약 법을 어긴 자에 대해 아무런 처벌도 없다면 그 법은 왕이 제정한 법이 아닐 것이다. 왕이라면 당연히 자신이 정한 법을 따르지 않은 자를 처벌할 것이고, 힘도 없고 영향력도 없어서 그저 빈말만 늘어놓고 있지는 않을 것 이기 때문이다.

요컨대 우리는 하늘나라에 예비된 그의 나라에 들어가 영생을 누리길 원한다면 반드시 해야 하는 것이 무엇인지 예수께서 내리신 명령(말씀)을 통해 알 수 있다. 그리고 이것에 대해서는 잘못 알 수가 없는데, 예수께서 여러 곳에서 다른 식으로 반복하여 말씀하셨기에 의심과 논란이 있을 수 없다. 나는 우리 주님께서 사역을 시작해 그의 나라의 율법을 공적으로 선 포하기 이전에 있었던 세례 요한이나 그 밖에 다른 사람들의 말은 중요하 지 않다고 생각한다.

예수께서는 회개하라는 말씀으로 그의 전도를 시작했다. 마태오복음 4장 17절에 따르면, "이때부터 예수께서는 전도를 시작하시며 '회개하라 하늘 나라가 가까이 왔다.'라고 말씀하셨다." 그리고 루가복음 5장 32절에서는 율법학자와 바리사이인에게 "나는 의인(진실로 도움이 필요치 않은 그들은 생명나무에 대한 권리를 갖고 있다.)을 부르러 온 것이 아니라 죄인을 불러 회개시키려고 온 것이다."라고 말씀하셨다.

루가복음 6장과 마태오복음 5장에 기록된 산상수훈에서는 그들이 선한 일에 모범이 되어야 한다고 말씀하고 있다. "너희 빛을 사람들에게 비추어 저희가 너희의 착한 행실을 보고 하늘에 계신 너희 아버지께 영광을 돌리게 하여라."(마태오복음 5: 15)[13] 산상수훈의 말씀을 통해 예수께서 무엇을 위해 오셨으며 그들에게 무엇을 기대했는지 알 수 있다. 마태오복음 5장 17~20절을 보면 예수께서는 이렇게 말씀하시고 있다. "내가 율법이나 예언서의 말씀을 없애거나 완화하러 온 줄로 생각하지 말아라. 없애거나 완화하러 온 것이 아니라 오히려 그것을 완성하러 왔다." 그가 온 것은 율법의 참된 의미를 알려줌으로써 이를 완성하기 위함이라는 것이다. 여기서 우리는 예수께서 구약에 기록된 도덕적 가르침을 확인하고 다시 한 번 강조하고 있음을 볼 수 있다. "진실로 너희에게 말하니 천지가 없어지기 전에는 율법의 일점일획도 없어지지 아니하고 다 이루어질 것이다. 그러므로 가장 작은 계명 중에 하나라도 스스로 어기거나 남에게 그렇게 하라고 가르치는 자는 하늘나라에서 가장 작은 자로 대접받을 것이다."(마태오복음 5: 21)[14] "내가 너희에게 말하는데 너희의 의(영원한 의의 율법을 따르는 것)가 율법학자나 바리사이인의 의보다 못하다면 너희는 결코 하늘나라에 들어가지 못할 것이다." 이후 그는 자신이 말한 것, 즉 자신이 율법을 완성하러 왔음이 무엇인지 설명하고 있다. 22~26절을 보면 그는 율법의 온전하고 정확한 뜻을 설명해줌으로써 율법학자와 바리사이인들에 의해 왜곡된 율

..
13) 마태오복음 5장 15절이 아니라 16절임.
14) 5장 21절이 아니라 18~19절임.

법의 의미를 바로잡고 있다. 예수께서는 그들에게 살인하지 마라. 이유 없이 성을 내지 마라. 경멸하지 말라고 말씀하신다. 그리고 재판에 넘겨지지 않게 원수와 화해하고 친절하게 대하라고 말씀하신다. 루가복음 6장과 마태오복음 5, 6, 7장에서 이어지는 그의 설교에서 그는 지옥 불의 고통을 언급하며 마음이 깨끗지 못함과 모든 비정상적인 욕망을 금했다. 또한 이유없는 이혼, 대화 중의 욕설, 거짓 맹세, 복수나 앙갚음, 자선과 기도 그리고 금식에 대한 과시, 중언부언하는 기도, 탐욕, 세상의 근심, 비판을 금하고 있다. 그리고 다른 한편에서는 원수를 사랑하고, 나를 미워하는 자에게 선을 베풀고, 나를 저주하는 자에게 축복하며, 나를 악의적으로 대하는 자를 위해 기도하고, 피해를 받아도 인내하고, 온유하며, 용서와 관용과 동정심으로 대하라고 말씀하신다. 이후 그의 특별한 가르침(산상설교)을 다음과 같은 황금률로 끝을 맺는다. "너희는 남에게 바라는 대로 남에게 해주어라. 이것이 율법과 예언서의 정신이다."(마태오복음 7: 12) 그리고 그들이 율법에 순종하기를 바라는 마음에서 "그러면 너희가 받을 상이 클 것이며, 너희는 지극히 높으신 분의 자녀가 될 것이다."(루가복음 6: 35)라고 말씀하고 있다. 그리고 이어서 마지막으로 엄하게 꾸짖고 있다. "너희는 주님, 주님, 하면서 어찌하여 내 말을 실행하지 않느냐."(루가복음 6: 40) 너희가 나를 메시아로 받아들인다 해도 내 말을 따르지 않는다면 아무 의미가 없다. "나더러 주님, 주님하고 부른다고 하여 다 하늘나라에 들어가는 것(또는 하느님의 아들이 되는 것)이 아니다. 하늘에 계신 아버지의 뜻을 실천하는 사람이라야 들어간다."[15] 내 이름으로 예언을 하고 기적을 행한다 할지라도 불순종하는 백성들에게 나는 심판의 날에 이렇게 말할 것

15) 마태오복음 7: 21.

이다. "악한 일을 일삼는 자들아, 나에게서 물러가라 나는 너희를 알지 못한다."[16]

마태오복음 12장 49절을 보면, 예수께서 어머니와 그의 형제들이 그와 이야기를 나눌 기회를 찾고 있을 때 "그의 제자들을 가리키며 '이 사람들이 내 어머니이며 내 형제들이다. 하늘에 계신 나의 아버지의 뜻을 실천하는 사람이라면 누구나 다 내 형제요, 자매요, 어머니이니라." 천상에 계신 아버지의 뜻을 실천하지 않는 사람은 하느님의 양자가 될 수 없으며 예수와 더불어 영생을 누리는 상속자가 될 수 없다.

마태오복음 15장과 마르코복음 6장[17]을 보면 예수의 제자들이 손을 씻지 않은 채 식사를 하는 것을 본 바리사이인들이 이를 비난하자 예수께서는 제자들에게 다음과 같이 말씀하셨다. "너희는 밖에서 들어온 것이 사람의 배 속에 있을 뿐 사람의 마음속을 파고들지 못하기에 사람을 더럽히지 못한다는 것을 이해하지 못하는구나. 사람을 더럽히는 것은 사람에게서 나오는 것들이다. 안에서 나오는 것은 마음에서 나오는 것인데 악한 생각, 간음, 위조, 살인, 절도, 거짓 증언, 탐욕, 사악함, 기만, 음란, 저주, 신성 모독 자만심, 어리석음이다. 안에서 나오는 이 모든 나쁜 것이 사람을 더럽히는 것이다."[18]

예수께서는 나를 부인하거나 모른다고 하기보다는 자기를 부인하고 고난과 위험을 감수하라고 가르치시며, 그러지 않으면 세상보다 더 귀한 영혼을 잃게 된다고 말씀하신다. 우리는 이 말씀을 마태오복음 16장 24~27절

16) 마태오복음 7: 23.
17) 마르코복음 6장이 아닌 7장이다.
18) 마태오복음 15: 16~20; 마르코복음 7: 18~23.

에서 볼 수 있고, 또 같은 내용을 마르코복음 8장[19]과 루가복음 9장[20]에서도 볼 수 있다.

　제자들이 메시아의 나라에 가면 누가 제일 높으냐고 싸우자(마태오복음 18: 1) 예수께서는 이렇게 논쟁을 끝내셨다. "첫째가 되고 싶은 사람은 꼴찌가 되어 모든 사람을 섬기는 사람이 되어야 한다."(마르코복음 9: 35) 예수께서는 한 어린아이를 제자들 앞에 세우시고 "진실로 너희에게 말하니 너희가 어린아이와 같이 되지 않으면 결코 하늘나라에 들어가지 못할 것이다."(마태오복음 18: 3)라고 말씀하셨다.

　마태오복음 18장 15절에서 예수께서는 "어떤 형제가 너에게 잘못한 일이 있거든 단둘이 만나서 그의 잘못을 알려주어라. 만약 그가 너의 말을 들으면 너는 형제 하나를 얻는 것이다. 그러나 그가 너의 말을 듣지 않으면 한두 사람을 더 데리고 가서 모든 말에 대해 그들로 하여금 증인이 되게 하라. 그래도 그가 그들의 말을 듣지 않는다면 교회에 그 일을 알리고, 교회의 말조차 듣지 않는다면 그를 이방인이나 세리처럼 대하라."라고 말씀하신다. 그리고 이어서 21절에서 "베드로가 주님께 '주님, 제 형제가 저에게 잘못을 저지르면 몇 번이나 용서해주어야 합니까? 일곱 번이면 되겠습니까?' 하고 묻자 예수께서는 이렇게 대답하셨다. '일곱 번뿐 아니라 일곱 번씩 일흔 번이라도 용서하라.'"라고 말씀하셨다. 그런 다음 자신에게는 관대하고 동료에게는 엄격한 종의 비유를 이야기하시고 "그리하여 그의 주인은 몹시 노하여 빚을 다 갚을 때까지 그를 형리에게 넘겼다. 너희가 진심으로 형제들을 서로 용서하지 않는다면 하늘에 계신 나의 아버

19) 마르코복음 8: 34~37.
20) 루가복음 9: 23~26.

지께서도 너희에게 이와 같이 하실 것이다."라고 말씀하셨다.(마태오복음 34~35)

루가복음 10장 25절에 보면 "어떤 율법학자가 예수께 '선생님 제가 무슨 일을 해야 영원한 생명을 얻을 수 있겠습니까?' 하고 묻자 '율법서에 무엇이라 적혀 있느냐?' '너는 그것을 어떻게 읽었느냐?' 하고 반문하셨다." 그러자 그가 이렇게 답변하였다. "네 마음을 다하고, 네 목숨을 다하고, 네 힘을 다하고, 네 생각을 다하여 주님이신 네 하느님을 사랑하라. 그리고 네 이웃을 네 몸같이 사랑하라고 하였습니다." 이에 예수께서 "그대로 행하라. 그러면 살 수 있다." 하고 말씀하셨다. 이어 예수께서는 선한 사마리아인의 비유를 들어 율법학자로 하여금 그에게 자비를 보여준 이가 그의 이웃이라고 고백하게 하신 후 "가서 너도 그렇게 하여라."(37절) 하고 말씀하시며 그를 보내셨다.

루가복음 11장 41절에서는 "너희가 가진 것으로 구제하라. 그러면 모든 것이 너희에게 깨끗할 것이다."라고 말씀하셨다.[21]

루가복음 12장 15절에서는 "어떤 탐욕에도 빠지지 않도록 조심하라."라고 말씀하셨다. 이어 22절에서는 "너희는 무엇을 먹을까, 무엇을 마실까, 무엇을 입을까 걱정하지 말라." 즉 가난을 두려워하지 말라고 말씀하신다. "너희 아버지께서는 하늘나라를 너희에게 기꺼이 주신다. 너희는 있는 것을 팔아 가난한 사람에게 주어라. 그리하여 해어지지 않는 돈지갑을 만들고 축나지 않는 재물 창고를 하늘에 마련하여라. 너희 재물이 있는 곳에

..
21) 손을 씻지 않고 음식을 잡수시는 것을 보고 바리사이파 사람들이 놀라자 예수께서는 그들이 잔과 접시는 깨끗이 닦지만, 그 속에는 사악함이 가득함을 비난하시면서 그 접시에 있는 음식을 가난한 사람에게 주면 모든 것이 깨끗해진다고 말씀하고 있다.

너의 마음도 있을 것이다. 허리에 띠를 띠고 등불을 켜놓아라. 주인이 돌아오기를 기다리는 종처럼 준비하여라. 주인이 돌아왔을 때 깨어 있다가 주인을 맞이하는 종은 복되도다. 제때에 하인들에게 품삯을 주라는 주인의 말대로 제 임무를 다한 청지기는 복되도다. 틀림없이 주인은 그에게 그가 가진 모든 재산을 맡길 것이다. 그러나 만일 그 종이 속으로 주인이 더디 올 거라 생각해 자기가 맡은 남녀 종들을 때리고, 먹고 마시며 술에 취해 지냈다면 그가 생각하지도 못했던 시간에 주인이 돌아와 그를 엄히 다스려 신실치 못한 자들이 받는 처벌을 받게 할 것이다. 주인의 뜻을 알고도 준비를 하지 않았거나 그의 뜻을 알고도 거역한 종은 심하게 매를 맞을 것이다. 그러나 주인의 뜻을 몰랐다면 매 맞을 짓을 했다고 해도 덜 맞을 것이다. 많이 받은 사람은 많은 것을 돌려주어야 하며 많이 받은 사람은 더 많은 것을 내어놓아야 한다."[22]라고 말씀하셨다.

루가복음 14장 11절에서는 "누구든지 자기를 높이는 사람은 낮아지고, 자기를 낮추는 사람은 높아질 것이다."라고 말씀하셨다.

이어서 12절에서 점심이나 저녁식사에 초대할 때 "너의 친구나 친척이나 이웃을 초대하지 말라; 그러면 그들도 너를 초대하여 보상을 하려 할 것이다. 그러니 연회를 열면서 가난한 자, 불구자, 절름발이, 소경을 부르라. 그들은 너에게 보상을 하지 못하겠지만 의인들이 부활할 때 너희는 보상을 받게 될 것이다."라고 말씀하셨다.

33절에서는 "너희 중에 자기가 가진 것을 모두 버릴 준비가 되어 있지 않은 사람은 나의 제자가 될 수 없다."라고 말씀하셨다.

루가복음 16장 9절에서는 "잘 들어라. 불의한 재물로라도 친구를 사귀

..
22) 22~48절까지의 요약이다.

어라. 그러면 재물이 없어졌을 때 그들이 너희를 영원한 처소로 영접할 것이다. 만약 너희가 불의한 재물을 다루는 데 있어서 충실하지 못하다면 누가 참된 재물을 너희에게 맡기겠느냐? 또한 너희가 남의 것에 충실하지 못하다면 누가 너희에게 너희의 몫을 주겠느냐?"라고 말씀하셨다.

루가복음 17장 3절에서는 "네 형제가 너에게 잘못하거든 꾸짖어라. 그리고 그가 뉘우치거든 용서해주어라. 그가 너에게 하루에 일곱 번이나 잘못을 저지른다 해도 그때마다 네게 잘못했다고 뉘우치면 그를 용서해주어라."라고 말씀하셨다.

루가복음 18장 1절에는 "예수께서는 제자들에게 비유를 들어 말씀하시며 언제나 기도하고 용기를 잃지 말라고 말씀하셨다."라고 기록되어 있다.

18절을 보면 "한 사람이 예수께 와서 물었다. 선생님, 내가 무엇을 하여야 영생을 얻을 수 있습니까? 예수께서는 그에게 네가 영생을 얻고자 한다면 계명을 지키라고 말씀하셨다. 그러자 그는 어느 계명을 말씀하는 것이냐고 물었다. 그러자 예수께서는 너는 이미 그 계명들을 알고 있다. 살인하지 마라. 간음하지 마라. 도둑질하지 마라. 거짓으로 증언하지 마라. 네 부모를 공경하라. 남의 것을 탐내지 마라. 네 이웃을 네 몸과 같이 사랑하라는 것들이다. 그러자 그는 나는 어려서부터 이 모든 계명을 지켜왔습니다. 예수께서는 그의 이야기를 다 듣고 난 후에 그를 어여삐 여겨 그에게 이렇게 말씀하셨다. '한 가지가 빠졌다. 네가 가진 모든 것을 팔아 가난한 이들에게 주어라. 그러면 너는 하늘에서 보화를 얻게 될 것이다. 그리고 와서 나를 따르라.'"[23] 청년이 우리 주님께 물었던 것을 올바로 이해하기 위해 우리가 주목해야 하는 것은 그가 메시아의 나라에 들어가기 위해

..
23) 18: 18~22.

무엇을 해야만 하느냐는 것이다. 그 유대인 청년은 메시아의 나라가 왔을 때 예수를 받아들인 사람들은 죽지 않을 것이고, 이미 죽은 사람은 그가 다시 살려내어 그와 함께 영생을 얻게 될 것임을 믿고 있었다. 우리 주님께서는 그 청년의 질문에 답변하시면서 메시아의 나라에서 영생을 누리려면 계명을 지켜야만 한다고 말씀하셨다. 그러면서 율법의 계명들을 하나하나 열거하시자 청년은 어린 시절부터 그것들을 모두 지켰다고 답했다. 성경은 예수께서 그를 어여삐 보셨다고 말한다. 그러나 우리 주님께서는 그 청년이 진심으로 자신을 메시아로 믿고 있는지 그리고 자신을 그의 왕으로 받아들이고 그에게 순종하려는지 알아보기 위해 그에게 자신이 가진 모든 것을 가난한 이에게 주고, 와서 나를 따르라고 분부하셨다. 나는 이 구절을 이렇게 해석한다. 그가 가진 모든 것을 팔아서 가난한 이들에게 주라는 것은 메시아의 나라에 들어가기 위해 반드시 지켜야 할 계명이 아니라 그 청년이 진심으로 예수를 메시아라고 믿고 그에게 순종할 준비가 되어 있는지, 그래서 자신이 왕이 되신 예수께서 요청하면 언제든 그를 따르기 위해 모든 것을 버릴 수 있는지를 알아보기 위해 던진 시험적인 명령이었던 것이다.

루가복음 19장 14절을 보면 우리 주님께서는 자신을 메시아로 받아들이지 않는 유대인을 "우리는 이 사람이 우리를 다스리는 것을 원치 않습니다."라고 말하는 사람으로 표현하고 있다. 이는 예수를 메시아라고 믿는 것만으로는 충분치 않으며 그의 계명을 지키고 그를 자신을 다스리는 왕으로 받아들여야 함을 의미하는 것이다.

마태오복음 22장 11~13절을 보면 결혼식에 초대를 받았지만, 예복을 입지 않고 온 사람이 어두운 바깥으로 내쳐지는 이야기가 나온다. 여기서 예복이란 올바른 행실을 의미함이 분명하다. 요한묵시록 19장 8절을 보면 깨끗하고 하얀 세마포 예복은 성도의 "올바른 행실(δικαιώματα)"이라고 말한다. 그리고 사도 바울로는 그것을 "우리를 부르신 목적에 합당하게 살아가는 것"(에페소 4: 1)이라고 말하고 있다. 이것은 비유를 통해 드러난다. 우리 주님께서는 "하늘나라는 어떤 왕이 자기 아들의 혼인 잔치를 베푸는 것에 비길 수 있다."라고 말씀하시며, 여기서 초대받은 사람들을 세 유형으로 분류하고 있다. 1. 초대받았으나 오지 않은 사람. 다시 말해 복음, 즉 하느님 나라에 대한 좋은 소식을 들었으나 믿지 않는 사람. 2. 잔치에 참석했으나 예복을 입지 않은 사람, 즉 예수를 메시아라고 믿으나 참된 회개와 삶의 변화가 없거나 골로사이서 3장에서 사도 바울로가 요구하는 그런 덕목을 지니지 못한 사람. 3. 초대받아 참석했으며 예복도 입고 온 사람, 즉 복음을 듣고 예수가 메시아임을 믿고 신실하게 그의 계명에 순종한 사람. 이들 세 유형의 사람 중에 그들을 위해 예비된 하늘나라를 향유할 수 있는 사람은 마지막 유형의 사람뿐이다.

마태오복음 23장에서 예수께서는 "너희는 랍비라 칭함을 받지 마라. 너희의 스승은 오직 한 분뿐이고 너희는 모두 형제들이다. 또 이 세상 누구를 보고도 아버지라 부르지 말아라. 너희의 아버지는 하늘에 계신 아버지 한 분뿐이시다. 또 너희는 선생이라는 말도 듣지 마라. 너희의 선생은 오직 메시아 한 분뿐이시다. 너희 중에 으뜸가는 사람은 너희를 섬기는 사람이어야 한다. 누구든지 자리를 높이는 사람은 낮아지고 자기를 낮추는 사람은 높아질 것이다."라고 말씀하신다.

루가복음 21장 34절에서는 "방탕함과 술 취함과 생활의 염려로 마음을 빼앗기지 않게 조심하여라."라고 말씀하신다.

루가복음 22장 25절을 보면 "예수께서는 말씀하시기를 이방인의 왕들은 백성들을 강제로 다스린다. 그리고 백성들에게 권력을 행사하는 사람들은 백성의 은인인 양 행세한다. 그러나 너희는 그렇게 해서는 안 된다. 너희 중에서 가장 높은 자는 가장 나이 어린 자처럼 해야 하고, 가장 높은 자는 섬기는 자가 되어야 한다."

요한복음 13장 34절을 보면 예수께서는 "내가 너희에게 주는 새 계명은 이것이니 서로 사랑하여라. 내가 너희를 사랑한 것같이 너희도 서로 사랑하여라. 만약 너희가 서로 사랑하면 세상 사람들이 그것을 보고 너희가 내 제자라는 것을 알게 될 것이다."라고 말씀하신다. 서로 사랑하라는 계명은 15장 12절과 17절에서 반복되고 있다.

요한복음 14장 15절에서 예수께서는 "너희가 나를 사랑하면 나의 계명을 지켜라."라고 말씀하시고, 21절에서는 "나의 계명을 듣고 지키는 사람이 바로 나를 사랑하는 사람이다. 나를 사랑하는 사람은 내 아버지로부터 사랑을 받을 것이다. 나 또한 그를 사랑하고 그에게 나를 나타내리라."라고 말씀하신다. 이어서 23절에서는 "나를 사랑하는 사람은 나의 말을 잘 지킬 것이다."라고 말씀하시고 24절에서는 "나를 사랑하지 않는 사람은 내 말을 지키지 않을 것이다."라고 말씀하신다.

요한복음 15장 8절에서 "너희가 많은 열매를 맺고 참으로 나의 제자가 되면 나의 아버지께서 영광을 받으실 것이다."라고 말씀하시고 이어서 14절에서는 "내가 명하는 것을 지키면 너희는 나의 벗이 된다."라고 말씀하신다.

이처럼 우리 주님께서는 도덕적 계명을 더욱 분명하게 했을 뿐 아니라 율법학자와 바리사이인들에 의해 이루어진 잘못된 해석을 바로잡음으로써 그 계명들이 우리가 지켜야 할 엄정한 의무임을 보여주었다. 게다가 말로 설명할 수 없는 또 다른 세계에서의 상벌을 강조하면서 그의 제자들에게 새로운 계명들을 더하시고 그것들을 지킬 것을 요구하셨다. 내 생각으로는 예수께서는 그 자신이 하거나 제자들을 시켜서 하거나 어디를 가든지 분명한 말로 그를 따르는 사람들에게 반복하여 이야기함으로써 도덕적 의무를 마음속에 심어주셨다. 그런데 그가 사람들로 하여금 당장 열매 맺는 삶을 살기 원했던 것은 헛된 일이 아니었을까? 그들의 왕인 예수께서 그것을 명하셨지만 그것이 사실은 중요한 것이 아니지 않았을까? 다시 말해 그들의 행복과 불행이 그들이 계명을 따르는지 여부와는 무관했던 것이 아닐까? 그들은 예수를 메시아라고 믿을 것을 요구받았다. 그 믿음은 그들이 비록 부족하지만, 그것으로 인해 의롭다 여김을 받는 은총이었다. 의롭게 사는 것, 즉 하느님의 율법에 대한 순종은 그들에게는 힘든 일이었다. 만약 그들 자신의 노력으로 그렇게 할 수 있다면 그들이 믿음으로 얻게 되는 은혜로운 죄 사함은 필요가 없는 것이다. 부활 후에 있을 영생은 앞선 계약에 따라 당연히 주어지는 것이지만 그것은 행실을 통해서도 얻을 수 있는 것이다. 비록 엄격함은 약화되었으나 어떤 율법의 규정도 폐지되지 않았다. 그리고 그 규정에 담긴 의무는 여전하다. 따라서 그들의 의무는 결코 끝나지 않았으며 그들의 고의적인 태만함 또한 여전하다. 그러나 예수를 약속된 메시아이자 왕이라 믿는 사람들에게는 그들의 지난날의 죄에 대한 사함이 이루어졌다. 그리고 지난날의 잘못을 더 이상 반복하지 않는다면 그들은 그의 백성이 되어 그의 나라에 들어갈 것이고, 굳건한 심지로 그의 율법을 지키며 이후에 어떤 실수도 하지 않을 것이다. 그러므로 의로운 삶, 전적인 순종, 죄로부터의 자유를 위해 진심으로 노력해야 하는 것이다. 비록 예수께서 주신 계명을 고의적으로 지키지 않는 사람일지라도 예수를 잘 믿기만 하면 그의 나라에 들어가 영생을 누리는 축복을 받을 수 있다고 그 어디에도 기록된 바가 없다.

진실한 순종이 믿음과 더불어 새로운 언약의 조건임을 어느 누가 주저하며 의심할 수 있겠는가? 다른 모든 것은 제쳐두고 우리 주님의 산상수훈만 읽어보아도 이를 알 수 있다. 우리 주님께서 하신 설교보다 더 분명한 것이 어디 있겠는가? 마태오복음 6장 14절에서 예수께서는 "만약 너희가 남의 잘못을 용서하면 하늘에 계신 너의 아버지께서도 너희를 용서하실 것이다. 그러나 너희가 남의 잘못을 용서하지 않으면 너희 아버지께서도 너희의 잘못을 용서하지 않으실 것이다."라고 말씀하신다. 그리고 요한복음 13장 17절에서는 "너희가 이것을 알았으니 그대로 실천하면 축복을 받을 것이다."라고 말씀하신다. 실천이 없는 믿음은 받아들여질 수 없다는 것이 바로 새 언약을 위한 필수조건, 즉 우리 주님께서 그를 믿는 사람들에게 영생을 주기 위한 조건인 것이다. 그러기에 루가복음 6장 46절에서 "너희는 나에게 주님, 주님 하면서 어찌하여 내 말을 따르지 않느냐?"고 말씀하신다. 그의 말씀에 순종함이 없이 예수를 메시아, 즉 주님이라고 믿는 것만으로는 충분하지 않다는 것이다. 그가 여기서 말하고 있는 대상은 믿는 자들임이 분명한데 이는 같은 대목이 나오는 마태오복음 7장 21~23절을 보면 알 수 있다. "주님, 주님! 하고 부른다고 다 하늘나라에 들어가는 것이 아니다. 하늘에 계신 내 아버지의 뜻을 실천하는 사람이라야 들어갈 수 있다." 한 걸음 더 나아가 예수께서는 설혹 예수를 잘 믿어 그의 이름으로 기적을 행한다 할지라도 말씀에 순종하지 않을 뿐 아니라 행실이 불량한 사람은 하늘나라에 갈 수 없다고 말씀하신다. "그날에 많은 사람이 나를 보고 '우리가 주님의 이름으로 예언을 하고, 주님의 이름으로 마귀를 쫓아내고, 또 주님의 이름으로 많은 기적을 행하지 않았습니까?' 하고 말할 것이다. 그러나 나는 그때 그들에게 이렇게 말할 것이다. '나는 너를 알지 못한다. 내게서 물러나라 악한 일을 일삼는 자들아.'"

사도들은 메시아의 복음을 전파할 때 대체로 새로운 언약에 대한 이 말씀을 믿음에 대한 교리와 연결해서 가르쳤다.

사도행전 2장을 보면 베드로가 처음 설교를 하자 그 말을 들은 사람들이 마음에 찔려 "우리가 무엇을 해야 합니까?" 하고 묻자 베드로가 이렇게 답변했다. "회개하시오. 그리고 예수 그리스도의 이름으로 세례를 받고 죄에 대한 용서를 받으십시오."(사도행전 2: 38) 그는 이후에 이어지는 설교에서도 같은 말을 하고 있다. "하느님께서는 여러분을 위해 그의 아들 예수를 다시 살리시고 여러분을 축복하기 위해 그를 보내셨습니다." 왜 그랬을까요? "여러분 모두를 악한 길에서 돌아서게 하시기 위함이었습니다." (사도행전 4: 26)[24]

사도들은 대사제들과 관리들에게도 같은 내용을 전하였다. "우리 조상들의 하느님께서는 여러분들이 나무에 매달아 죽인 예수를 다시 살리셨습니다. 그리고 하느님께서는 이스라엘을 회개시키고, 용서받게 해주시기 위해 그를 그들의 왕과 주님으로 높이시고 당신의 오른편에 앉히셨습니다. 우리는 이 모든 일의 증인입니다. 그리고 하느님께서 당신께 복종하는 사람에게 주시는 성령 또한 증인입니다."(사도행전 5: 30)

사도행전 17장 30절에서 바울로는 이미 복음을 받아들인 아테네인들에게 "하느님께서는 어디에 있는 사람에게나 회개할 것을 명하십니다."라고 말한다.

사도행전 20장 21절에서는 바울로는 에페소의 장로들과의 마지막 모임에서 그들에게 구원에 필요한 모든 교리를 가르쳤다고 고백한다. "여러분에게 유익한 것이라면 하나도 빼놓지 않고 거리에서나 여러분의 가정에서 전하며 가르쳤습니다. 그리고 유대인에게나 그리스인에게나 하느님께 회개하고 돌아와 우리 주 예수 그리스도를 믿어야 한다고 권면하였습니다."

∴

24) 4장 26절이 아니라 3장 26절이다.

이게 바울로가 전한 복음의 전부이자 핵심 요지였다. 다시 말해 바울로가 알고 있던 구원을 위해 필요한 모든 것은 "회개하고 예수를 메시아로 믿는 것"이었다. 32절에서 바울로는 "형제들이여 나는 이제 하느님과 그의 은총의 말씀에 여러분을 맡깁니다. 그 말씀은 여러분을 성장시킬 수 있으며 모든 성도와 더불어 유산을 받을 수 있게 해줄 겁니다." 요컨대 구원은 은혜의 말씀과 그 언약에 의해 전해지는 유산이지만 오직 성화된 이들만 받을 수 있다는 것이다.

사도행전 24장 24절에서 펠릭스(Felix)가 그의 아내 드루실라(Drusilla)와 함께 그리스도에 대한 믿음을 알기 위해 바울로를 찾아왔을 때, 바울로는 그가 두려움을 느낄 정도로 의(또는 정의)와 절제, 이웃과 자신에 대한 의무 그리고 장차 다가올 심판에 대해 이야기하였다. 이 이야기를 통해 "절제와 정의"가 바울로가 믿었던 종교의 핵심 요소이며, 그가 전한 믿음에 담겨 있음을 알 수 있다. 바울로는 어디에서도 도덕적인 계명에 대한 의무를 강조하지 않았는데 이는 기록으로 남겨진 그의 대부분의 설교가 유대인의 회당에서 율법의 모든 계명(precept)을 지켜야 함을 잘 알고 있는 유대인들을 대상으로 한 것이었기 때문이다. 그러므로 유대인들이 사도 바울로보다 율법에 더 열심이지 않았다고 생각하는 것은 잘못이다. 바울로의 이야기는 유대인들이 여전히 소망하면서도 싫어하는 것, 즉 예수가 그들에게 약속된 메시아임을 이해시키고 수용하게 하는 데 초점이 맞추어져 있었다. 우리가 바울로를 믿는다면 그가 대체로 무엇을 전했는지를 아그리빠(Agrippa)왕에게 자신의 일생과 신앙에 대해 설명을 하고 있는 사도행전 26장을 통해 알 수 있다. 20절에서 바울로는 이렇게 말하고 있다. "다마스커스 사람들에게 그리고 예루살렘과 유다의 온 지방 사람들에게, 심지어는 이방인들에게까지 회개하고 하느님께 돌아와서 회개에 합당한 행실을 보이라고 가르쳤습니다."

따라서 우리는 우리 주님과 사도들이 행한 전도를 통해 예수께서 그를 메시아로 믿고, 자신의 주님이자 구원자로 받아들이는 이들에게 그가 알려준 계명대로 살 것을 요구하셨음을 알 수 있다. 그러나 (예수를 메시아로 믿고, 그를 받아들임으로써 그의 백성이 되고 그에 대한 보답으로 자신이 지은 지난날의 죄를 용서받는다고 생각한다면) 예수께서는 이런 사람을 자신의 사람으로 받아들이지 않을 것이며, 영생을 유업으로 받는 새 예루살렘의 참된 신민으로 받아들이지 않을 것이며, 그들을 자신들의 지난날 잘못을 답습하며 그가 준 계명을 진심으로 따르며 살지 않은 의롭지 못한 자로 심판할 것이다. 예수께서는 그의 제자들에게 자신이 무엇을 기대하고 있는지 계명을 준 사람으로서 그것에 대해 충분히 설명하고 있다. 그는 제자들이 신앙, 은총, 값없이 주는 은총, 죄의 용서와 사면 그리고 그에 의한 구원(그가 이 땅에 오신 궁극적 목적)에 대한 교리를 잘못 이해하고 그것에 현혹되지 않도록 여러 번 그들에게 말씀하셨다. 비록 자신을 믿는다고 고백하고 그의 이름으로 기적을 행한다 할지라도 세상 끝날에 그가 영광스러운 자리에 앉아 모든 사람을 심판할 때 그가 이 땅에서 행한 행실대로 무엇을 하지 않았고, 무엇을 잘못했는지를 따져 심판하실 것임을 이야기하셨다.

처음으로 우리 주님께서 심판의 날을 언급한 곳은 요한복음 5장 28~29절이다. "죽은 이들이 모두 그[하느님의 아들]의 음성을 듣고 무덤에서 나올 때가 올 것이다. 그때가 오면 선한 일을 한 사람들은 부활하여 생명의 나라에 들어가고 악한 일을 한 사람들은 부활하여 단죄를 받게 될 것이다." 우리 주님의 말씀을 믿는다면 선을 행한 자와 악을 행한 자에 대한 구별이 이루어진다는 것이다. 이어지는 30절에서 예수께서는 악을 행하는 자를 심판해야 하는 이유를 다음과 같이 말씀하고 있다. "어떤 것도 내 마음대로 할 수 없다. 하라시는 대로 나는 심판할 뿐이다. 그러기에 나의 심판은 올바르다. 나의 뜻대로가 아닌 나를 보내신 나의 아버지의 뜻대로 했기 때문이다." 자신의 뜻대로 심판할 수 없다는 것이다. 그는 아버지로부터 심판을 위임받았기에 그의 뜻을 따라야 하며, 어떠한 불의한 사람도 하늘나라에 들어가는 일이 없도록 공정해야만 한다는 것이다.

마태오복음 7장 22~23절에서 예수께서는 심판 날을 언급하면서 불의한 이들에게 "불법을 일삼는 자들아 내게서 물러가라."라고 선언할 것임을 말씀하고 있다. 그러나 참회하며 진심으로 순종하는 믿음은 행실의 잘못을 덮으며 은총으로 인해 의롭다 여김을 받게 될 것이라고 말씀하고 있다. 우리가 여기서 주목해야 하는 것은 그릇된 행실이 아닌 불신앙으로 인해 죄를 선고받고 벌을 받는 일은 없다는 점이다. 심판을 받는 자는 바로 "불의를 행하는 자들"인 것이다.

마태오복음 13장 14절[25]을 보면, "세상 끝날에 인자가 그의 천사를 보낼 것인데 그들은 그의 나라에서 모든 추문과 악행을 일삼은 사람들을 끌어내어 불구덩이에 처넣을 것이다. 그러면 그들은 통곡하며 이를 갈 것이다."라고 되어 있다. 그리고 49절에서도 "천사들이 나타나 선한 사람 사이에 숨어 있는 악한 자들을 가려내어 불구덩이에 처넣을 것이다."라고 되어 있다.

마태오복음 16장 24절[26]은 "인자가 아버지의 영광에 싸여 자기 천사들을 거느리고 올 때 그는 각자에게 그가 행한 대로 갚아줄 것이다."라고 말한다.

루가복음 13장 26절에는 이렇게 되어 있다. "'우리와 함께 먹고 마셨고

• •

25) 마태오복음 13장 41절이다.
26) 24절이 아니라 27절이다.

거리에서 우리를 가르치시지 않으셨습니까?'라고 말해도 '나는 너희를 모른다, 물러가라. 악행을 일삼는 자들아.' 하고 말할 것이다."

마태오복음 25장 31~46절은 이렇게 되어 있다. "인자가 영광에 싸여 올 때 그 앞에 모든 민족이 불려 올 것이다. 그리고 그는 양은 오른편에, 염소는 왼편으로 갈라놓을 것이다. 그런 다음 오른편에 있는 사람들에게 '너희는 내 아버지의 축복을 받았으니 이 세상을 창조할 때부터 너희를 위해 준비한 이 나라를 받아라. 너희는 내가 굶주렸을 때 내게 먹을 것을 주었고, 내가 목말랐을 때 내게 마실 것을 주었으며, 내가 나그네였을 때 나를 받아주었으며, 헐벗었을 때 입을 것을 주었으며, 병들었을 때 돌보아주었고, 감옥에 갇혔을 때 찾아주었다.' 이 말을 듣고 의인들은 '주여, 저희가 언제 굶주리신 당신을 보고 먹을 것을 드렸습니까?' 하고 말할 것이다. 그러면 왕께서는 '진실로 너희가 여기 있는 형제 중에 가장 보잘것없는 사람 하나에게 해준 것이 바로 나에게 해준 것이다.' 하고 말할 것이다. 그리고 왼편에 있는 사람들에게는 이렇게 말할 것이다. '저주받은 자들아 악마와 그의 졸개들을 위해 준비한 영원한 불구덩이로 들어가라. 너희는 내가 굶주렸을 때 먹을 것을 주지 않았고, 목말랐을 때 마실 것을 주지 않았으며, 나그네였을 때 나를 맞아들이지 않았으며, 헐벗었을 때 입을 것을 주지 않았으며, 병들거나 감옥에 갇혔을 때 나를 돌보아주지 않았다. 이들 중 하나에게 해주지 않은 것이 곧 나에게 해주지 않은 것이다. 이들은 영원히 벌을 받을 것이며, 의인들은 영생을 얻게 될 것이다.'"

내 생각으로는 위에 언급한 성서의 구절들은 우리 주님께서 최후의 심판과 그날에 있을 일을 설명하신 대목들을 모두 모아놓은 것이다. 여기서 우리는 놀라운 사실을 발견하게 된다. 그것은 그날에 있을 심판이 믿음에 대해서는 아무런 언급도 없이 행실만을 다루고 있다는 것이다. 그러나 이

것이 복음의 가르침을 받은 사람에게 예수를 메시아라고 믿지 않아도 구원을 받을 수 있다고 말하는 것은 아니다. 죄인들, 율법을 어긴 사람들, 불의한 사람들은 예수를 믿고, 하느님의 은혜에 의해 믿음으로 인해 의롭다 여김을 받지 않는 한 자신의 죄에 대해 책임을 져야 한다. 그러나 이처럼 대속을 받지 못한 사람들은, 즉 악행을 이런 식으로 용서받지 못한 사람은 그들의 행실에 해당하는 율법의 조문과 그 처벌조항에 따라 죗값을 치러야 한다. 이들이 받는 처벌은 율법을 제대로 지키지 않아서이지 믿음이 없다는 이유 때문이 아니다. 믿음이 없다는 것이 처벌을 받을 죄는 아니다. 믿음이 없어 그들의 죄악이 대속을 받지 못하였다면 모든 불의한 사람이 그렇듯 당연히 율법에 따른 심판을 받아야 하는 것이다.

그런데 모든 죄인이 심판을 받아야 함에도 그들이 하느님의 은혜로 용서받을 수 있다면, 다시 말해 예수를 메시아로 믿고 그를 자신의 왕으로 받아들여 최선을 다해 순종할 경우 하느님에 의해 의롭게 여김을 받을 수 있다면 다음과 같은 반론이 제기될 수 있다. "우리 주님이 오시기 전에 태어나 그의 이름을 들은 적도 없고, 따라서 그를 믿을 수도 없었던 사람들은 대체 어떻게 되는 것인가?" 이런 반론은 충분히 예측되는 자연스러운 것으로 합리적인 사람이라면 얼마든지 이런 생각을 할 수 있다. 어느 누구에게 들어본 적도 없는 것을 믿으라고 요구할 수는 없다. 지혜의 하느님께서는 그의 아들을 보내시기로 약속하셨으며 그 시간이 이르기 전에 여러 번 다른 방식으로 예언하기를 이스라엘 백성에 비범한 인물이 나타나 그들 가운데서 성장할 것이며 그들의 왕이자 구원자가 될 것이라고 말씀하셨다. 그의 출생의 시간과 다른 상황들, 생애, 인격 등이 여러 잡다한 예언서에서 구체적으로 기술되어 있고 분명하게 예언되어 있어 유대인들은 이들 예언서에 기록된 대로 메시아 또는 기름 부음 받은 자로 알려진 이가 오기를 기다렸다. 그 메시아가 오기 전에 사람들에게 요구된 것은 하느님이 계시하신 것을 믿으라는 것이었으며, 확신을 갖고 하느님께서 약속을 이행하실 것임을 신뢰하라는 것이었다. 이는 때가 이르면 하느님께서 그들에게 말씀하신 대로 메시아, 즉 기름 부음을 받은 왕, 약속된 주님이자 구원자를 보내실 것임을 믿으라는 것이다. 전능하신 하느님께서는 그의 약속을 믿고 그의 말씀을 신뢰하며 말없이 복종하고 순종하는 것을 연역한 우리가 그의 선하심과 참되심 그리고 그의 권능과 지혜에 바치는 경외의 표시이자 그의 섭리와 자애에 대한 감사의 표시로 받아들이신다. 따라서 우리 주님께서는 요한복음 12장 44절에서 "나를 믿는 사람은 나뿐 아니라 나를 보내신 분을 믿는 것이다."라고 말씀하고 있다. 자연의 작품들은 신의 예지와 전능함을 보여준다. 그러나 사람들과 맺은 언약에서 드러나는 인류에 대한 하느님의 특별한 돌보심은 그의 자애와 사랑을 보여주며 그로 인해 인류는 하느님에 대해 사랑과 애착을 갖게 된다. 하느님께 의존하며 그를 사랑함으로 인해 마음을 드리는 것이야말로 그가 가장 흠향하는 제물인바, 바로 이것이 참된 예배의 토대이자 모든 종교의 생명력이다. 하느님께서는 자신의 말씀에 의존하며 사는 삶, 그의 약속을 붙잡고 사는 삶을 높이 평가하시는데 바로 그 사례가 아브라함이다. 그의 믿음은 우리가 앞서 로마서 4장에서 살펴보았듯이 "의로 여김을 받았다." 그는 어떤 의심도 없이 하느님의 말씀을 굳게 의지함으로써 '믿음의 조상'[27]이라고 불렸고 하느님의 크신 사랑을 받아 피조물에게 부여될 수 있는 가장 높고 영화로운 명칭인 "하느님의 친구"[28]라고 불렸다. 그가 약속을 받은 것

••
27) 로마서 4: 16.
28) 야고보서 2: 23.

은 그의 아내 사라에 의해 아들을 얻는다는 것이고, 그의 수없이 많은 후손이 가나안 땅을 차지하게 된다는 것이었다. 이것들은 단지 현세적인 축복이었고 그것도 자신이 살아서 보거나 누릴 수 있는 것이 아닌 (아들의 출생을 제외하고는) 먼 미래에 있을 것들이었다. 그러나 그는 이것들이 이루어짐을 의심치 않았으며, 약속을 하신 하느님의 선하심과, 진실하심과, 성실하심을 믿었기에 하느님께서는 그 믿음을 의로 여기셨다. 바울로는 로마서 4장 18~22절에서 이를 다음과 같이 말하고 있다. "절망 속에서 희망을 잃지 않고 '너의 후손이 저렇게 많아질 것이다.'라고 하신 말씀에 따라 그는 자신이 많은 민족의 조상이 될 것을 믿었습니다. 백 살이 넘었음에도 믿음이 약해지지 않았고, 그의 몸을 죽었다고 여기지 않았으며, 사라의 태 역시 죽지 않았다고 생각했습니다. 그는 불신으로 하느님의 약속을 의심하지 않았으며 오히려 믿음으로 더욱 굳세어져 하느님을 찬양하였습니다. 그리고 하느님께서 약속하신 것을 능히 이루어주시리라 확신했습니다. 바로 그 때문에 하느님께서 그 믿음을 의로움으로 인정해주신 것입니다." 사도 바울로는 아브라함의 강인하고 확고한 믿음을 강조하면서 그가 하느님께 영광을 돌렸고 그로 인해 그가 의롭다 여김을 받았음을 우리에게 알려주고 있다. 이것이 바로 하느님께서 가련하고 연약한 인간을 다루시는 방식이다. 하느님께서는 자애로운 마음으로 인간을 보살펴주시며 의의 자리에 앉히시려고 그의 약속을 잘 믿을 뿐 아니라 한결같은 마음으로 그의 신실하심과 선하심에 의지하는 이들을 칭찬하신다. 바울로는 히브리서 11장 6절에서 우리에게 "믿음이 없이는 하느님을 기쁘게 할 수 없다."라고 말하면서 동시에 그 믿음이 무엇인지 말하고 있다. "하느님께 나아가는 자는 하느님이 계시다는 것과 하느님께서는 당신을 찾는 이들에게 상을 주신다는 것을 믿어야 합니다." 바울로는 하느님께서는 그에게 순종하는 이들에게 자비와 호의를 보이시며, 직감을 통해서든 특별한 약속에 의해서든 계시로 보여주시며, 주시기로 약속하신 것을 놓고 하느님을 신뢰한 이들에게는 보답을 하신다고 확신하고 있다. 그는 신앙을 기술함에 있어(우리가 그것 없이는 하느님을 기쁘게 할 수 없는 그 신앙이 무엇인지에 대해 오해가 없도록 옛 성인들을 언급하고 있다.) 탁월한 믿음을 보여준 사람들을 열거하고 있는데 예수 그리스도께서 오셔서 그들을 구원해줄 것이라는 확신과 그들이 복음을 듣고 갖게 된 언약에 대한 믿음을 끝까지 붙잡고 있도록 격려하기 위해 믿음으로 인해 학대받았던 히브리인들을 언급하였다. 바울로는 이들 사례를 통해 그들 앞에 희망이 놓여 있으니 물러서지 말며, 기독교를 배교하지 말라고 교훈하고 있다. 앞 장 35~38절에서도 이 점을 분명히 하고 있다. "여러분은 신념을 버리지 마십시오. 그 신념에는 큰 상이 따릅니다. 여러분이 하느님의 뜻을 행하고 하느님께서 약속하신 상을 받으려면 고집 또는 인내(여기서 사용된 그리스어는 우리 번역으로는 '인내'에 해당한다. 루가복음 8장 15절을 참조하라.)[29]가 필요합니다. '잠시 후면 오실 이가 지체 없이 나타나리라. 의인은 믿음으로 살리라. 만약 그가 뒤로 물러서면 내 마음이 그를 달갑게 여기지 않으리라.'[30]"

바울로가 11장에서 열거하고 제시한 신앙의 사례들은 하느님을 기쁘게 한 옛 신앙인들의 믿음이란 하느님의 선하심과 신실하심을 변함없이 신뢰하면서 그들이 바라는 좋은 일들이 자연스럽게 또는 특별한 약속에 따라 이루어지리라 믿는 것임을 알려준다. 이런 믿음이 대체 하느님과의 관계에

..

29) 그리스어 'ὑπομονῆς'는 영어로 번역하면 patience 또는 endurance를 의미한다. "씨가 좋은 땅에 떨어졌다는 것은 바르고 착한 마음으로 말씀을 듣고 간직하여 꾸준히 열매를 맺는 사람을 두고 하는 말이다."(루가복음 8: 15)
30) 하바꾹 2: 3~4.

서 어떤 유익이 있는지 우리는 다음 구절들을 통해 답을 찾을 수 있다. "아벨은 믿음으로 카인의 것보다 더 나은 제물을 하느님께 바쳤습니다. 그로 인해 그는 자신이 의로운 사람이라는 증거를 얻었습니다."(4절) "에녹은 믿음으로 하늘로 옮겨져 죽음을 맛보지 않았습니다. 하늘로 옮겨지기 전에 그가 하느님을 기쁘게 하였다는 증거가 있었습니다."(5절) "노아는 하느님으로부터 아직 보이지 않는 일에 대해 경고를 받았을 때 두려운 마음이 들었고, 이에 믿음으로 가족을 구하기 위해 방주를 마련했으며, 이로 인해 그는 세상을 정죄하고 믿음을 쫓는 의의 후사가 되었습니다."(7절) 그리고 하느님이 기쁘게 받으시고 보답해주시는 것이 무엇인지 우리는 다음 구절을 통해 알 수 있다. "사라는 이미 늦은 나이였지만 믿음으로 아이를 잉태할 수 있었고 마침내 아이를 낳았습니다."(11절) 그녀가 어떻게 해서 하느님으로부터 이런 은혜를 받을 수 있었는지 사도는 "그녀는 약속해주신 분을 신실한 분이라 믿었기 때문"이라고 말한다. 이처럼 그리스도가 오시기 이전에 하느님을 기쁘시게 함으로 인해 하느님이 받아들인 사람들은 하느님이 그들에게 계시하신바, 하느님의 약속을 믿고 하느님의 선의를 믿은 사람들이었다. 사도는 다음과 같이 우리에게 말한다. "그들은 모두 믿음으로 살다가 죽었습니다. 약속받은 것을 얻지 못했으나 멀리서 바라보며, 그것을 믿고, 받아들였습니다."(11: 13) 그들이 받은 약속을 믿고 받아들이는 것, 이것이 그들에게 요구된 전부였다. 그들은 그들에게 약속된 것을 믿었고, 그들에게 계시된 것을 받아들였다. 약속에 따라 그들은 받았고, 그 은혜 안에 있었다. 멀리 내다보는 믿음, 하느님께서 그들에게 주신 약속에 대해 하느님을 신뢰하는 마음, 그리고 메시아가 오시리라는 믿음은 그리스도가 오기 이전에 살았던 사람들에게는 하느님이 그들을 의인으로 삼으시기에 충분한 것이었다. 따라서 나는 자신들의 특정한 믿음과 교리를 믿지 않는 사람은 하느님께서 받아들이지 않으실 것이라고(어떤 사람은 하느님께서 받아들이실 수 없을 것이라고) 말하는 사람들에게 이 같은 질문을 하고 싶다. 적당한 때에 약속한 대로 그들에게 왕과 구원자가 될 메시아를 보내주실 것임을 믿었던 사람들을 의롭다 하신 무한한 자비의 하느님께서 나사렛 예수를 약속된 메시아, 즉 왕이자 구원자로 믿는 사람들을 어찌 의롭다 여기지 않으시겠는가?

그것보다 더 중요해 보이는 또 다른 문제가 있다. "그리스도에 앞서 살았던 사람들의 믿음(즉 하느님께서는 그가 약속한 바대로 메시아를 보내 그의 백성들의 왕과 주님으로 삼으실 것이라는 믿음)과 그리스도가 오신 이후의 믿음(예수가 하느님께서 약속하시고 보내주신 메시아라는 믿음) 모두 그들에게 의로 여겨질 수 있을 것이다. 그런데 주님에 대한 약속이나 소식을 전혀 들어보지 못했으며 또한 하느님이 보내시어 이 땅에 오신 메시아에 대해 전혀 들어본 적이 없어 그에 대해 어떤 생각이나 믿음을 가져본 적이 없는 사람들은 대체 어떻게 되는 것인가?"

이에 대한 나의 답변은 이렇다: 나는 하느님께서 "사람들이 무엇을 갖고 있지 않느냐가 아니라 무엇을 갖고 있느냐에 따라" 사람마다 다른 것을 요구하실 것이라 생각한다. 하느님께서는 하나의 달란트를 주신 사람에게 열 달란트를 기대하지 않으실 것이기에 결코 들어보지도 못한 약속을 믿으라고 요구하지도 않으실 것이다. 따라서 "들어보지도 못한 분을 어떻게 믿겠습니까?"(로마서 10: 14)라는 사도의 말은 전적으로 옳다고 생각한다. 이스라엘을 잘 모르는 많은 이방인이 있으며 그들에게는 이스라엘 백성에게 하시는 하느님의 말씀이 낯설 수밖에 없다. 메시아를 보내주겠다는 하느님의 약속은 그들이 모르는 일이기에 메시아에 대한 하느님의 계시는 믿거나 말거나 할 대상이 아니다. 그러나 인간은 이성을 사용할 줄 알기에 하느님께서는 이성을 통해 그가 선하며 자비로운 존재임을 알 수 있게 해 주셨다. 인간의 내면에는 희미한 신의 본성과 지혜가 있어 인간으로서 지켜야 할 율법을 알려주며, 또한 자비롭고 친절하며 인정이 많으신 창조주 아버지께 어떻게 속죄를 해야 하는지를 일러준다. 자신이 해야 할 의무가 무엇인지 알기 위해 주님이 주신 빛을 사용하는 사람이라면 자신이 의무를 다하지 못했을 때 어떻게 주님과 화해하고 그로부터 용서를 받는지 그 방법을 모를 리가 없다. 물론 그가 자신의 이성을 사용하지 않는다면, 다시 말해 주님이 주신 그 빛을 사용하지 않는다면 아무것도 알 수 없을 것이다.

율법은 올바름의 영원불변한 표준이다. 율법은 그의 자녀는 물론이고 원수까지도 회개하고 용서를 구하며 잘못을 바로잡겠다고 하면 용서해주라고 한다. 따라서 이런 율법을 만드신 하느님께서는 자비가 충만하시고, 용서와 위로를 주시는 분이기에 그의 나약한 자녀들이 그들의 잘못을 인정하고, 자신들이 저지른 죄의 부당함을 뉘우치고 용서를 구하는 한편 앞으로는 의롭고 옳다고 생각하는 규범에 따라 살겠다고 진지하게 마음을 먹는 경우 분명히 그들을 용서하실 것이다. 자연의 빛은 이같이 화해의 방법과 속죄에 대한 희망을 전해준다. 한편 복음 역시 이와 다른 이야기를 하지 않는다. 그들의 아버지이신 주님께서는 그들을 심판하시되 그의 선함과 자비를 보이실 것이라고 말한다.[31]

이런 주장에 대해 사도행전 4장의 구절을 들어 반론을 제기하는 사람이 있다. 10절과 12절은 다음과 같이 쓰여 있다: "여러분이 십자가에 못 박아

••
31) "그가 서 있든 넘어지든 그것은 그 주인의 소관입니다. 그러나 그는 서 있게 될 것입니다."
(로마서 14: 4)

죽였으나 하느님께서 죽은 자들 가운데서 다시 살리신 나사렛 예수의 이름을 힘입어 이 사람[베드로가 고쳐준 앉은뱅이]이 여러분 앞에 서게 되었음을 여러분과 이스라엘의 모든 백성이 아셔야 합니다." "그는 집 짓는 이들, 즉 여러분들이 버렸으나 모퉁이의 머릿돌이 되었습니다. 다른 이로는 구원을 얻을 수 없습니다. 사람에게 주신 이름 가운데 우리를 구원할 수 있는 다른 이름은 없습니다." 이 말은 요약하면 예수께서 유일한 참된 메시아이시며, 그 외에 다른 이는 없으니, 우리는 하느님과 인간 사이의 중재자인 그의 이름으로 구원을 청할 수 있고, 구원에 대한 희망을 품을 수 있다는 것이다.

여기서 이런 질문들이 나올 수 있다. "이것은 불필요한 것이 아닐까? (Quorsum perditio haec?)" 다시 말해 왜 주님이 필요하지? 예수 그리스도가 대체 우리에게 어떤 유익을 준다는 거지?

제5장
예수가 필요한 이유: 참된 삶의 안내자

1. 어떤 것이든 그것을 하느님의 지혜로 돌리면 그것의 합목적성을 정당화할 수 있다. 물론 우리의 단견과 좁은 식견으로는 하느님의 지혜를 이해할 수 없고 그것을 올바르게 판단할 수도 없다. 우리는 가시적인 세계에 대해 별로 아는 바가 없으며, 우리의 이해와 추측을 넘어선 여러 단계의 무한한 수의 영혼들이 존재하는 영적인 세계(intellectual world)에 대해서도 전혀 아는 바가 없다. 따라서 우리의 주님이 그의 나라와 관련해 하느님과 어떤 거래를 했는지도 알 수 없다. 또한 우리는 "세속의 왕, 공중의 권세를 잡은 자(사탄)"에 맞서기 위해 왜 왕이나 지도자를 세워야 하는지 잘 모른다. 이 점에 대해서는 성서에 모호한 암시만 있을 뿐이다. 만약 이것에 관해 설명하기 위해서는 하느님의 지혜나 섭리가 필요하다거나 우리의 나약한 이해력으로는 설명할 수 없다고 말한다면 이는 우리 자신을 너무 폄훼하는 것이다.

영적인 세계에 대한 궁금증에 대해서는 그런 답변이 나올 수 있으며, 또한 이성적인 사람, 즉 진리를 탐구하는 사람이라면 그런 답변에 공감할 것이다. 특히 왜 왕이나 지도자를 세워야 하는지, 우리의 호기심과 궁금증을 해결하기 위해서는 하느님의 지혜와 선하심이 필요하다. 우리에게 주님이 왜 필요하며, 왜 주님을 우리에게 보내셨는지 하느님께서 알려주시지 않았다면 우리는 그 이유를 알 수 없었을 것이다. 예수 그리스도가 이 땅에 오심으로 인해 우리가 받은 크고 많은 유익은 그가 세상에 오셨어야만 했음을 보여준다.

우리 주님의 사명이 하늘로부터 온 것임은 그가 군중들 앞에서 행한 수많은 기적으로 인해 입증되었다. 따라서 그가 전한 말씀은 하느님의 말씀이자 의심할 수 없는 진리로 받아들여질 수밖에 없었다. 그가 행한 기적들은 하느님의 섭리와 지혜의 도움을 받아 행한 것이기에 심지어 그리스도를 적대하거나 반대하는 이들조차도 이것을 부인한 적이 없었으며 부인할 수 있는 것도 아니었다.

자연의 섭리(the works of nature)는 모든 면에서 신(Deity)을 입증하고 있다. 그러나 세상 사람들은 좀처럼 이치를 따져 묻지 않기에 그 자취만으로도 쉽게 알아볼 수 있는 신의 존재를 보지 못했다. 사람들은 자신의 눈을 멀게 만드는 감각과 욕망, 경솔한 실수, 두려움 등으로 인해 사제의 손아귀에 빠져들게 된다. 그리하여 그들의 머릿속은 온통 신에 대한 그릇된 개념으로 가득 차게 되며, 멋대로 어리석은 의례를 만들어 예배를 드린다. 공포를 심어주고 술수를 부리면 종교적 행위는 신성한 것이 되고 종교는 불변의 진리가 된다. 참된 하느님을 모르는 어두움과 무지의 상태에서는 악과 미신이 세상을 지배하는 것이다. 이 경우 이성으로부터는 어떤 도움도 얻을 수 없고 또한 바랄 수도 없다. 이 경우 이성의 목소리는 어디서도 들을 수 없으며, 이성은 전혀 도움이 안 된다고 생각한다. 게다가 사제들은 자신들의 왕국을 지키기 위해 종교에서 이성의 역할을 배제한다. 따라서 신에 대한 잘못된 개념과 사제들이 만들어낸 종교적 의례 속에 둘러싸여 사는 사람들은 '한 분뿐이신 참된 하느님(the one only true God)'을 볼 수가 없다. 반면에 이성적이며 사변적인 사람들이 하느님을 찾는 경우 그들은 '눈에 보이지 않는 최고의 유일신(the one supreme, invisible God)'을 발견한다. 그러나 그들은 마음으로만 신의 존재를 인정하고 경배할 뿐이다. 그들은 이 진실을 마음속에 비밀로 간직할 뿐 다른 사람들에게 말하지 않으며 자신들에게 수익을 가져다주는 교리와 종교적 의례를 지키려고 늘 경계를 하는 사제들에게는 더더욱 말하지 않는다. 이로써 우리는 이성이 지혜와 덕이 있는 사람에게는 통하지만, 대중들에게는 전혀 힘을 발휘하지 못하기에 존재를 인정하고 경배를 드려야 할 신은 한 분뿐임을 대중들에게 이성적으로 설득할 수 없다는 사실을 알게 된다. 이런 점을 고려한다면 유일신인 하느님을 믿고 경배한 이스라엘 사람들의 민족종교는 계시를 통해 백성들에게 알려지고 전파된 것이었다. 그들이 고셴(Goshen)[1]에 살았을 때 그들에게는 빛이 있었다. 그러나 그 밖의 세상에는 이집트인들의 어둠이 깔려 있었다. 다시 말해 "세상에는 하느님이 없었다." 과거 아테네인들보다 더 앞서고 진보한 민족은 없었다. 그들은 엄청난 이성의 능력을 보여주었고 모든 분야의 사색에서 철저히 이성을 따랐다. 그런데도 다신론을 반대하고 비웃었으며 잘못된 신관이라고 말한 사람은 아테네인들 중 유일하게 소크라테스뿐이었다.

∴

1) 고셴은 "땅의 언덕"이란 뜻으로 이집트 나일강 삼각주 남동 지역으로 당시 목축지였다. 야고보 시대부터 모세의 출애굽 시기까지 대략 430년간 이스라엘 민족이 거주했던 이집트의 땅이다.

그리고 우리는 아테네인들이 그에게 어떤 짓을 했는지 잘 알고 있다. 가장 명민한 철학자인 플라톤은 유일신의 본질과 존재에 대해 많은 생각을 했으면서도 겉으로는 일반 대중들처럼 (그리스 신화에 나오는 신들에게) 신앙을 고백하고 예배를 드림으로써 국가에서 정한 종교를 군소리 없이 받아들였다. 지식이 많고 예리한 인식 능력을 지닌 그리스인들의 마음을 **빼**앗은 것이 무엇이고, 어떻게 해서 그런 일이 일어났는지를 바울로는 사도행전 17장 20~22절에서 이렇게 말하고 있다: "아테네 시민 여러분, 내가 보기에 여러분은 모든 면에서 대단히 종교적입니다. 우연히 지나다가 '알지 못하는 신에게'라고 새겨진 제단에 예배 드리는 것을 보았습니다. 그래서 여러분이 알지 못하고 숭배하는 그 신을 내가 여러분에게 알려드리고자 합니다. 세상과 그 안에 있는 모든 것을 지으신 하느님은 하늘과 땅의 주인으로서 사람이 지은 신전에 살지 않으십니다. 또한 무엇이 필요한 듯 사람들의 손으로 섬김을 받지도 않으십니다. 오히려 하느님은 모든 이에게 생명과 숨과 모든 것을 주시는 분이십니다. 또 그분께서는 한 사람에게서 온 인류를 만드시고 땅 위에 살게 하셨으며, 일정한 절기와 거주지의 경계를 정하셨습니다. 이는 사람들로 하여금 하느님을 찾게 하려는 것입니다. 그분께서는 우리 한 사람 한 사람에게서 멀리 떨어져 계시지 않기에 행운이 따르면 쉽게 그분을 느끼고 찾을 수 있습니다." 여기서 바울로는 아테네인들과 세상 사람들이 (미신에 빠져 있어) 창조와 섭리를 통해 드러난 빛이 그들을 참된 하느님께로 인도함에도 하느님을 찾은 자가 거의 없다고 이야기하고 있다. 하느님께서는 어디든 그들 가까이 있음에도 그들은 어둠 속을 더듬거리며 환희에 빛나는 밝은 빛 가운데 계신 하느님을 보지 못하며 "예술과 인간의 상상으로 빚은 금상이나 은상이나 석상을 신처럼 여기고 있는 것이다."

우리 주님께서는 세상이 "참된 하느님"을 알아보지 못하는 이 같은 어둠과 무지 가운데 있음을 아셨다. 이제 그가 전한 계시의 빛으로 인해 어둠이 걷혔고, 세상은 "오직 한 분이신 눈으로 볼 수 없는 참된 하느님"을 알게 되었다. 이런 계시의 증거로 인해 다신교와 우상숭배는 어디에서든 더는 유일신의 대적이 될 수 없게 되었다. 우리 주님께서 진리를 전함으로 인해 복음의 빛이 비추어진 곳에는 어디든 안개가 걷혔다. 실상 우리 주님께서 오신 이후 "한 분이신 하느님에 대한 믿음"은 온 땅에 널리 퍼졌다. 메시아가 세상에 가져온 이 빛으로 인해 하느님은 한 분뿐임을 인정하고 고백하게 되었으며 후일 이슬람교는 이를 차용하였다. 이런 의미에서 사도 요한이 우리 주님에 대해 "그래서 악마가 저질러놓은 일을 없애고자 하느님의 아들이 오신 것입니다."(요한1서 3: 8)라고 한 말은 분명 참이라 하겠다. 하느님의 아들로부터 온 이 빛은 세상에 필요한 것이었으며, 우리에게 하느님은 오직 한 분뿐이시며, 그분은 눈으로 볼 수 있는 어떤 사물과도 닮지 않았으며 또한 세상의 어떤 사물에 의해서도 표상될 수도 없는 영원하며 보이지 않는 분임을 알려주었다.

모세가 족장들에게 전한 계시[2]가 이미 유일신을 가르치고 있기에 그것으로 충분한 것이 아니었나 하는 의문이 들 수도 있다. 이에 대한 답변은 이렇다. 하늘과 땅을 창조하신 한 분뿐인 보이지 않는 하느님에 대한 지식이 그들에게 계시되었으나 그것은 세계의 한 변방에 국한된 것이었다. 그것을 율법으로 받아들인 민족은 다른 민족들과는 상거래나 교류가 전혀 없었다. 우리 주님이 살았던 시대의 이방 세계와 그 이전의 여러 세대는 히브리인들이 신앙의 기초로 삼았던 기적에 대해 어떠한 확인도 해볼 수 없

..
2) 모세가 시내산에서 받아온 십계명(율법).

었으며, 인류의 대다수는 그들의 존재조차 몰랐다. 또한 유대인들은 그들을 알고 있는 민족들에 의해 경멸과 멸시를 받았다. 그 때문에 그들이 오래전에 받은 계시에 따라 유일신이신 하느님을 세상에 전하고 이 땅의 모든 나라에 전한다는 것은 있을 수 없는 일이자 불가능한 일이었다. 그런데 우리 주님께서 오셔서 이 장벽을 무너뜨렸다. 그가 기적을 행하고 말씀을 전한 곳은 가나안 땅만이 아니었다. 그뿐만 아니라 예배도 반드시 예루살렘에서만 해야 한다고 고집하지 않았다. 그는 사마리아에서 말씀을 전했고, 띠로와 시돈의 경계에서 그리고 어디에서건 사람이 모인 곳에서 기적을 행했다. 부활 후에는 여러 나라에 제자들을 보내어 기적을 행하게 하셨다. 이런 일은 모든 지역에서 일어났으며, 대낮에 모든 부류의 사람들이 모인 자리에서도 일어났다. 앞서 언급했듯이 기독교의 적대자들조차 기적을 부인하지 않았으며, 율리아누스 황제[3]도 예외가 아니었다. 그는 진실을 알아낼 실력도 능력도 없었다. 만약 그가 복음서에서 어떤 오류를 찾았거나 그리스도와 그의 제자들과 관련해 알려진 사실들에 대해 의문을 갖게 하는 최소한의 단서라도 발견했다면 그것을 밝히고 폭로하는 데 주저하지 않았을 것이다. 그런데 우리 주님과 그의 제자들이 행한 많은 기적이 증거하는 진리는 강력한 힘과 영향력을 지닌 위대하고 뛰어난 황제와 그의 재위 기간 그의 편에 섰던 사람들을 압도했다. 황제는 기적을 인정할 경우 우리 주님께서 전한 말씀과 그의 사명이 사실이었음을 인정해야 함을 알고 있었기에 그의 재능을 발휘해 그것을 교묘하게 반박하려 했으나 너무

∴

3) 율리아누스(Flavius Claudius Julianus, 331~363)는 콘스탄티누스 황제의 조카로 그리스의 다신교적 민족종교를 받아들였으며 신플라톤 철학에 심취하였다. 그는 그의 선대에 공인된 기독교를 교묘하게 박해하여 기독교인들로부터 배교자로 불렸고 페르시아와의 전투에서 입은 상처로 사망함으로써 재위 기간(A.D. 361~363)은 짧았다.

나 명확한 사실인지라 부인하지 못했으며 그의 적의를 드러냈을 뿐이다.[4]

2. 한 분뿐인 하느님, 즉 만물의 창조자를 아는 것 다음으로 인류에게 필요한 것은 자신의 의무를 명확하게 아는 것이다. 이를 위해 몇몇 이교도 철학자들이 수고했지만, 일반인들은 전혀 관심이 없었다. 신들을 노엽게 만들고 있다고 걱정하는 사람들은 빈번히 사원을 찾아갔으며 제물과 예배를 드렸다. 그러나 사제들은 그들에게 미덕을 가르쳐야 하는 자신의 본분을 다하지 않았다. 사제들은 사람들이 열심히 계율과 의례를 따르고, 절기와 의식, 그밖에 종교의 관습들을 엄격히 지키면 신들이 기뻐한다고 믿게 했으며, 사람들은 그 이상의 것을 알고자 하지 않았다. 아무도 자신의 의무를 배우기 위해 그리고 어떤 행위가 옳고 그른지 알기 위해 철학자들을 찾지 않았다. 마음의 정화와 수행은 깨끗한 양심을 갖거나 일관되게 덕을 실천하는 것보다 훨씬 쉬웠다. 그리고 부덕이나 속죄의 의미로 제물을 드리는 것이 엄격하며 경건한 삶을 사는 것보다 편했다. 종교는 덕과 다른 것이었으며 덕보다 선호되었다는 사실은 놀라운 일이 아니었다. 또한 이와 다르게 생각하는 것은 위험한 이단이며 신성 모독에 해당하는 것

⁚⁚

4) 율리아누스는 기독교를 공인한 콘스탄티누스 대제의 이복동생인 율리우스 콘스탄티우스의 둘째 아들로 태어났다. 대제 사후 아들들 간의 황제 계승의 문제로 싸움이 일어났고 그 와중에 아버지와 형이 살해당했다. 그는 고아로 살아남았고 기독교 신자이면서 형제들을 가차없이 살해하는 친척들의 이율배반적 행동에 깊은 회의를 느꼈다. 따라서 그는 황제에 오르자 가슴속에 깊이 숨기고 있던 기독교에 대한 반감과 혐오를 드러내기 시작했다. 그는 모든 종교를 합법화했으며 신플라톤 철학에 심취해 있던 철학자답게 한 민족만을 편파적으로 옹호하고 지지하는 기독교의 신은 편협하며 편파적인 신이기에 참된 우주의 창조자일 수 없다고 비판했다. 또한 그리스 신화를 영적인 의미를 주는 우화로 해석해야 하듯 예수가 행한 많은 기적 역시 영적인 의미를 주는 우화로 받아들여야 한다고 주장했다. 또한 유대교의 편을 들어 유대교 성전을 재건하게 함으로써 기독교를 유대교에서 나온 이단처럼 보이게 만들었다. (Julian, *Against the Galileans*, translated by Wilmer Cave Wright, en.m.wikisource.org)

이었다. 덕은 사회를 하나로 만드는 데 필요한 것이다. 따라서 정부는 사회의 안정을 위해 치안판사[5]의 통제를 받으며 사는 사람들에게 국가의 법률(Civil Law)을 가르치고 따르게 해야 한다. 그러나 이 법률은 대체로 자신의 권력 외에는 아무 관심 없는 사람들이 만든 것이기에 백성들을 권력에 복종시키고 권력자의 번영과 현세의 행복에 직접적으로 기여하도록 만들어진 것이다. 한편 자연이성(natural reason)[6]에 의해 작동되는 온전한 의미의 자연종교(natural religion)는 그 어디에서도 찾아볼 수 없다. 종교의 도움 없이 이성만으로 명쾌하고 설득력 있게 도덕을 그것의 참된 토대 위에 정초하는 일은 지금까지 이루어진 보잘것없는 결과를 돌아볼 때 매우 어려워 보인다. 저속한 대중들을 이해시키는 가장 확실하고 빠른 방법은 이성의 길고 난해한 추론이 아니라 분명하게 신으로부터 보냄을 받은 한 사람이 위임받은 권위를 갖고 왕이자 입법자로서 그들에게 의무를 말해주고 그것을 이행할 것을 요구하는 것이다. 인류의 대다수는 이성이 전개하는 긴 추론을 따져볼 여유가 없으며 그것에 대해 교육을 받은 적도, 그것을 사용해본 적도 없기에 그것을 판단할 능력도 없다. 우리는 주님께서 오시기 전에 철학자들이 했던 시도가 성공적이지 못했음을 알고 있다. 또한 그들이 세운 여러 도덕 체계가 참되고 완전한 것이 되기에는 부족하다는 사실을 잘 알고 있다. 이후에 나타난 기독교 철학자들은 그들보다는 나았다. 그러나 그들이 새로운 진리를 알 수 있었던 것은 계시 덕분이었다. 그들은 계시를 경청하고 성찰하면서 그것이 이성에 부합할 뿐 아니라 결코 모순되지 않는다는 사실을 알게 되었다. 사람은 다른 사람을 통해 엄청나게 많은

∴

5) 18세기 영국의 지방에서는 치안판사들이 사법과 행정을 모두 담당했다.
6) 타고난 이성.

사실을 접하게 되며 그것을 스스로 아는 것이 쉽지 않을 뿐 아니라 자신의 능력을 넘어서는 것임을 알기에 이성에 부합하는 것은 쉽게 받아들인다. 최초의 독창적인 진리란 우리가 생각하는 것처럼 광산으로부터 바로 얻을 수 있는 것이 아니다. 우리에게 건네지기까지는 채굴과 제련의 과정이 있어야 하는 것이다. 사람이 나이가 50이나 60에 이르러 생각이 깊어지면 내가 어떻게 그런 생각을 못 했을까 하고 말하곤 한다. 그러나 생각만으로는 진리를 찾을 수 없다. 도덕에 대한 인식은 자연의 빛(이성)에만 의존할 경우 더디게 진보하며, 세속적인 삶 속에서는 거의 진보를 하지 않는다는 것을 경험을 통해 알 수 있다. 생각을 다른 곳으로 향하게 하는 욕망과 격정, 사악함, 그릇된 이기심에 빠진 사람들에게서는 도덕에 대한 생각을 찾아볼 수가 없다. 앞장을 서는 지도자나 그를 추종하는 무리들은 지나치게 생각을 많이 하는 것이 자신들의 목적을 달성하는 데 별반 도움이 되지 않는다는 것을 잘 알고 있다. 그 원인이 무엇이든 간에 아무튼 인간의 이성은 도덕이라는 중요하고 필요한 영역에서 별반 도움이 되지 못했음이 분명하다. 의심의 여지가 없는 원리로부터 명료한 연역적 추론에 의해 모든 자연의 법칙을 도출해낼 수는 없다. 철학자들이 주장한 모든 도덕적 규범(moral rule)을 수집하여 그것을 신약성서에 담긴 도덕적 규범과 비교해보면 우리 주님과, 대부분은 무식했으나 일부는 영감이 뛰어난 어부였던, 그의 제자들이 전한 도덕에 못 미친다는 것을 알 수 있다.

우리 주님이 이 땅에 오시기 이전에 살았던 어떤 지혜 있는 이교도의 가르침 속에 이미 기독교에서 주장하는 것과 동일한 모든 도덕규범이 집대성되어 있었다고 생각해볼 수 있다. 그러나 비록 이런 생각이 맞는다고 해도 세상은 여전히 우리 주님과 그가 전한 도덕을 필요로 한다는 사실을 부인할 수 없다. 복음서에 기록된 모든 도덕적 가르침이 이전에 살았던 이런

저런 사람들에 의해 전해졌다고 (사실은 아니지만) 가정해보자. 일단 그들이 어디서, 어떻게, 어떤 목적으로 그랬는지는 생각하지 말고 그들의 도덕적 가르침을 여기저기서 발췌해보자. 어떤 것들은 그리스의 솔론[7]과 비아스[8]부터, 어떤 것은 이탈리아의 툴리[9]로부터 발췌했고, 그리고 완벽을 기하기 위해 멀리 중국의 유학(Confucius)과 스키타이인인 아나카르시스[10]로부터도 발췌를 했다고 하자. 그럼 이 모든 것이 모여 인생과 예의범절에 관한 의심의 여지가 없는 규범, 즉 완벽한 도덕을 세상에 제공할 수 있을까? 나는 일단 시간과 장소 그리고 언어가 매우 상이한 사람들로부터 이것들을 수집하는 것이 불가능하다고 말하지는 않겠다. 내가 알기론 세상의 모든 현자로부터 도덕적인 금언을 수집한 스토베우스[11]라는 사람이 있었다. 과연 그가 수집한 금언들이 우리를 구속하는 율법이 되어 우리에게 견고한 규범의 역할을 할 수 있을까? 아리스티푸스[12]나 공자의 금언이 그것에 권위를 실어줄 수 있을까? 제노[13]가 인류가 지켜야 할 규범을 정해줄 수

---

7) 솔론(Solon, B.C. 638?~B.C. 559?)은 아테네의 입법가이자 철학자로 그리스 칠현(七賢) 중 하나이다.
8) 비아스(Bias of Priene)는 기원전 6세기에 활동한 그리스의 웅변가이자 시인으로 아테네의 솔론과 더불어 그리스의 7현(七賢) 중 하나이다.
9) 툴리(Marcus Tullius Cicero, B.C. 106~B.C. 43)는 키케로를 가리킨다.
10) 아나카르시스(Anacharsis, 생몰년 미상)는 자신의 고향인 흑해의 북쪽 해안에서 아테네까지 여행을 온 기원전 6세기 초의 스키타이의 철학자로서 견유학파(Cynic)의 시조로 알려져 있다.
11) 스토베우스(Stobeus, 생몰년 미상)는 5세기경 마케도니아의 스토비에서 살았던 그리스 작가로서 5세기 이전 그리스 작가들의 작품을 모은 선집(Anthology)이 전해지고 있다.
12) 아리스티푸스(Aristippus of Cyrene, B.C. 435?~B.C. 356?)는 소크라테스의 제자이며 키레네 학파의 시조이다.
13) 고대에 제노로 알려진 철학자는 총 4명이 있다. 여기서 말하는 제노가 이들 중 누구인지 알 수 없다.
   Zeno of Elea(B.C. 490?~B.C.430?): 파르메니데스의 제자로 제논의 역설로 알려진 철학자.

있을까? 아니라면 제노나 그 밖의 여러 철학자의 말은 그저 그들의 사견에 불과한 것이다. 따라서 사람들은 자신들이 원하는 대로, 즉 자신의 관심과 열정, 신조나 기질에 따라 철학자들의 말에 귀를 기울일 수도 거부할 수도 있는 것이다. 그들이 그것을 따라야 할 의무는 없으며, 이런저런 철학자들의 견해는 어떤 권위도 지니고 있지 못하다. 만약 어떤 철학자의 견해에 대해 우리가 그 권위를 인정한다면 그가 말한 것은 모두 받아들여야 한다. 다시 말해 그가 말한 것은 모두 틀림이 없는 참된 규범이 되어야 하는 것이다. 예를 들어, 당신이 에피쿠로스[14]의 도덕적인 금언(세네카는 이들 중 많은 것을 존경과 공감의 마음으로 인용했다.) 중 하나를 자연법의 규율로 받아들인다면 그의 나머지 금언들도 모두 받아들여야 하는 것이다. 그러지 않을 경우 그의 권위는 무너지게 된다. 따라서 우리는 에피쿠로스나 그 밖에 옛 현자들이 한 말 중에서 자연법임이 입증된 것을 제외하고는 마땅히 행해야 할 의무인 자연법으로서 받아들이지 말아야 한다. 반면에 이성의 추론을 통해 자연법임이 입증된 윤리 체계는 인생을 살아가면서 지켜야 할 세상의 모든 의무를 가르쳐준다. 그러나 내 생각에 우리 주님이 세상에 오시기 전까지 그런 윤리 체계는 존재하지 않았다. 올바른 이치에 맞는 현자들의 금언이 있었을 뿐이다. 자연법은 이른바 편익의 법칙(the law of convenience)이다. 영리하며 덕이 있는 사람이라면 자연법의 참된 원리나 도덕의 토대를 몰라도 사색을 통해 편익과 아름다움만을 보고도 무엇

∵

Zeno of Citium(B.C. 333~B.C. 264): 스토아학파의 시조.
Zeno of Tarsus(B.C. 3rd century): 스토아학파의 철학자.
Zeno of Sidon(B.C. 1st century): 에피쿠로스학파의 철학자.
14) Epicurus(B.C. 341~B.C. 271) 고대 에피쿠로스학파의 창시자로서 원자론적 유물론자였으며 일종의 평정을 의미하는 아타락시아(Ataraxia)를 추구하는 쾌락주의를 주창하였다.

이 올바른지 안다. 철학자나 현자들의 두서없는 금언들은 아무리 멋지고 그럴듯해 보여도 세상 사람들이 이해할 수 있을 뿐 아니라 확실하게 신뢰할 수 있는 도덕이 될 수 없다. 그것이 사람들이 따르는 행실의 규범이 되어 보편적으로 사용될 수 있으려면 이성이나 계시가 그것에 권위를 실어주어야 한다. 도덕에 관해 책을 쓰거나, 그런 책들을 편집한 사람이 모두 율법의 제정자로 추대될 수 있는 것은 아니다. 율법을 명령하는 사람은 자신의 책이나 특정한 철학자의 권위를 빌려 그것이 타당하다고 말한다. 누군가 이런 식으로 자신의 규범에 권위를 부여하고 싶다면 그는 자신의 주장을 이성의 원리에 따라 정립하거나 자명한 것으로부터 명료하고 분명한 논증에 의해 도출해내야 한다. 아니면 자신이 하늘로부터 임무를 받았음을, 즉 자신이 신의 뜻과 명령을 세상에 전하기 위해 위임을 받고 왔음을 보여주어야 한다. 내가 알기로는 우리 주님께서 오시기 전까지 전자의 방식으로 우리에게 도덕을 주었거나 주려고 했던 사람은 아무도 없었다. 자연법이 있음은 사실이다. 그러나 그것을 규범으로 우리에게 준 사람이 있었던가? 자연법에 속한 규범 모두를 의무로 받아들인 사람이 있을까? 우리 주님께서 오시기 전에 인류가 자신들의 규범으로 신뢰하며 받아들였던 그런 계율(Code)이 있었던가? 만약 그런 게 없었다면 우리에게는 그런 도덕을 전해줄 사람이 필요했을 것이다. 율법은 올바른 길을 가려는 사람들에게 확실한 지침을 준다. 올바른 길을 가려는 마음이 있다면 자신의 의무가 무언지 착오가 없어야 하고, 의무를 다했는지 그러지 못했는지를 확실히 알 수 있어야 한다. 예수 그리스도가 신약성경을 통해 우리에게 준 것이 바로 그런 도덕의 율법(Law of Morality)이었다. 그런데 이것은 후자의 방식, 즉 계시를 통해 우리에게 전해졌다. 우리는 이렇게 예수 그리스도로부터 삶의 지침이 되는 완벽한 규범을 얻었으며, 이 규범은 이성에 부합하는 것이었다. 또한 예수의 사역을 통해 그것이 참이며 우리의 의무임이 입증되었다. 그로 인해 그 규범에는 힘이 실리고 그것에 대해 가졌던 우리의 의심도 사라졌다. 하느님께서 그를 보내셨음을 예수께서는 자신이 행한 기적을 통해 입증해주었다. 그 결과 그의 가르침에는 하느님의 권위가 실리게 되었다. 계시가 도덕을 보증함으로써 도덕은 이성이 반박하거나 의문을 제기할 수 없는 확실한 지침이 된 것이다. 계시와 이성은 예수가 전한 도덕의 율법이 위대한 율법의 제정자인 하느님에게서 온 것임을 증거하고 있는 것이다. 신약성서에 담겨 있는 도덕은 그 이전까지 세상에 없던 것이며, 성서 외에는 다른 곳에서 찾아볼 수 없는 것이다. 이런 도덕이 우리 주님께서 이 세상에 오시기 전 이미 완벽한 형태로 있었다고 말하는 사람이 있다면 그에게 묻고 싶다. 브루투스[15]와 카시우스[16](두 사람은 영리하고 도덕적이었으며 한 사람은 내세를 믿었고 다른 한 사람은 믿지 않았다.)에게 규범과 의무에 맞게 그들이 해야 할 모든 일을 알려줄 수 있는지. 만약 브루투스와 카시우스가 그에게 직접 물어볼 수 있다면 그들은 자신들이 지켜야 하는 규범, 즉 그것에 따라 유죄가 되기도 하고 무죄가 되기도 하는 규범을 어디서 찾을 수 있는지 물었을 것이다. 만약 그것을 현자들의 금언이나 철학자들의 주장 가운데서 찾아보라고 했다면 그들은 결코 헤어 나올 수 없는 불확실성의 원시림, 끝없는 미로에 빠져들었을 것이다. 만약 세상 종교에서 찾아보라고 했다면 그것은 더 최악이 된다. 그들 자신의 이성으로 찾아보라 했다면 이는 얼마간의 희망과 확신을 줄 것이다. 그러나 이성은 여지껏 인류에게 완벽한 규범을 준 적이 없다. 이성은 학식이 있으며 사려 깊은 철

..

15) Marcus Junius Brutus(B.C. 85~B.C. 42).
16) Cassius Longinus(?~B.C. 42).

학자들이 제기하는 의문을 해결해주지 못했고, 문명화된 세상에 사는 사람들에게 자기 자식의 생명은 자기가 준 것이 아니며, 따라서 자식의 생명을 빼앗는 것이 범죄임을 이해시켜주지도 못했다.

덕성을 쌓지 못한 것이 인간의 태만 때문이라고 탓함으로써 인간 본성을 옹호하거나, 명확한 입증을 통해 인간 본성을 전부 이해할 수 있다고 해도 그것은 문제 해결에 도움이 되지 못한다. 그 원인이 무엇이든 우리 주님께서는 인류가 오랜 세월 동안 만연된 타락한 행실과 원칙 속에서 살아오면서도 어떤 식으로든 그것을 고치려 하지 않았음을 알고 계셨다. 도덕의 규범들은 나라와 집단에 따라 달랐다. 그리고 타고난 이성(natural reason)은 행실과 원칙에서의 잘못과 오류를 고치지 못했으며 그러려고 하지도 않았다. 옳고 그름의 바른 기준이 참된 토대 위에 세워졌다면 어디서나 그 필요성이 인정되어 법률(the civil law)로 규정되었을 것이고, 철학은 사람들에게 이를 따르도록 가르쳤을 것이다. 그리고 이들 기준은 사회의 결속, 공동생활의 편익과 바람직한 관행에 이바지한다고 여겨졌을 것이다. 그러나 그것이 우리에게 의무임을 확실하게 알려주고, 그것을 법률로 규정하거나 최고법인 자연법으로 받아들인 곳이 있는가? 율법의 제정자가 누군지 분명하게 알고 그를 인정하지 않는다면 그리고 제정자에 대해 순종하거나 거역할 때 그에 대한 보상이나 징벌이 없다면 이것은 불가능한 일이다. 앞서 살펴보았듯이 이방인들의 종교는 도덕에는 관심이 없다. 그리고 하늘의 뜻을 전하며 신들을 대변한다고 말하는 사제들은 덕이나 선한 삶에 대해 아무런 이야기도 하지 않는다. 한편 이성의 관점에서 말하는 철학자들은 그들의 윤리학에서 신(Deity)을 거의 언급하지 않았다. 철학자들은 이성에만 의존하며 이성의 조언은 오직 진실만을 담고 있다고 생각한다. 그러나 어떤 진리는 자연적인 능력으로는 쉽게 다다를 수 없을 만큼 심오하며 그것을 비추는 하늘에서 오는 어떤 빛의 도움 없이는 이해하기 어렵다. 그런데 전승을 통해서이지만 일단 진리를 알게 되면 우리는 그것을 자신의 입장에서 생각한다. 실제로는 다른 사람의 힘을 빌린 것이면서도 그 진리를 발견한 것이 자신의 이해력 때문이라고 생각한다. 다른 사람에게서 배운 것일지라도 그것을 자기가 입증할 수 있는 경우에는 자기가 그것을 찾고자 했다면 절대 놓치지 않았을 명백한 진리라고 생각한다. 일단 알게 된 것은 이해하기 어렵지 않아 보인다. 그리고 자신의 눈으로 직접 보았기에 그것을 우리에게 처음으로 보여주고 알려준 사람의 도움을 간과하거나 잊게 된다. 분명 그들이 우리에게 길을 열어주고 안내했음에도 마치 그들에게 전혀 신세를 지지 않은 양 잊어버리는 것이다. 지식이란 인식되고 알려진 진리에 불과하기에 우리는 자신의 능력을 지나치게 신뢰하고 외부의 도움 없이 자신의 능력만으로 진리를 발견했다고 결론을 내린다. 다시 말해 우리 자신의 정신 능력과 타고난 재능으로 인해 진리를 알게 되었다고 생각한다. 우리에게 도움을 준 사람들 역시 그들의 능력으로 진리를 안 것이며, 단지 그들은 우리보다 앞서는 행운을 누렸을 뿐이라 생각한다. 따라서 인간이 축적한 모든 지식에 대해 사람들은 그것을 (다른 사람의 도움을 받아) 인식하면 곧 그것을 자신의 사적인 소유물이라고 주장하는 것이다. 그러나 그것은 그가 홀로 노력해 얻은 것이 아니며 그 자신의 전유물도 아니다. 우리는 공부를 통해 다른 사람이 전해준 것을 발전시키고자 노력을 한다. 그러나 처음으로 진리를 발견해 후일 우리가 그것을 알 수 있게 해준 사람들의 수고는 이와는 다른 것이다. 이미 놓여 있는 길을 따라온 사람은 짧은 시간에 그 먼 곳까지 그를 올 수 있게 해준 자신의 체력과 발을 찬양하면서 모든 것을 자신의 정신력으로 돌린다. 그러면서 숲을 개간하고, 웅덩이를 메우고, 다리를 만들고 길을 낸 사람들의 노고를 전혀 생각하지 않는다. 이들의 노고가 없었다면 그가 아무리 수고를 했어도 그리 멀리 가지 못했을 것이다. 우리는 태어나면서부터 마음속에 믿음으로 심어진 많은 것들(우리에게 친숙하고 자연스러운 복음서에 들어 있는 이야기들)에 대해 의심이 가고 이해가 되지 않아도 그것을 의심할 수 없는 명백한 진리이자 쉽게 논증할 수 있는 것으로 받아들였고, 계시는 이에 대해 침묵하였다. 의심을 떨쳐버릴 수 없는 사람들은 계시만을 기다렸다. 계시가 전한 진리를 이성이 인정한다고 해서 계시가 약화되는 것은 아니다. 이성이 확증해주었기에 우리가 처음으로 그것에 대해 확실하게 알게 되었고 그것에 대해 명백한 증거를 갖게 되었다고 생각하는 것은 잘못이다. 우리 주님께서 오시기 전 이방인들이 갖고 있던 도덕의 결함들, 즉 실천은 물론이고 그 원리나 기준이 잘못되었음을 보면 오히려 그 반대이다. 그동안 철학자들은 수고를 했으며 최선을 다했다. 모든 면에서 논증 가능한 수학을 하듯 의심할 수 없는 원리로부터 윤리학을 도출해냈지만, 그것은 여러모로 불완전한 사람들에게 규범의 역할을 하지 못했으며 결과적으로 도덕적인 문제를 해결하지도 못했다. 사실 대다수의 사람은 논증을 전개할 여력도 능력도 없었기에 그들은 확신을 갖기 위해 필요한 일련의 논증을 전개할 수 없었다. 따라서 그들에게 논증되었음을 알기 전에는 동의하지 말라고 요청을 할 수가 없었다. 이것은 빠른 시일에 일용직 노동자, 상인, 노처녀, 목장 하녀들이 완벽한 수학자처럼 윤리학에서 완벽해지기를 바라는 것과 같은 것이다. 이들을 순종과 실천으로 이끄는 확실하고 유일한 방법은 분명하게 명령을 내리는 것이다. 대다수의 사람들에게 윤리학은 이해할 수 없는 것이기에 믿어야 하는 것이다. 하느님의 권세로 자신이 하늘로부터 왔음을 기적을 통해 완벽하게 증거하고 입증한 사람이 분명하고 정확하게 도덕의 규범을 알려주고 순종을 요구하는 것이, 인간 이성이 일반적

개념과 원리로부터 도덕을 추론해내는 것보다 대중들을 계몽하고, 그들의 본분이 무엇인지를 일깨워주고, 그것을 행하도록 하는 데 있어 훨씬 더 효과적이다. 인간이 지켜야 할 모든 의무는 분명하게 입증될 수 있다. 그러나 곰곰 생각해보면 사람들에게 의무를 가르치는 방법은 여가를 누릴 수 있으며, 이해력이 발달해 있어 고도의 추론에 익숙한 소수의 사람들에게나 적합한 것이다. 따라서 대중들을 가르치는 일은 복음서의 교훈과 원리에 맡기는 것이 최선이다. 대중들은 병자를 치유하고, 한마디 말로 소경의 눈을 뜨게 하며, 죽은 자를 살리고 일으켜 세우는 것을 사실이라고 생각하며 그런 일을 할 수 있는 사람은 하느님의 권능을 받았다고 생각한다. 이런 기적들은 대중들의 이해력을 감안한 것이다. 병자와 건강한 사람, 장애인과 정상인, 죽은 자와 살아 있는 사람을 구분할 수 있는 사람이라면 누구나 그 사건에 담긴 기독교의 교리를 이해할 수 있기 때문이다. 하느님께서 예수 그리스도를 그들의 왕이자 구주로 보내셨음을 믿는 사람들에게는 그의 모든 명령은 곧 규범이 되는 것이다. 그가 한 말이 참임을 증명할 필요도 없다. 그저 그가 그렇게 말했다는 것으로 충분하다. 따라서 성서를 읽는 것 말고는 달리 할 일이 없다. 성서에서 언급된 모든 도덕적 의무는 명료하고 분명하여 이해하기가 쉽다. 그러므로 나는 이것이야말로 도덕적 의무를 가르치는 가장 확실하고, 가장 안전하고, 가장 효과적인 방식이 아닐까 생각한다. 이것에 대해 좀 더 생각해보자. 이 방법은 지적 수준이 가장 낮은 사람을 고려한 것이다. 그렇다면 이것은 가장 지적 수준이 높은 사람도 쉽게 이해시키고 납득시켜 그들을 교화할 수 있는 것이다. 가장 지적 수준이 높은 사람은 예수 그리스도에 대한 교리를 신령한 것으로 받아들인다. 그러나 무지한 대중들은 기적을 증언하면서도 그것을 확인해봐야 한다고 생각한다. 기적 그 자체에는 아무런 교훈도 없기에 그것에 어떤 이유

(의미)가 담겨 있는지 분명하게 이해할 수 없기 때문이다. 그러나 그 이유 (의미)를 알게 되었을 때 그것을 받아들이며 그것을 알게 된 것을 고마워한다. 우리 주님과 사도들은 기적을 행함으로써 사람들로부터 받게 된 신뢰와 권위 덕분에 도덕을 가르침에 있어 자만함을 보이지 않았고, 잘못된 규범을 강요하지 않았고, 자신의 이기심이나 당파적 이해(우리는 이런 현상을 모든 종파와 철학자 그리고 타 종교에서 찾아볼 수 있다.)를 드러내지 않았다. 그들에게는 어떠한 편견도 욕심도 없었으며, 오만함이나 허영심, 거드름이나 야욕도 찾아볼 수 없었다. 그들의 가르침은 순수했으며, 진실했고, 지나치지도 모자라지도 않았다. 그것은 인류를 선으로 인도하며 모든 사람이 그대로만 살면 모두가 행복하게 되는, 그래서 현자라면 그것을 인정할 수밖에 없는 완벽한 삶의 규범이었던 것이다.

3. 신(the Deity)께 예배를 드리는 외적인 형식들은 개혁이 필요했다. 웅장한 건물, 값비싼 장식물, 기이하고 속된 복장들, 예배에 수반되는 거만하고, 기상천외하며 따분한 의식들. 이것들이 종교의 전부라고 할 수는 없지만 특별한 명칭이 붙어 있는 만큼 중요한 것으로 여겨졌다. 유대교 제례의식이 존재하는 한 이것들은 쉽게 고쳐질 수 있는 것이 아니었다. 그리고 이들 중 많은 것들이 참된 하느님께 드리는 예배에도 들어와 있었다. 하느님께서 무한하시며 눈에 보이지 않는 최고의 영적인 존재임을 아시는 우리 주님께서는 잘못된 예배를 바로잡기 위해 단순하며 영적인 합당한 예배를 알려주셨다. 예수께서는 사마리아 여인에게 "너희가 이 산도 아니고 예루살렘도 아닌 곳에서 아버지께 예배를 드릴 때가 온다. … 그러나 진실한 예배자들은 영과 진리 안에서 아버지께 예배를 드릴 것이다. 아버지께서는 이렇게 예배를 드리는 자를 찾으신다."[17] 지금까지 하느님께서 우리에게 바라신 것은 마음을 다하고 정성을 다해 영과 진리로 예배를 드리는 것이

었다. 더는 웅장한 사원이나 특정한 장소에 얽매일 필요 없이 순수한 마음으로 어디에서든 예배를 드릴 수 있는 것이다. 화려하여 눈에 띄는 복장, 거창한 의식, 모든 외적인 행위는 불필요한 것이다. 하느님은 영이시며 영으로 알려져 있기에 영혼 외에는 다른 것들이 필요 없다. 공개적인 집회(일부 행동이 사람들의 눈에 띌 수밖에 없는)에서 드러나고 보이는 모든 것은 예의 바르고, 질서가 있고, 영혼을 고양하는 데 도움이 되는 것이어야 한다. 예의 바름, 질서, 영혼의 고양은 모든 공적인 예배 행위를 규제하는 요소이며 이것 외에 모든 외적인 것(하느님 보시기에 일고의 가치도 없는 것)은 버려야 한다. 집회에서는 정신을 혼란시키는 것들을 금해야 한다. 그래야 쓸데없는 의식에 대한 유혹을 받지 않게 된다. 겸손히 신(the Deity)께 바치는 찬양과 기도가 바로 신이 원하는 예배이다. 그리고 사람들은 이 예배를 통해 자신의 마음을 돌아보면서 신께서 흠향하시는 것이 이것뿐임을 알게 된다.

4. 우리 주님으로 인해 얻게 되는 또 다른 유익은 그가 덕스럽고 경건한 삶을 사는 사람을 크게 격려해주신다는 것이다. 그것은 그런 삶을 살다 보면 만나게 되는 난관과 장애를 극복하게 해줄 뿐 아니라 자신의 의무를 고집하거나 선한 양심의 증언으로 인해 겪게 되는 고난과 역경에 대한 보상이 될 만큼 큰 격려인 것이다. 의인의 몫이 늘 빈약하다는 것을 세상은 주목해왔다. 덕에는 흔히 영화가 따르지 않았으며 그로 인해 덕을 좇는 사람은 많지 않았다. 그래서 한 나라에 덕 있는 사람이 많지 않은 것은 이상한 일이 아니다. 덕이 야기하는 불편함은 뚜렷하고 가까이 있다. 그러나 덕에 대한 보상은 알 수 없으며 멀리 있다. 인류는 행복을 추구해왔으며 또 추구할 수 있어야 하기에 규범은 엄격하게 지키지 않아도 된다고 생각한다.

17) 요한복음 4: 21~23.

그 규범이 자신들이 추구하는 삶의 주된 목적인 행복과는 무관해 보이며, 이승에서의 즐거움을 빼앗아 가면서도 저승에서의 삶에 대해 어떤 증거도 보장도 해주지 않기 때문이다. 그들은 논쟁을 통해 선한 사람이 비록 여기서는 학대를 받고 있으나 더 나은 대우를 받는 다른 곳이 있을 것이라고 주장할 수도 있었다. 그러나 그들은 그렇게 하지 않았다. 내세에서의 삶에 대한 그들의 생각은 모호했으며 그들의 기대는 확신이 없었기 때문이다. 조상신, 귀신, 세상을 떠난 사람들의 영혼에 관한 이야기는 있으나 확실한 것이 아니기에 주의 깊게 듣지도 않는다. 사람들은 스틱스,[18] 아케론,[19] 엘리시움(낙원)과 축복받은 자들을 위한 자리에 대해 들었다. 사람들은 이 이야기들을 일반적으로 시인들의 우화시집을 통해 알게 되었다. 따라서 그들에게 이런 이야기는 저승과 심판에 대한 진지한 교리라기보다는 재치 있는 사람이 지어낸 이야기이자 시의 장식품으로 여겨졌다. 사람들은 이런 이야기들로 자신의 우화집을 꾸몄으며 우화를 만들기 위해 이런 이야기들을 사용했다. 사람들은 이런 이야기들을 진지하게 받아들이지 않을 뿐 아니라 덕에 유익이 되지 못하는 것으로 생각했는데 이는 철학자들이 인간의 마음과 행위에 대한 규범을 세우면서 내세의 삶을 전혀 고려하지 않았기 때문이다. 그들이 강조한 것은 덕의 탁월성이며 그들이 추구한 최고의 경지는 인간 본성을 고양시켜 그 완전함에 이른 상태인 덕이었다. 만약 사제가 늘 지하세계의 유령과 내세에 관해서만 이야기한다면 사람들을 미신적이고 우상숭배적인 종교적 의례(rites)에 붙잡아놓게 될 것이며, 쉽게 믿는 대중들은 이런 것에 관한 교리에 빠져들게 될 것이고, 눈치 빠른 사람

∵

18) 저승에서 처음 건너야 하는 강으로 증오의 강으로 불린다.
19) 저승에서 두 번째로 만나는 강으로 슬픔의 강이다.

들은 이런 교리에 대한 믿음을 사제들의 농간이라고 의심할 것이다. 우리 주님께서 오시기 이전에는 내세에 대한 교리가 없었던 것은 아니지만 분명하게 세상에 알려져 있지 않았다. 그것은 이성으로는 이해가 되지 않는 것이며 또한 인간의 마음에 깊은 영감을 주기보다는 인간의 상상 속에 떠다니는 한물간 고대 전승의 유물 같은 것이었다. 그들은 존재와 비존재 사이에 무엇이 있는지 몰랐다. 그들은 사람 안에 있는 어떤 것이 죽은 후에 빠져나간다고 생각했다. 그러나 죽은 후 영원히 지속되는 완전한 삶이란 그들의 머릿속에 없었으며 그들의 믿음 가운데서도 거의 찾아볼 수 없는 것이었다. 그들은 내세를 이해하지 못했기에 세상의 어떤 나라도 그것을 공개적으로 천명하며 그 믿음을 나라의 근간(根幹)으로 삼지 않았다. 그러기에 종교 또한 내세를 가르치지 않았다. 예수 그리스도가 오시기 전까지, 다시 말해 그가 나타나 영생과 불멸에 대해 알려줄 때까지 그 어디에서도 그것을 종교의 신조나 교리로 삼지 않았다. 예수께서는 영생과 불멸에 대해 분명한 계시를 주시고 죽은 자를 살리는 실례를 보여주셨을 뿐 아니라 자신의 부활과 승천을 통해 그것에 대한 의심할 수 없는 확신과 약속을 주셨다. 이 한 가지 진리로 말미암아 세상의 도리가 달라졌으며, 사람들은 그들을 유혹해 경건한 삶을 방해하던 모든 것에서 돌아설 수 있게 되었다. 철학자들은 덕의 아름다움을 보여주었다. 그들은 남자가 여자에게 하듯이 덕에 시선을 주고 찬사를 보냈다. 그러나 그들은 그녀를 건드리지 않았으며 그녀의 편을 드는 사람도 없었다. 대다수의 사람은 그녀에게 존경과 찬사를 보냈다. 그러나 그들은 그녀에게서 돌아섰고 그녀의 상대가 되지 못한다는 듯 그녀를 떠났다. 그런데 넘치는 불멸의 영광이 그녀에게 주어졌고 그녀에게 다시 시선이 쏠렸다. 덕은 이제 눈에 띄게 가장 잘 팔리는 것이 되었으며 훌륭한 구매품이 된 것이다. 과거 덕이란 우리 본성의 완벽함과 탁월함을 보여주는 것이며, 그 자체가 보상이며, 후세에 우리의 이름을 남기게 해주는 것일 뿐이었다. 그러나 이제는 아니다. 학식이 있는 이교도들이 그런 공허한 칭찬에 만족하지 않은 것은 이상한 일이 아니었다. 이승에서 잘산다면 저승에 가서도 행복할 것이라고 설득하는 것은 또 다른 즐거움이자 행동을 이끌어내는 데 효과가 있는 것이었다. 내세에서 누리는 말로 표현할 수 없는 영원한 즐거움에 눈을 뜨면, 자신을 움직이게 하는 견고하고 강력한 무언가를 발견하게 되기 때문이다. 천국과 지옥에 대한 생각은 현세에서 누리는 짧은 기쁨과 고통을 넘어서 덕에 관심을 갖게 해주고 덕을 행동으로 옮기게 해준다. 이성과 이기심 그리고 자신을 돌보는 마음 역시 덕을 인정하고 선호하지 않을 수 없게 만든다. 도덕은 이런 토대 위에서만 확고하게 설 수 있고 모든 경쟁 상대를 물리칠 수 있다. 이것은 덕을 이름뿐인 것에서 벗어나 우리가 목표를 두고 노력할 만한 가치가 있는 실체적 선(substantial Good)이 되게 하는 것이다. 이렇게 예수 그리스도의 복음은 우리에게 실체적인 선으로서의 덕을 전했다.

5. 예수 그리스도로 인한 한 가지 유익이 더 있다. 그것은 우리에게 도움을 주시겠다는 약속이다. 그것은 우리가 할 수 있는 일을 하면, 우리가 해야 할 일을 하도록, 그리고 어떻게 해야 할지를 돕기 위해 예수께서 그의 성령을 보내주신다는 약속이다. 우리는 자신의 영이 어떻게 움직이고 우리에게 어떻게 영향을 주는지 모르기에 하느님의 영이 어떻게 우리에게 작용할지 알지 못한다. 성령의 지혜는 우리보다 우리가 어떤 존재인지를 잘 알고 있기에 우리가 어떻게 해야 할지를 알고 있다. 지혜 있는 사람이라면 자신의 자녀를 설득해 그가 원하는 것을 이루도록 도울 수 있듯이 하느님의 영과 지혜도 그렇게 할 수 있다. 그래서 비록 우리가 하느님의 영이 작용하는 방식을 알아채지 못하거나 이해하지 못한다 해도 그것에 대해 의심

할 수 없는 것이다. 신실하시고 의로우신 그리스도께서 그것을 약속했기에 우리는 그분께서 약속을 이행하실 것임을 의심할 수 없다. 이때 더 많은 도움을 받기 위해 마음의 나약함과 육신의 약함을 이야기하며, 얼마나 실수를 하기 쉽고, 얼마나 잘못되기 쉬우며, 얼마나 쉽게 미덕의 길에서 벗어날 수 있는가를 과장할 필요는 없다. 만약 이런 경우에 자신을 통제하거나 양심의 목소리를 들을 필요가 있다면, 그리고 자신의 잘못이나 의무를 따르지 말라고 유혹하거나 방해하는 자신의 격정을 의식하지 못한다면 이를 깨닫기 위해 세속의 삶에서 눈을 돌려야 한다. 성격으로 인해 어려움을 겪거나, 유혹에 시달리거나, 속된 관습에 얽매여 있는 사람이 덕행과 참된 종교의 계율을 진지하게 실천한다는 것은 쉬운 일이 아니다. 그러나 전능하신 분께서 도와주고 끝까지 인도해주실 것을 약속하셨기에 우리는 이 일을 할 수 있는 것이다.

제6장
사도 서간에 대해

이에 대해 이렇게 반론을 전개하는 사람들이 있다. "만약 나사렛 예수가 메시아임을 믿는 것과 그의 부활과 규범 그리고 세상을 심판하기 위해 그가 다시 오심을 믿는 것이 의롭다 여김을 받는 데 필요한 신앙의 전부라면 사도들은 왜 서한을 쓴 것일까? 서한에 담긴 많은 교리를 믿는 것이 구원을 받는 데 필요한 것이 아니라면 기독교인은 그것을 믿을 수도 있고 안 믿을 수도 있는데, 그 경우에도 여전히 그리스도 교회의 일원이자 신자일 수 있을까?"

이것에 대한 나의 답변은 이렇다. 사도들의 서한은 여러 가지 이유로 작성되었다. 따라서 그것을 제대로 읽으려면 그 서간을 쓴 주된 목적이 무엇인지 살펴보아야 한다. 그리고 서한에서 쟁점은 무엇이며 그것을 어떻게 다루고 있는지를 알아야 한다. 이런 방식으로 서한을 살펴볼 때 우리는 필자가 서간을 쓴 참된 의미와 생각을 이해하게 되며 그로 인해 우리는 유익을 얻게 된다. 서한에 담긴 내용은 우리가 받아들이고 믿어야 할 진리이다. 따라서 서한은 우리의 생각과 편견에 부합하는 성서의 구절들로 채워져 있지 않다. 우리가 그것을 올바로 이해하려면 논의의 흐름을 살펴보고, 부분들 간의 일관성과 연관성을 관찰하고, 그것이 자체적으로 모순은 없는지, 성경의 다른 부분들과 일치하는지를 살펴보아야 한다. 따라서 자신의 구미에 맞는 문구를 마치 그것이 명확한 의미를 지닌 독립된 경구(警句)인 양 끌어들여 구원에 필요한 기독교 신앙의 핵심 신조로 삼아서는 안 된다. 하느님께서 그렇게 하시지 않는 한 그렇게 해서는 안 된다. 성경에는 선한 기독교인들도 전혀 모르는, 그래서 그들이 믿지 않는 많은 진리가 들어 있다. 어떤 이들은 그것을 자신들의 종교 집단을 구별해주는 핵심 신조라고 강조한다. 서한들은 대부분 일련의 논변을 전개하고 있는데 그들의 문체상 매우 주의 깊게 살펴보지 않으면 제대로 그것을 파악할 수 없다. 텍스트를 제대로 이해하기 위해서는 그 안으로 들어가 당시의 관점에서 조망해야만 그것의 참된 의미를 이해할 수 있다. 이 서한들은 신앙을 지닌 사람, 즉 참된 기독교인들을 위해 쓰인 것이기에 그들에게 구원에 필요한 핵심 신조나 교리를 가르칠 의도가 없었다. 로마서는 "로마에 있어 하느님의 사랑을 입고 성도로 부르심을 받아 그들의 믿음이 온 세상에 전파된 로마에 있는"(로마서 1: 7~8) 모든 사람을 대상으로 쓴 것이었다. 바울로가 쓴 고린토전서 1장 2, 4절을 보면 이것이 누구에게 쓴 것인지를 알 수 있다. "고린토에 있는 하느님의 교회, 즉 그리스도 예수 안에서 거룩하여지고 성도라 부르심을 입은 자들과 또 각처에서 저희와 우리의 주이신 예수 그리스도의 이름을 부르는 모든 이에게. 나는 예수 그리스도로 인하여 여러분에게 주어진 하느님의 은혜로 말미암아 여러분을 위해 하느님께 감사를 드립니다. 그로 인해 여러분은 모든 면에서, 특히 구변과 지식에 있어 뛰어나 그리스도에 대한 증언에 확신을 주었습니다. 여러분은 부족함 없이 은사를 받았으며 우리 주 예수 그리스도가 오시기를 고대하고 있습니다."(고린토전서 1: 2~7) 고린토후서에도 비슷하게 "고린토에 있는 하느님의 교회와 아카이아에 있는 모든 성도에게"(고린토후서 1: 1)라고 되어 있다. 그의 다음 편지는 갈라디아에 보내는 것이었다. 에페소에 보낸 편지에서는 "에페소에 있는 성도들과 그리스도 예수 안에서 신실한 자들에게"[1] 라고 되어 있다. 골로사이서도 마찬가지이다. "하느님에 대한 믿음과 모든 성도를 사랑하는 골로사이에 있는 성도들, 즉 그리스도 안에서 신실한 형제들에게.[2] 데살로니카인의 교회에,[3] 믿음 안에서 아들 된 디모테오에게,[4] 나와 같은 믿음을 지닌 나의 아들 디도에게,[5] 우리의 사랑을 받는 자요 동역자인 필레몬에게.[6]" 히브리서의 필자는 그가 편지를 보내는 사람을 "하늘의 부르심을 받은 거룩한 형제들"(히브리서 3: 1)에게라고 쓰고 있다. 확실한 사실은 바울로가 편지를 보낸 사람은 모두 교회 안에 있는 형제들, 성도들, 신실한 사람들, 즉 기독교인이었다는 점이다. 그들에게는 그것을 믿지 않고는 구원을 받을 수 없는 기독교의 핵심 신조가 필요한 것이 아니었다. 따라서 이런 핵심 신조를 전하기 위해 사도들이 서한을 썼다고 생각할 수 없다. 베드로는 그가 쓴 모든 서한의 첫 장에서 이 점을 분명하게 밝히고 있으며, 야고보와 요한의 서신에서도 이와 같은 것을 찾아볼 수 있다. 유다는 "하느님 아버지 안에서 거룩해지고 예수 그리스도 안에서 보호

••

1) 에페소서 1: 1.
2) 골로사이서 1: 1.
3) 데살로니카전서 1: 1.
4) 디모테오전서 1: 1.
5) 디도서 1: 4.
6) 필레몬서 1: 1.

를 받는 자들에게."[7]라고 썼다. 따라서 서간들은 모두 믿는 자, 즉 그리스도인들에게 보내려고 쓴 것이며 그것을 쓴 이유는 그들이 그리스도인이 되는 데 필요한 것들을 가르치기 위함이 아니었다. 그들은 그리스도인이 되는 데 필요한 것을 이미 알고 있었고 또한 그것을 믿고 있었다. 만약 그렇지 않았다면 그들은 그리스도인이며 믿는 자일 수 없다. 서한들은 특별한 이유가 있어 작성된 것이며, 이런 이유가 없었다면 쓰이지 않았을 것이다. 따라서 서한들이 비록 의심을 해소하고 실수를 바로잡음으로써 우리의 지식과 실천에 큰 유익을 주는 내용을 담고 있지만, 그것이 구원에 필요하다고 생각할 수는 없다. 기독교 신앙의 중요한 교리들을 여러 서한에서 찾아볼 수 있으며 대부분의 서한에 산발적으로 담겨 있음을 나는 부인하지 않는다. 그러나 서한에서 우리는 신앙의 핵심적 신조가 무엇인지를 배울 수는 없다. 아주 가끔 있는 설교(교화를 위한 목적에서 하는) 가운데서 다른 진리와 섞여 있어서 명확하게 드러나지 않기 때문이다. 우리는 주님과 사도들의 설교를 통해 아직 신앙이 낯설며, 신앙에 대해 전혀 아는 것이 없는 사람들을 개종시키려면 무엇이 중요하고 또 필요한 것인지 알 수 있는데 우리는 이미 복음서와 사도행전을 통해 그것이 무엇인지 살펴보았다. 거기에 명백히 기록되어 있기에 어느 누구도 그것을 놓칠 수 없다. 특정 교회에 보낸 서한은 특정한 논변(특정한 교회가 안고 있는 특정 문제에 관한 것으로 여러 차례에 걸쳐 서신을 보냈다.) 외에도 여러 곳에서 기독교의 근본 교리를 설명하고 있으며, 지혜롭게도 그 서한을 받는 사람들의 지적 수준을 고려하여 그들이 기독교 교리를 잘 이해할 수 있도록 구원 사역의 방법, 이유 그리고 그 근거를 이해하기 쉽게 설명하고 있다. 그러므로 로마서에서는 영

..

7) 유다서 1: 1.

생을 주시는 하느님의 은총과 은혜를 설명하고, 그들이 어떻게 해야 하느님의 자녀가 되는지를 이해시키고, 유산의 상속자로서 하늘나라를 공유하게 됨을 확신시켜주기 위해 '입양'(로마인들에게 잘 알려진 관습)이란 단어를 자주 사용하고 있다. 반면에, 히브리인들에게 기독교 신앙에 대한 확신을 주기 위해 보낸 편지에서는 유대인들의 종교적 의례, 희생제, 격식을 언급하거나 그것을 근거로 논증했으며 이 밖에도 구약을 인용하였다. 일반 서한들은 당시 상황이나 긴급한 일, 특별한 사건을 다루고 있다. 하늘의 영감을 받아 쓴 신령한 서신의 필자들은 오직 진리만을 썼으며 대부분 우리에게 꼭 필요한 진리를 전해주었다. 그들은 기독교의 교리를 설명하고, 명료하게 해주고, 확증해줌으로써 기독교를 받아들인 사람들이 진리 안에 확고히 설 수 있게 해주었다. 그러나 그들이 말한 것을 모두 받아들여서는 안 된다. 다시 말해 그들이 하는 말이 그것에 대한 분명한 믿음이 없이는 그리스도 교회의 일원이 될 수 없으며, 따라서 영원한 하늘나라에 들어갈 수 없는, 즉 구원을 위해 필요한 핵심 신조라고 생각해서는 안 된다. 만약 서한에 담긴 모든 진리를 기본신조로 받아들여 믿어야 한다면 이들 서한이 전해지기 전에 사망한 기독교인들(바울로가 고린토전서에서 언급하고 있는)은 어떻게 되겠는가? 대부분의 서한은 우리 주님께서 승천하신 후 20년이 넘은 후에야 기록되었으며 어떤 것은 30년이 지나서 기록되었다.

"서한에 담긴 진리가 우리 주님과 그의 제자들이 행한 설교에 들어 있지 않기에 구원에 필요한 것이 아니라면 그것을 믿거나 안 믿거나 아무 문제가 없는 것인가? 구원과 관계가 없다면 기독교인들이 이것에 대해 의심을 가질 수 있지 않은가?"라고 질문하는 사람들이 있다.

이 질문에 대해 답을 하겠다. 믿음의 율법은 값없이 주는 은총의 계약이다. 하느님으로부터 의롭다 여김을 받기 위해 반드시 무엇을 믿어야 할

지를 결정하는 것은 오직 하느님 한 분뿐이시다. 그가 받아주시고 의롭다고 여겨주시는 믿음이 무엇인지는 전적으로 그것이 하느님을 기쁘시게 하는 것이냐에 달려 있다. 이런 믿음이 받아들여지는 까닭은 그것이 옳아서가 아니라 은총이기 때문이다. 따라서 오직 하느님만이 믿음을 판단할 수 있으며, 그가 정하고 선포한 것만이 구원을 위해 필요한 것이다. 어느 누구도 이 신앙의 신조에 다른 어떤 것을 덧붙일 수 없다. 하느님께서 정하시고 선포하신 것 외에는 아무것도 필요하지 않다. 하느님께서 새로운 계약을 맺으시고 그 은혜를 베풀고자 하시는 사람들에게 무엇을 믿으라고 요구하셨는지 지금까지 자세히 살펴보았다. 예수 그리스도의 복음을 듣고 그의 이름을 통해 구원을 받으려는 모든 사람에게 요구되는 것은 이것을 확실하게 믿는 것이다.

우리는 그 밖에 하느님의 다른 계시들도 믿어야 한다. 그것은 아무도 거부할 수 없는 진리이다. 진리로 알려진 것들에 대해서는 당연히 불신을 가져서는 안 된다. 하느님의 계시와 권위를 지닌 말씀임을 인정하면서도 그것을 부인하거나 믿지 않는 것은 하느님은 진리이시라는 신앙의 핵심 신조이자 토대를 흔드는 것이다. 그러나 모든 사람이 고백하고 있으며 또 그래야만 하는 수많은 진리가 성경에 계시되어 있다. 어떤 사람은 이것이 있는지 몰라서 믿지 않을 수 있다. 그러나 몰라서 믿지 않은 것은 구원과는 무관하다. 말씀의 권위를 인정하나 핵심적인 내용이 아닌 성경의 여러 본문에 대한 해석과 그 의미에 대해 견해를 달리하는 사람들이 있다. 한쪽으로 치우쳐 서로 다투는 사람들은 같은 말을 해석해도 불일치와 모순이 생겨나며 신의 계시에 대해서도 상반된 해석을 한다. 따라서 성경에 담긴 진리를 파악하지 못하며 그 결과 진리를 믿지 못한다.

모든 하느님의 계시는 믿음의 순종을 요구하지만, 성서에 담긴 모든 진리가 의롭다 여김을 받기 위해 반드시 믿어야만 하는 믿음의 율법(the Law of Faith)인 것은 아니다. 우리 주님과 그의 제자들이 그들이 개종시킨 사람들에게 요구했던 것은 (기독교의) 핵심적인 진리이다. 이것을 불신해서는 안 되며 모든 사람은 이것에 대해 진심으로 동의를 해야 한다. 그러나 하느님께서 믿음의 율법(그것에 대한 진심의 동의가 없다면 하느님께서 어느 누구도 신자로 인정하지 않는)에 반드시 포함되어야 하는 것으로 정하지 않으신 성서의 다른 말씀들에 대해 사람들은 모를 수 있으며 그것은 구원과는 무관한 것이다. 하느님께서 반드시 믿고 동의하라고 요구한 것은 믿어야 하며 나머지 계시적 진리에 대해서는 믿음과 동의가 요구되지 않는다. 그러나 하느님에게서 오는 모든 진리의 말씀을 수용하고 동의하겠다는 온유한 마음으로 하느님의 계시를 모두 받아들여야 하며 이런 마음을 갖기 위해서는 성령을 따라야 한다.

제7장
결론

열심히 노력했으나 이해하지 못했다면 어찌 무지하다고 하지 않을 수 있겠는가? 성서의 여러 책을 함께 놓고 그것들을 이치에 맞게 이해할 수 없다면 달리 어떤 방법이 있겠는가? 성경을 성경으로 해석하며 자기 생각은 접어두어야 한다. 우리는 신앙의 문제에 있어 미약한 인간에게 이 이상의 것을 요구하는 것이 얼마나 불합리한 것인지 생각해보아야 한다. 무한한 자비의 하느님께서는 인간을 자애로 대해주신다. 하느님께서는 인간에게 이성을 주셨고 그것과 더불어 율법도 주셨다. 이성적인 존재인 우리가 불합리한 율법을 따라야 한다고 생각하지 않는 한 율법은 이성이 지시하는 것과 다를 수 없다. 하느님께서는 타락과 불행으로 내달리는 인간의 나약함을 고려하여 그가 정한 때에 구원자(Deliverer)를 보내주실 것을 약속하셨다. 그리고 모든 인류에게 그가 보낸 구원자를 약속된 주님으로 믿고, 모든 사람을 죽음에서 부활시키고 심판할 주님이시자 심판자이며 그들의 왕이요 통치자라고 믿는 자들은 누구나 구원을 받을 것임을 선포하셨다. 자비로운 하느님께서는 이 세상의 대부분을 차지하는 연약한 사람들을 고려하시어 노동자나 문맹자들도 이해할 수 있는 아주 분명한 구원의 교리를 주신 것이다. 기독교는 날품을 팔며 노동으로 생계를 이어가는 인류의 대다수를 배려한 종교이다. 종교에 몸을 담고 있는 문필가나 논쟁가들은 마치 아카데미[1]나 리세움[2]을 거치지 않고는 교회에 들어갈 수 없는 양 하느님이 선포하신 것에 세부 사항을 추가하고 그것을 어려운 용어로 표현해 구원에 필수적이고 핵심적인 것으로 만들었다. 인류의 대다수는 학문과 논리, 최상의 교육을 받을 여유가 없었다. 손으로 쟁기질과 삽질을 하는 사람이 머리로 숭고한 개념을 떠올리고 난해한 추론을 한다는 것은 있을 수 없는 일이다. 이런 부류의 사람들은 쉬운 말이나 자신에게 익숙한 것이나 일상의 경험과 연관된 짧은 추론만을 이해할 수 있다. 이것을 넘어서는 것은 인류의 대다수를 당혹하게 만드는 것이다. 어려운 개념과 언어를 사용해 종교에 관해 책을 쓰거나 논쟁을 하는 것은 불쌍한 날품팔이 노동자들에게 아랍어로 이야기하며 자신의 말을 이해하기를 기대하는 것과 다를 바가 없다. 비국교도 신자(the dissenting congregation)가 생겨난 것은 신앙의 문제에서 자신들은 올바른 교육을 받았기에 무지하고 저속한 국교도(conformist)들보다 기독교를 더 잘 이해하고 있다고 생각하는 사람들이 있었기 때문이다. 나는 이들의 생각에 대해서는 뭐라 말하지 않겠다. 대신에 그들 중에 절반이라도 공부할 여력이 있는지 진지하게 묻고 싶다. 아니 그들 중 열에 하나라도 공부할 시간이 있어 오늘날 논문의 주

..

1) 플라톤이 세운 아테네의 학원으로 387년에 설립되어 기원후 529년까지 존속했다.
2) 아리스토텔레스가 기원전 335년 아테네에 세운 학원.

제인 '의화(justification)'에 대한 논쟁을 이해할 수 있는지 묻고 싶다. 그들과 이야기를 나누어보니 그들도 그들 간에 벌어지는 논쟁을 이해하지 못하겠다고 고백했다. 그럼에도 불구하고 그들은 자신들의 주장을 매우 가치 있고 중요하며, 종교에 있어서 매우 근본적인 것으로 간주하여, 교단을 분리시키고 서로 갈라섰다. 하느님께서 학식이 있는 자와 논객들 그리고 지혜 있는 자만이 그리스도인이 되고, 구원을 받게 하고 싶으셨다면 그들을 위해 치밀한 논리와 모호한 용어 그리고 추상적인 개념들로 채워진 종교를 만드셨을 것이다. 그러나 사도들이 고린토전서 1장에서 이야기하듯이[3] 학식과 지혜가 있는 사람들은 구원자에 대한 약속을 믿고, 예수께서 그 구원자이며, 그가 죽은 사람을 다시 살리고, 세상 끝날에 다시 와서 모든 사람을 그들의 행실에 따라 심판하실 것임을 믿는 가난하고, 무지하고, 문맹인 사람들을 구원한다는 복음의 단순함을 받아들이지 못했다. 반면에 가난한 이들은 그들에게 전해진 복음을 받아들였다. 그리하여 그리스도께서는 복음을 전하는 자신의 사명을 다했을 뿐 아니라 표징을 보여주셨다. (마태오복음 11: 5) 가난한 이들이 복음을 받아들였다면 그것은 분명 그들이 이해할 수 있는 알기 쉬운 것이었음이 분명하며, 지금까지 살펴보았듯이 그것은 바로 그리스도와 그의 제자들이 전한 복음이었다.

---

3) "지혜로운 자가 어디에 있습니까? 율법학자가 어디에 있습니까? 이 세상의 논객이 어디에 있습니까? 하느님께서는 세상의 지혜를 어리석은 것으로 만들어버리지 않으셨습니까? 사실 세상은 하느님의 지혜를 보면서도 자기의 지혜로는 하느님을 알아보지 못하였습니다. 그래서 그분께서는 복음 선포의 어리석음을 통해 믿는 이들을 구원하기로 작정하셨습니다."(고린토전서 1: 20~21)

해제

1. 로크는 왜 이 책을 썼는가?

존 로크(John Locke, 1632~1704)는 영국 서머싯주 링턴에서 출생했다. 로크의 조부인 니컬러스 로크는 포목상으로 돈을 벌어 농가와 농토를 산 중산층이었으며, 부친인 존 로크 1세는 서머싯 치안판사의 비서(하급 관리)로서 17세기 당시 하급 귀족인 젠트리(gentry)와 하층 계급인 영세농의 중간에 위치한 중산층 자영농인 요먼(yeoman) 계급 출신이었다. 로크 1세는 1642년 일어난 시민전쟁에서 의회군의 연대 지휘관으로 참전한 서머싯의 치안판사 알렉산더 파팸의 휘하에서 기병대 중대장으로 참전하였다. 전쟁에서 의회군이 승리하였고 아버지의 참전 덕분에 로크는 알렉산더 파팸의 추천을 받아 1646년 런던의 웨스트민스터 학교에 입학할 수 있었다. 로크는 이 학교에서 훗날 저명한 학자로 성장할 수 있는 기초적인 학문적 소양을 쌓게 되는데, 이때 라틴어, 그리스어, 히브리어, 아랍어 등 주요 고전어를 배웠다.

1649년 찰스 1세(Charles I, 1600~1649)가 의회군과의 내전에서 패한 후처형되고 올리버 크롬웰(Oliver Cromwell, 1599~1658)이 이끄는 공화정이 시작되자 웨스트민스터에서 뛰어난 학업 성과를 보인 로크는 1652년 옥스퍼드의 크라이스트 처치 칼리지에 입학하게 된다. 그는 3년 반의 학업 끝에 학사학위를 받았고, 학업을 지속해 1658년 석사학위를 받았다. 1660년 그는 모교인 크라이스트 처치 칼리지의 그리스어 및 수사학 강사로 임용되었다. 이 시기에 로크는 자연과학적 탐구에 관심을 갖게 되었으며 옥스퍼드 대학의 동료였던 리처드 로어를 만나면서 의학 연구에 몰두하게 된다. 덕분에 1660년대 중반에는 상당한 의학 지식을 갖게 되었다.

1666년 로크는 그의 인생에 가장 큰 영향력을 행사한 인물인 앤서니 애슐리 쿠퍼 경(Lord, Anthony Ashley Cooper, 1621~1683)과 우연히 만나게 된다. 그의 의학 지식과 학문적 식견에 반한 애슐리 경은 그를 개인 가정의로 초대해 런던에 있는 그의 집에서 기거하며 안정적으로 연구를 할 수 있게 해주었다. 그의 배려 덕분에 그는 1668년에는 왕립학회 회원이 되었으며, 1675년에는 그가 바라던 의학사 학위를 옥스퍼드에서 받았다.

애슐리 경은 공화정이 끝나고 왕정이 복귀된 이후인 1672년 섀프츠베리 백작 1세(1st, Earl of Shaftesbury)가 되었으며, 1668년에는 재무장관으로 발탁되었고, 1672년에는 마침내 대법관이 되었다. 섀프츠베리의 공직 생활 내내 로크는 그의 주치의이자 정치적 조력자로서 그와 더불어 인생의 영락(榮落)을 같이했다. 1672년 섀프츠베리 백작이 대법관이 되자 그의 공식적인 공보 비서관이 되었으며 대외무역위원회의 서기직도 맡았다. 그러나 섀프츠베리 백작이 찰스 2세의 친가톨릭 정책을 반대하고 나섬으로써 실각하여 감옥에 투옥되자 로크는 신변의 위협을 느껴 1675년부터 1679년까지 프랑스로 망명을 떠났다. 이후 섀프츠베리 백작이 네덜란드로 망명하여 1682년 사망하자 그 역시 1683년에 네덜란드로 망명해 1689년까지 그곳에서 지내게 된다. 1688년 마침내 명예혁명으로 섀프츠베리 백작이 대법관직을 사임한 후 결성했던 휘그당이 집권하자 그는 1689년 영국으로 귀국했으며 이후 정계를 떠나 에식스에 있는 작은 마을 오츠의 매섬 부인 저택에서 조용히 지내면서 저작 활동에만 전념하였다.

『성서를 통해 본 기독교의 이치(*The Reasonableness of Christianity, as delivered in the Scriptures*)』는 그가 63세이던 1695년에 출간한 작품으로서 성서에서 종교적 관용의 근거를 찾기 위해 집필한 책이다. 1534년 헨리 8세(Henry VIII, 1491~1547)의 수장령(Acts of Supremacy)으로 인해 시작된 영국에서의 종교혁명은 1688년 명예혁명까지 무려 150년이 넘는 긴 세월 동안 종교적 갈등이 이어지는 원인이 되었다. 구교와 신교, 국교도와 비국교도, 국교도 내의 고교회파(High Church)와 저교회파(Low Church) 간에 다양한 형태로 전개된 영국에서의 종교 간 분쟁은 단순히 종교에 국한된 문제가 아닌 정치, 외교, 경제가 혼합된 문제였다.

1649년 시민전쟁을 통해 집권한 공화파의 핵심 주도 세력이었던 젠트리와 요먼은 경건주의자로서 종교적 관용을 주장했는데, 요먼 계급 출신인 로크는 초창기 자신의 출신과는 달리 종교적 관용에 부정적이었다. 1660년에 쓴 여러 편의 에세이에서 그는 국가를 개인보다 우선시하였고, 사회적 안정과 질서를 개인의 자유와 권익보다 우선시하였다. 그러기에 그는 자신의 신앙상 받아들일 수 없는 종교적 의례를 국가가 강요하는 경우 이에 순응해야 한다고 주장하였다. 그러나 이후 국가의 기능을 안정과 질서에서 개인의 자유와 권익의 보호로 보게 되자 신앙의 자유를 옹호하는 방향으로 선회하였다. 그의 이러한 방향 전환에 영향을 주고 그의 종교적 관용 이론을 형성해가는 데 영향을 준 세 명의 인물이 있다.

첫째는 섀프츠베리 백작이다. 그는 5인으로 구성된 찰스 2세(Charles II, 1630~1685)의 근왕참모위원회의 일원이었으며, 1667년 재무장관으로 발탁되었다. 그는 당시 유럽에서 가장 부유한 국가였던 네덜란드의 경제적 성공 요인을 자유로운 상거래와 교역을 가능하게 해주는 종교적 관용에 있다고 보고 국왕에게 종교적 관용 정책을 강력히 요청하였다. 로크는 바로 섀프츠베리 백작의 이런 입장에 동조했으며 그의 입장을 옹호하기 위해 1667년에 관용에 관한 에세이를 발표하였다.

두 번째 인물은 1681년부터 교재를 시작한 연인이자 지적인 동반자였던 다마리스 커드워스(Damaris Cudworth, 1659~1708)이다. 그녀는 케임브리지 플라톤주의자인 랠프 커드워스(Ralph Cudworth, 1617~1688)의 딸이었다. 랠프 커드워스는 비국교도에 대한 종교적 관용을 주장하는 한편 기독교 신앙의 핵심 교리를 최소화하고 기독교의 도덕성을 강조하는 온건한 국교회주의자인 광교파(Latitudinarian)였다. 다마리스 커드워스 역시 아버지처럼 광교파였으며 라이프니츠(Gottfried Leibniz, 1646~1716)와 같은 유럽의 유명 철학자들과 광범위한 교류를 하던 지적으로 뛰어난 여성이었다. 로크는 1683년 네덜란드로 망명을 떠나 1689년 귀국한 이후 이미 결혼을 하여 매섬 부인이 된 그녀의 집에서 머무르면서 집필 활동을 했으며 그가 죽을 때 그의 곁을 지켜준 사람도 그녀였다.

세 번째 인물은 네덜란드 망명지에서 만난 암스테르담의 레몬스트란텐 신학교의 교수인 필리프 반 림보르호(Philipp van Limborch, 1633~1712)였다. 1684년에 만난 이후 망명 기간 동안 로크는 그와 지적인 교류를 했으며 특히 그에게 자신이 쓴 『관용에 관한 서간』에 대한 자문을 구하기도 했다.

1695년에 출간된 『성서를 통해 본 기독교의 이치』는 로크의 종교에 관한 저작 중에서 가장 핵심적인 저작물이다. 책 제목만 보면 이 책은 17세기 당시 유행하던 이성신학(rational theology) 또는 자연신학(natural theology) 분야의 저술처럼 보인다. 자연신학이란 계시신학(revealed theology)과 달리 인간이 지닌 자연적 능력인 경험과 이성을 통해 신의 존재나 기독교의 핵심 교리들이 참임을 논증하는 신학이다. 자연신학의 논리는 일반적으로 유신론과 기독교의 핵심적 교리들이 경험적 지각의 대상이 되거나 논리와 수학을 통해 그것이 참임이 논증될 수 없음에도 그것을 믿어야 할 합리적인 근거가 있다는 것이다. 이때 합리적인 근거로 다음과 같은 것들이 제시되었다. 첫째 모든 인류가 신의 존재를 보편적으로 동의한다는 것, 둘째 세계의 존재를 설명하기 위해서는 제일원인으로서의 창조자가 존재해야 한다는 것, 셋째 자연의 질서는 자연의 설계자가 있음을 보여준다는 것, 넷째 인간 본성에 내재한 도덕법칙의 존재는 신의 존재를 보여준다는 것 등이다.

흥미로운 점은 로크의 책은 그 제목이 암시하는 바와 달리 자연신학적인 논의가 담겨 있지 않다는 것이다. 로크가 이 책을 쓴 주된 목적은 기독교 신앙에 대한 합리적 근거를 제공하거나 정당화하는 데 있는 것이 아니라 종교적 관용의 근거가 될 수 있는 기독교 신앙의 핵심 교리가 무엇인지를 밝히려는 데 있었기 때문이다. 따라서 로크는 이 책에서 기독교를 옹호하는 자연신학적인 담론을 전개하지 않았으며, 홉스나 스피노자처럼 반종교적인 내용의 성서 비판을 하지도 않았다. 또한 그는 이 책 어디에서도 성서의 내용을 의심하거나 비판하지 않았다. 오히려 그는 성서가 하느님의 계시된 말씀이라는 전제하에서 논의를 시작하고 있다. 따라서 이 책의 제목인 *The Reasonableness of Christianity*를 지금까지 국내 학계에서 번역해

온 대로 『기독교의 합리성』이라고 번역한다면 이는 책의 내용을 제대로 전해주는 적절한 번역이 될 수 없다. 이 책은 성서가 우리에게 전해주는 기독교의 핵심 교리가 무엇인지를 밝히고 있다는 점에서 책 제목을 부제까지 모두 포함해 『성서를 통해 본 기독교의 이치』라고 번역하였다.

2. 책의 구성과 내용

이 책의 원문에는 장(chapter)이 나뉘어 있지 않다. 그러나 자세히 읽어보면 장을 어렵지 않게 구분할 수 있다. 전체 분량의 85%에 해당하는 내용은 구원을 받기 위해서는 나사렛 예수가 메시아임을 믿어야 하며, 그것은 회개와 순종을 끌어내는 믿음이어야 함을 논의하고 있다. 그리고 이어서 우리에게 왜 중개자인 예수가 필요했는지를 이야기하고 있다. 끝으로 4개의 복음서를 제외한 신약성서의 사도 서간(Epistle)들이 기독교인이 되는 데 필요한 핵심 교리를 담고 있지 않은 이유를 설명하고, 지금까지 논의해온 기독교의 이치를 다시 한 번 짤막하게 요약하고 있다.

독자들의 이해를 돕기 위해 원문에는 없지만 논의되고 있는 주제에 따라 다음과 같이 장을 나누고 제목을 붙였다.

제1장 원죄와 기독교
제2장 영생을 위한 믿음: 예수는 메시아이다
제3장 예수가 메시아라는 복음서의 증언
제4장 예수가 메시아라는 믿음에 담긴 회개와 순종
제5장 예수가 필요한 이유: 참된 삶의 안내자

1장에서 로크는 사도 바울로의 로마서 5장 12절 "한 사람에 의해 죄가 이 세상에 들어왔고, 죄는 죽음을 불러들였습니다."라는 말에서 아담의 원죄론이 나왔는데 이것은 잘못된 교리라고 말한다. 아담이 하느님께 불순종의 죄를 범함으로써 생물학적인 죽음(가사성)에 이르는 벌을 받게 되었고 그의 후손인 모든 인류 또한 가사적인 존재가 되었지만 후손들의 가사성은 아담의 원죄 때문이 아니라는 것이다. 원래 인간은 유한한 존재였기에 인간의 가사성은 아담의 원죄로 인한 벌이 아니기 때문이다. 그러나 하느님의 자비로 인해 인간은 바른 도덕적 행실에 의해 아담처럼 구원, 즉 영생을 얻을 수 있게 되었다. 그런데 문제는 인간이 행위의 율법으로는 의롭다 여김을 받기 어렵다는 것이다. 이에 하느님께서는 예수를 메시아로 보내 그를 믿는 자를 의롭다 여기시고 구원을 해주시기로 하셨다는 것이다. 바로 이것이 하느님께서 이 땅에 예수를 보내시면서 세우신 새로운 율법, 즉 믿음의 율법이다.

2장은 구원을 얻기 위해 기독교인들이 반드시 믿어야 하는 믿음에 대해 말하고 있다. 로크는 복음서에서 예수께서 직접 하신 말씀과 사도행전에 기록된 사도들의 초기 설교를 하나하나 짚어봄으로써 기독교 신앙은 단 하나의 믿음, 즉 "예수가 메시아임"을 믿는 데 있다고 말한다.

3장에서는 예수가 그를 따르는 제자들에게 요구한 것은 자신이 메시아라는 사실에 대한 믿음뿐이었다는 것을 보여주기 위해 4개의 복음서를 들어 증거를 제시하고 있다. 또한 로크는 예수 스스로 메시아임을 밝히지 않았다는 사실에도 주목하고 그 이유가 무엇인지를 설명하고 있다. 로크는,

예수가 자신이 메시아임을 밝혔다면 유대와 로마에 대한 반란을 모의한다는 혐의를 받아 더는 자신의 사명을 감당할 수 없었을 것이라고 말한다. 예수가 수행해야 했던 사명은 사람들로 하여금 자신을 메시아로 믿게 하고 자신의 가르침대로 도덕적으로 살게 하는 것이었다. 이를 위해 예수는 기적을 행하였으며, 그 기적을 본 사람들은 예수를 믿었고, 그의 가르침을 따랐다. 따라서 예수가 기적을 행한 것은 그가 메시아임을 믿게 하기 위함이었고, 그가 메시아라는 사실을 사람들이 믿게 함은 그들로 하여금 도덕적으로 살게 하기 위함이었던 것이다.

4장에서는 악마도 예수가 메시아임을 받아들인다는 사실을 들어 예수가 메시아라는 사실에 대한 믿음만으로는 구원에 이를 수 없다는 반론을 소개하고 이에 대한 해명을 하고 있다. 로크에 따르면, 예수가 메시아라는 것은 곧 그를 왕으로 받아들인다는 것이며 이는 그의 신하가 되어 그가 정한 법에 순종하며 살겠다는 것을 의미한다는 것이다. 이 말은 구원을 얻기 위해서는 예수가 메시아라는 역사적 사실에 대한 믿음을 넘어 예수가 선포한 율법에 대한 순종이 있어야 한다는 것이다. 그리고 한 걸음 더 나아가 순종을 위해서는 그에 앞서 회개가 있어야 한다고 말한다. 회개란 지금까지는 비록 도덕적으로 살지 못했지만 앞으로는 도덕적으로 살겠다는 의지의 표명인 것이다. 여기서 로크는 슬그머니 믿음에서 행위로 넘어가고 있다. 로크의 주장을 한마디로 말한다면 기독교인처럼 살아야 기독교인이라 할 수 있다는 것이다.

5장에서는 "인간이 구원을 받기 위해서 도덕적으로 살아야 한다면 굳이 우리에게 구원자가 왜 필요한가?"라는 질문을 다루고 있다. 로크는 그 이유를 도덕과 연결지으면서 구체적으로 5가지 이유를 들고 있다. 첫째, 메시아는 참된 하느님을 몰라 악과 미신의 지배하에 살던 인류에게 참된 하느님을 알려주었다. 둘째, 메시아는 인류의 어떤 사상과 철학도 지금까지 알려주지 못했던 완벽한 삶의 규범을 정확하게 알려주었다. 셋째, 메시아는 종래 우리가 따랐던 미신적인 예배 대신에 신령과 진정으로 드리는 참된 예배가 무엇인지를 알려주었다. 넷째, 메시아는 자신의 부활과 승천을 통해 영생과 불멸의 약속을 보여주심으로써 도덕적이며 경건한 삶을 단순히 찬미하던 단계를 넘어 그것을 추구해야 할 동기를 주었다. 다섯째, 메시아는 그의 승천 후에도 우리가 도덕적으로 살아갈 수 있도록 성령, 즉 보혜사를 보내 도와주셨다.

6장에서는 예수가 메시아임을 믿는 것이 구원을 받는 데 필요한 믿음의 전부라면 사도들이 왜 서간을 썼느냐는 반론에 대해 해명을 하고 있다. 로크는 서간에 담긴 내용들은 구원을 받는 데 반드시 필요한 것이 아니라고 말한다. 그렇다고 해서 사도 서간이 영감을 받아 쓰여진 신령한 말씀임을 의심하지는 않는다. 로크는 사도 서간에는 구원에 필수적인 내용이 담겨 있지 않다고 말하며 그 이유로 다음 두 가지를 들고 있다. 하나는 그것이 이미 기독교인이 된 사람을 대상으로 쓰였기 때문이라는 것이고, 다른 하나는 서간은 문자를 해독할 줄 모르며 글에 담긴 신학적인 내용을 이해할 수 없는 일반 대중들을 염두에 두고 쓴 글이 아니라는 것이다. 따라서 로크는 신의 계시는 믿음의 순종을 요구하지만 성서에 담긴 모든 계시의 말씀이 구원을 얻기 위해 반드시 믿어야 하는 것은 아니라고 말한다.

7장에서는 예수께서 전한 복음은 지혜 있고 학식 있는 자들을 대상으로 한 것이 아니라 무지하고 힘없고 소외된 대중들을 위한 것이기에 그들이 쉽게 이해할 수 있도록 지극히 단순한 것이라 말한다. 그러면서 복음의 단순함을 받아들이지 못하는 지식인들을 탓하고 있다.

3. 이 책의 영향력

1517년 10월 31일 루터가 비텐베르크 대학 부속 교회당 정문에 95개조의 논제라는 제목의 비판문을 내걸면서 시작된 종교개혁이 올해로 503년이 되었다. 종교개혁은 구교와 신교 모두에 강력한 영향을 미쳤고 그 덕분에 기독교는 지난 500년간 교세를 이끌어올 수 있는 힘을 얻었다. 그러나 종교개혁은 얼마 가지 않아 교회의 부패와는 또 다른 문제에 직면하게 되었다. "오직 믿음, 오직 성서(Sola fide, sola scriptura)"를 기치로 내건 종교개혁은 교회의 오랜 전승을 이탈함으로써 성서에 대한 해석의 문제를 야기시켰고, 이것은 종교개혁의 정신이 경건한 삶으로의 회귀였음에도 불구하고 무엇을 믿느냐는 교리 논쟁을 야기시켰다. 결국 종교개혁은 종파 분리와 종파 간의 이단 논쟁으로 이어졌다. 종교개혁이 일어난 16세기 초부터 시작해 17세기 말까지 종파 간 분쟁은 지속이 되었고, 유럽에서 1,000만 명이 넘는 사람들이 종교전쟁으로 인해 생명을 잃었다.

로크는 30년 전쟁이 한참이던 1632년에 태어나 영국 역사상 가장 심각한 종교적 분쟁이 있었던 스튜어트 시대를 경험했다. 그 때문에 그는 평생 종파 간 분쟁을 종식시키기 위해 종교적 관용의 문제에 매달렸다. 1692년 정치적 망명에서 돌아와 그가 주력했던 작업 역시 종교적 관용에 대한 성서적 근거를 찾는 것이었다.

이 책의 출발점은 그리스도교 신앙은 다름 아닌 그리스도를 믿는 신앙이라는 점에서 그동안 교회가 전승으로 전해주던 교리가 아닌 예수 그리스도의 가르침을 따라야 한다는 것이다. 로크는 개신교인답게 "오직 성서"를 받아들이면서 성서를 통해 그리스도의 가르침이 무엇인지 살펴보는 것이 교리 논쟁을 끝내는 길이라고 생각했다. 로크의 『성서를 통해 본 기독교의 이치』는 바로 이 같은 관점에서 신약성서의 4복음서와 사도행전(원래는 루가복음과 한 권으로 되어 있었다.)에 나타난 그리스도의 행적과 가르침을 통해 기독교의 핵심 교리가 무엇인지를 밝히고 있다.

로크에 따르면 예수가 우리에게 전해준 복음은 노동자나 문맹자도 이해할 수 있는 단순한 것으로서 "예수가 메시아다."라는 것을 믿으면 구원을 받는다는 것이다. 그런데 이 믿음은 예수가 메시아라는 단순히 역사적 사실에 대한 믿음이 아니라 예수를 나의 왕으로 받아들인다는 것이고, 내가 그의 나라의 신민이 된다는 것을 의미하기에 그의 명령대로 살겠다는 의지의 표명인 것이다. 결국 예수가 메시아라는 믿음은 예수의 가르침대로 사는 도덕적인 삶으로 귀결된다. 그리고 이 땅에서의 도덕적인 삶은 영생으로 이어지게 된다. 바로 이 점에서 로크의 견해는 일체의 교리를 배제하고 신에 대한 믿음과 도덕적 실천만을 유일한 종교적 실천으로 보았던 17세기 자연종교를 옹호하고 있는 것처럼 보인다. 그런 까닭에 로크는 그의 의도와 달리 18세기 초 반세기 동안 영국에서 들불처럼 번졌던 영국 이신론의 이론적, 방법론적 토대를 제공하였다. 영국 이신론자들은 자연종교를 주장함에 있어 하나같이 로크처럼 복음서를 위주로 성경을 해석하는 방식을 따랐고 종교를 도덕으로 환원하고자 노력했다.

그러나 정작 로크는 영국 이신론자들과는 달리 종교에서 이성의 역할을 강조하면서도 종교를 이성의 문제가 아닌 신앙의 문제로 보았다. 그러기에 그는 참된 계시는 이성과 부합하며, 계시란 이성에 어긋나는 것(against reason)이 아니라 이성을 초월한 것(beyond reason)이라고 보았다. 따라서 로크는 부활과 영생을 인정하면서도 4복음서에 근거하지 않는 삼위일체론, 원죄론, 기독론, 종말론과 같은 기독교의 핵심 교리를 받아들이지 않았다.

로크는 분명 비인격적인 이신(理神, Deity)을 믿는 자연종교론자가 아니라 인격적인 하느님(God)을 믿는 기독교인이었다. 이는 그가 메시아로서의 예수의 필요성과 그 중요성을 강조했다는 사실을 통해서 분명히 알 수 있다. 그에 따르면, 일상적인 삶 속에서 여러 가지로 유혹을 받는 나약한 인간은 좀처럼 도덕적으로 살기 어렵다. 그래서 대부분의 사람은 도덕적이며 경건한 삶에 대해 찬미만 할 뿐 그것을 직접 행동으로 옮기지 못한다. 이런 상황에서 예수가 전한 하늘나라와 영생의 약속 그리고 보혜사 성령을 보내주겠다는 약속은 나약하고 세속적 인간을 도덕적으로 변화시킨 복음이 되었다는 것이 로크의 생각이다. 그런 까닭에 로크는 이성에 기초한 자연종교가 아닌 계시와 신앙에 기초한 신비적 종교인 기독교를 끝까지 옹호했으며 일생을 자연종교론자가 아닌 기독교인으로 살았다.

찾아보기

지은이

:: 존 로크 John Locke, 1632-1704

1632년 변호사인 존 로크 1세의 아들로 출생
1646~1652년 웨스트민스터 기숙학교 수학
1652년 옥스퍼드 대학 크라이스트 처지 칼리지 입학
1656년 학사학위 취득, 옥스퍼드 대학 튜터 임용
1658년 석사학위 취득, 강사 임용
1665~1666년 월터 베인 경의 독일 공사 서기관
1672년 섀프츠베리 대법관의 공보비서
1675년 대외무역위원회 서기장
1675~1679년 프랑스에서 대표작인 『인간오성론』 집필
1683~1689년 네덜란드 망명
1689년 세금항소위원회 위원
1690년 공소원장
1700년 정계 은퇴
1704년 사망

주요 저서
1689년. 『관용에 관한 서한(A Letter Concerning Toleration)』
1690년. 『관용에 관한 두 번째 서한(A Second Letter Concerning Toleration)』
1692년. 『관용에 관한 세 번째 서한(A Third Letter for Toleration)』
1689/90년. 『통치론(Two Treatises of Government)』
1689/90년. 『인간오성론(An Essay Concerning Human Understanding)』
1693년. 『교육론(Some Thoughts Concerning Education)』
1695년. 『기독교의 이치(The Reasonableness of Christianity)』

옮긴이

:: 이태하

서강대학교 철학과와 대학원을 졸업하고 미국의 예수회 대학인 세인트루이스 대학에서 박사학위를 받았다. 이후 한라대학교, 서경대학교를 거쳐 현재 세종대학교 대양휴머니티칼리지 교수로 재직하고 있다. 주 전공은 근대 영국철학과 종교철학이다. 주요 저서로 『자연과학에서 문예비평으로: 경험론의 이해』(1999), 『종교적 믿음에 대한 몇 가지 철학적 반성』(2000), 『종교 다원주의 시대의 기독교와 종교적 관용』(2001), 『다원주의 시대의 윤리: 이론과 적용』(2010), 『종교의 미래』(2015), 『근대영국철학에서 종교의 문제』(2018)가 있다. 주요 역서로는 『이성과 신앙』(1999), 『다원주의자가 기독교인이 될 수 있는가』(2002), 『기적에 관하여』(2003), 『신과 타자의 정신들』(2004), 『종교의 자연사』(2004), 『자연 종교에 관한 대화』(2008) 등이 있다.

한국연구재단총서 학술명저번역 서양편 **628**

성서를 통해 본 기독교의 이치

1판 1쇄 찍음 | 2020년 12월 9일
1판 1쇄 펴냄 | 2020년 12월 28일

지은이 | 존 로크
옮긴이 | 이태하
펴낸이 | 김정호

책임편집 | 이하심
디자인 | 이대응

펴낸곳 | 아카넷
출판등록 2000년 1월 24일(제406-2000-000012호)
10881 경기도 파주시 회동길 445-3
전화 | 031-955-9510(편집) · 031-955-9514(주문)
팩시밀리 | 031-955-9519
www.acanet.co.kr

ⓒ 한국연구재단, 2020
Printed in Paju, Korea.

ISBN 978-89-5733-714-1 94230
ISBN 978-89-5733-214-6 (세트)

이 도서의 국립중앙도서관 출판시도서목록(CIP)은
서지정보유통지원시스템 홈페이지(http://seoji.nl.go.kr)와
국가자료공공목록시스템(http://www.nl.go.kr/kolisnet)에서 이용하실 수 있습니다.
(CIP 제어번호: CIP2020047541)